LOCUS

LOCUS

LOCUS

LOCUS

smile, please

**smile 51 天才10次方**

***(Discover Your Genius)***

作者：邁可・葛柏(Michael J. Gelb )

譯者：游敏

責任編輯：潘乃慧

美術編輯：謝富智

法律顧問：全理法律事務所董安丹律師

出版者：大塊文化出版股份有限公司

台北市105南京東路四段25號11樓

www.locuspublishing.com

**讀者服務專線：0800-006689**

TEL：(02) 87123898　FAX：(02) 87123897

郵撥帳號：18955675　戶名：大塊文化出版股份有限公司

本書中文版權經由博達著作權代理有限公司取得



總經銷：大和書報圖書股份有限公司　地址：台北縣三重市大智路139號

TEL：(02) 29818089 (代表號)　FAX：(02) 29883028　29813049

排版：天翼電腦排版印刷有限公司　製版：瑞豐實業股份有限公司

初版一刷：2002年 9 月

初版四刷：2003年 3 月

定價：新台幣360 元

Printed in Taiwan

# 天才10次方

## DISCOVER YOUR GENIUS

總結10大天才的特質，評量、練習、開發你的潛力

Michael J. Gelb◎著　游敏◎譯

## 中文版推薦

這一本書中介紹了東西方歷史上的十位智者，誘導讀者開發各自本有的天賦才能。我們只要從不斷地學習之中，打破一個一個的模式框架，尋求創新和前瞻性的思惟，便能被人視爲不同凡響的天才了。

——法鼓山 

學習是要學會自我學習。首先要學會「看出別人的缺失，是沒有經濟效益的，只有看到別人的優點，我們才能幫助自己。」

——作家 

如果沈迷於偶像劇與網咖的年輕朋友能讀完本書，我相信他們的人生會開始轉向。

——作家 

積極思考雖然不是人生的萬靈丹，卻是許多關鍵時候永遠必要的救命丸。《天才10次方》將積極思考帶入更複雜而深遠的領域，值得一讀。

——醫師

獻給我的父母

瓊安與山迪・葛柏

他們以身作則，爲以下經典文字做了最佳的示範：

尋得智慧之人最是快樂，

它較珠寶尚爲珍貴，

你心所欲絕對無法相比，

智慧之道就是愉悅之道，通往智慧之路就是寧靜。

《猶太法典》（The Talmud）說：

「常常神在世上爲我們安排了美好的事物，我們卻不領情；

在最後終將來臨的那個世界裡，我們當中的每個人都會受祂的點召，解釋這種種妄爲。」

我希望大家都能善用本書中各個偉人的智慧，

讓來日受點召、解釋的時間愈短愈好。

──邁可・葛柏

# 目錄

# 代序

《天才10次方》作者葛柏邀請我們藉由獨特又動人的親身體驗，一同探索和應用十位天才人物的特質。這幾位非凡人物的成就分別爲世界帶來了改變，葛柏則引領我們利用天才人物帶來的啓發和模範，用新的方式看待人生。他所介紹的每一位天才人物都對個人認定的眞理與美抱持著難以抑制的熱情。舉例而言，哥白尼重劃天體的行爲，就是一種美學的淨化，並創造出和諧的天體或完美的殿堂，而試圖挽救舊理論的努力卻形成一座荒謬的廢墟。

我們都有過這樣的經驗，走在一條街上，回頭一望，赫然發現由街的這端和從街的那頭放眼望去的景色如此不同。大部分的歷史都是朝著單一方向演進的。有些天才人物卻讓我們用不同的方向，甚至用往後退的方向或者從不同的觀點去看事件。舉例來說，達文西就曾指出，透視畫法的消失點在我們的眼中看來，似乎會緊隨著我們而移動。例如在田畝的犁溝聚集成的消失點，會隨著我們在田邊的移動而改變位置。偉大的達文西不僅改變了人類的觀點，也讓我們的觀點與天才人物齊頭並進。

說是「見解」、「直覺」或是「腦波」、「信念」都好，偉大的天才人物透過不凡的特質，從不同的觀點觀察到或感受到不尋常的事物。他們的新觀點最後向世人強烈證明，我們再也不能用和過去相同的眼光看待這個世界。天才人物看到的通常是事件的全貌，比尋常人所能理解的更爲周全。而他們之所以能如此，是因爲他們能感受到如何把線索拼湊完整，能看穿表面上看來似乎完全不相干的事件背後所深蘊的和諧共鳴。

「天才」的字根源自拉丁文genare，意謂「生成」或「生產」，其原意是「外在的守護精神」，後來在文藝復興時代演化成「與生俱來的才能」，或是「在某個領域本有的優點」。然而，有些人或許要說，「個人天才特質」的概念本身就有缺陷，不過是十八世紀晚期與十九世紀初西方浪漫時代的構想罷了。浪漫派人物則抓到一個重點，當代偉大人物在超越了種種限制所獲得的至高成就背後，必有著理性無法解釋的現象存在。一如莎士比亞所言，加上史上諸位天才的成就接二連三地證明，要能獲得非比尋常的偉大成就，你可能得先擁有些許瘋狂。

有些人認爲，要談天才，免不了要借助超絕理論（metaphors of the transcendent）的暗諭。這種說法聽起來有那麼點的陳腔濫調。但我並不作如是想。了解天才人物必須對事件的前後關係、文化環境背景、歷史等議題有基本的意識，但是個人的因素依然存在。我們至今依然無法爲此直接下定義，用語言形式加以定型。然而我們看到或感受到天才特質時，能迅速辨認（雖然這可能要花上好幾世紀的時間），透過創造性的想像去掌握這難以捉摸的特質。

試圖打造自己成爲下一個哥白尼、布魯內雷斯基或愛因斯坦的想法，是否太過痴狂？不，只要我們了解，這些偉大心靈把專心和果斷的精華原則應用在釐清他們的核心見解上，那麼這個想法一點也不瘋狂。更有甚者，面對現代大眾傳媒文化的龐大結構，本書強調從個人層面去接觸天才、美與眞理，能夠在美感、在知性和道德層面豐富我們的人生。

當然，我們也可以在挑剔葛柏的天才名單的同時，也認可這份典範名單的代表性；並不是因爲這些所謂的天才人物處處可當人類的表率，而是他們足以作爲我們發揮潛力的典範——只要我們深信自己的潛力。

牛津大學藝術史教授，馬汀・坎普（Martin Kemp）

前言

# 站在時代巨人的肩上

你帶著成爲天才人物的潛力來到人世。每個人都是如此，去問任何一位母親，答案都一樣。

西元一四五一年的義大利熱那亞（Genoa）海港邊，一位剛升格爲母親的女子在新生愛子眼中看到了這份潛力，卻不知道有朝一日，她兒子腦中千億個神經細胞所凝聚的才華，將重寫世人對地球形狀的認知。幾十年後，一個波蘭富商的妻子，在他們的新生兒眼中也看到了同樣的潛力，當然，她怎麼也料想不到，日後兒子長大成人，成熟心智運作的結果，竟然是重建宇宙運行的秩序與規則。三個世紀後，隔著一片大洋，一位集榮華富貴於一身的母親並不知道，她從懷中寶貝眼中所看到的，居然是能夠吸收並綜合古典、文藝復興與啓蒙運動三大時期思想的卓越能力，重新定義個人自由，爲後世帶來長遠的影響。

沒有幾個人敢說自己是天才，但幾乎所有做家長的都會告訴你，他們從剛出世的心肝寶貝眼中，看見了天才的火花。你的母親當年也是如此。當時令堂大概不知道，她懷中新生兒腦部運作的潛力，其實與前述幾位有朝一日將成就偉大事蹟的小嬰兒的頭腦，具有同樣驚人的潛力。

雖然你至今還不曾推翻前人對這個星球或其居民建立的理論，但一如哥倫布、哥白尼與傑佛遜等人的母親在她們愛子眼中看到了成爲天才人物的潛力，同樣地，你也

「嬰兒時期的我們都曾是天才。」

——湯瑪斯・曼

帶著天才的火花來到人世間。人腦生來就具有記憶、學習與創造的莫大潛力，你的腦子也一樣，而且能力比你所能想像的還要大得多。知名英國神經學家查爾斯・薛靈頓（Charles Sherrington，譯註：一九三二年諾貝爾醫學獎得主）的研究顯示，人類腦部內有千億個神經細胞，這已是人體生理學上不爭的事實；根據他的描述，人腦就像個「被施了魔法的紡織機」，能夠為每個人編織出獨一無二的創意。

然而，人腦的力量雖令人敬畏，卻也難以捉摸。唯有先懂得如何去開發腦中的潛力，以最有效、最有創意的各種方式，讓千億個能夠學習、能將知識互相連結的神經細胞發揮效用，才能眞正運用這份力量。這絕對不是本能，我們必須靠著學習，把才能發揮得淋漓盡致；而這意味得先徹底改變觀念，眞心相信自己與生俱來的潛力還沒有完全展現。

所幸，在這方面我們不必單打獨鬥。歷史上已經有許多偉大的智者可為人腦無窮的潛力做見證。他們的發現與創新塑造了我們如今身處的大環境與整個世界。在世人身受他們運用腦力所帶來的種種好處之際，我們也該回顧這幾位對現代造成革命性影響的智者，從他們身上尋找指引與靈感，以善用頭腦、發揮個人的獨特天份。這些歷史上的智者，不僅為我們展現了他們在地理學、天文學和政治等方面的天份，他們更有資格教我們如何充分發揮自己的潛力。這並不代表我們的學養必須和這幾位智者、能者並駕齊驅，畢竟他們的成就並非常人所能及。但是話說回來，在日常生活中，哪個人不是常常得重新建構處世的觀念、重新界定自己身處的大環境、或是重新調整自己與他人互動的關係？其實這些正是我們發揮與表達個人獨特性的動力。

要能充分發揮個人特有的天份，其實得先審愼定出一套個人發展的計劃，並不是絲毫不費吹灰之力就辦得到。在這個鼓勵大家盡量展現有別於他人的品味、思想和感覺的世界裡，每個人都需要運用外界所能提供的一切助力來展現自己最好的一面。想想：你的腦子是世界上功能最強的學習系統，也是世界上最具有創意的問題解決系統，但相較之下，大多數人對自家車子的了解遠比對自己頭腦的了解來得多。當然，每輛車子都配有使用手冊，而人腦沒有；大部分人在學校花了許多時間去鑽研歷史、數學、文學或其他科目，卻沒試著花什麼功夫去了解、應用最重要的科目，去學會「學習」的竅門。

史上留名的天才，在運用心智方面的表現比一般人來得好。這其中一部分的原因，可歸諸於他們具有懂得如何學習的直覺。你想學什麼都可以，只要你抓住了學習的竅門，其後所能達到的成果，必定是你所意想不到的。在本書中，你可以學著爲自己開發學習的竅門。一旦你懂得運用歷史上眾位偉大心靈的智慧，那麼隨著年齡的增長，你的心智能力也會隨之增進。

無拘無束的心智活動激盪出了愛因斯坦的相對論，要是讓你自由發揮想像力，解開對創造力的束縛，那會促成什麼樣的結果？要是你也具有像達爾文一樣的敏銳觀察力和開放的心靈，對評估目前的商業景氣會有怎樣的幫助？倘若你讓西方哲人熱愛知識與眞理的熱誠導引你的人生方向，又會如何？

這些爲人類開創了思考新方向的偉人，永遠活在世人的記憶中，成爲我們面對挑戰的模範。就心智思考能力而言，他們和你之間的差距其實遠比你想像的小，而且主要的關鍵在於你可以盡情開發的熱誠、專注和策略等條件，而不是天生素質的差異。哈佛大學生物學家威爾遜曾在他的文章中指出，歷史上的偉大人物對自己熱愛的事總是「深深著迷，他們

***「研究以及追求眞與美，是畢生都可以赤子之心沉醉其中的活動。」***

——愛因斯坦

>「這是人類有史以來，天才的秘密第一次可以讓大家一同分享。」
>
>——珍・休士頓博士（Jean Houston, Ph.D.）
>
>《人類的可能性》（*The Possible Human*）及《劇變》（*Jump Time*）作者

有發自內心的狂熱，不過他們能夠敏銳地去掌握人類的天性，從往往爲常人忽略的微枝末節中抓住重要的關鍵。他們運用的才華或許只比尋常人多了那麼一點點（他們所運用的才能或許並非一蹴可就，而是逐步成熟），但是他們創造的成果在品質上卻更別具新意。他們具有足夠的影響力與壽命，流芳萬世；這不是魔力，也不是神的慈悲，而是善加利用了比平常人多一點的能力。光是如此，就讓他們聚集了足夠的衝力，去超越眾人。」

本書會告訴你，歷史上十位偉大天才人物是如何獲得改變世界所需要的「衝力」。你會學到他們如何去確認和運用那些「重要關鍵」，創造出新的思想。此外，你也可以藉由本書實用的練習，去熟悉他們進行突破性思考時秉持的原則，磨練你的長處，實際運用，從中獲得理想的結果。而且，對這十位歷史人物有了更進一步的了解之後，你可以從新的角度去探索人類無窮的潛力，去點燃自己追求成長的熱情，刺激自我在專業和個人成就上更上層樓。最重要的是，你可以從中學會如何更看重自己、珍惜自己。

從小到大，我們不斷拿他人來做自己的榜樣。曾幾何時，當年蘊含無窮潛力的一雙眼睛，很快就學會回望母親的注視，回她一個同樣溫柔的微笑，藉由模仿他人的行爲去學習人類的生活。包括人類在內，許多物種主要都靠行爲模仿的學習方式去發展心智。但是在成年之後，我們比其他物種多了一份優勢：我們可以選擇模仿的對象，也可以選擇要模仿的行爲。既然如此，我們也就該選擇最好的模仿對象來激勵自己，引導自己，誘發自己的潛力。

我從小就對天才人物的特性深深著迷，這股熱誠一直延續，成爲我的職業和畢生的熱情：引導他人發掘和成爲天才的內在潛力。爲了了解自己的這股熱誠，我花了許多年的時間去研究史上最偉大的天才，達文西的生平與他的作品。達文西一生除了創作出奠定他史上不朽地位的〈蒙娜莉莎的微笑〉和〈最後的晚餐〉之外，還設計了滾珠承軸、排檔、潛水器材，而且早在人類發明飛行器之前，就發明了令人嘆爲觀止的降落傘（這才是眞正的遠見啊！）。達文西任由驚人的想像力四處發揮，他超越時人的高瞻遠矚，更令我忍不住將從他身上所獲得的寶貴研究心得融入我的生活中，也介紹給我的學生認識。

拙作《7 Brains：怎樣擁有達文西的7種天才》表達了我研究達文西的狂熱，我藉此幫助世界各地的讀者去認識這位史上的偉大人物，這位將心靈與思考發揮至極致的巨人，讓讀者把此書當作個人面對現代生活中挑戰的指南。讀者藉由研究與追求天才人物的七大特質，讓這位偉大的天才成爲個人專屬的模範。

截至目前爲止，誰是那個激勵你、引導你的模範人物？誰是你心目中最偉大的英雄？誰是最能激勵你的典範？如果你已經開始練習運用達文西的七大特質，那想必你可以立即體會你所選擇的模範人物對自己生活造成的影響，而且你已習得達文西的眞傳，準備好去發掘其他模範人物能教給你的經驗了。你不需要把學習的對象侷限在達文西一人；畢竟天才人物的特質之一，就是要能吸收與融合前人傳下的經典思想與範例。舉例來說，愛因斯坦一直在他的床頭放著牛頓的畫像，而牛頓自己也說過：「站在巨人的肩上能夠看得更遠。」

然而，我們要站在哪個巨人的肩膀上呢？本書的目的就在於回答以下三個問題：

▲除了達文西以外，史上還有哪些天才人物爲後代留下了最具開創性和突破性的思

想成就？

▲每一位偉大心靈的事蹟給了我們什麼重要的教訓？

▲在紛擾變化多端、物質主義至上、文化混亂的今日，要如何應用這些偉大心靈留給我們的智慧與經驗，爲我們及後代子孫的生活找到更多幸福、美麗、眞實和良善？

本書要帶給你十位最具革命性、也最具影響力心靈的偉大力量。如果你對這個從歷史出發的實用方法還很陌生，那麼你的運氣很好；讓自己浸淫在史上最偉大思想家的生平與成就中，能夠豐富、滋潤你的心靈與性靈。當你學著「站在這些偉人的肩膀上」，你會發現馬克．吐溫講得一點也沒有錯：「眞正的偉人，會讓你覺得自己也可以變得偉大。」

## 你的天才夢幻隊伍

讀者有機會透過本書的介紹，認識十位有史以來成就最令人嘆爲觀止的人物，其中的每一位都各具特別的「天才人物」個性，讀者大可將之吸收融合到個人生活中。

在每章介紹一位天才人物的時候，我同時也會提供簡短的生平介紹，讓讀者明瞭這位人物的一生與其主要的工作原則。接著我們就要進一步探討這個主要原則是否眞的能與你的生活發生關聯，這包括：運用自我評量，評估這個原則對你現今生活的影響，以及在二十世紀職場運用這個原則的可能性。最重要的是，讀者可以藉此機會透過一連串的實際練習，靈活運用書中的每一個原則，並將這些經過歷史錘鍊的力量運用在現今生活裡。

我最近曾和某位記者分享《天才10次方》的原則，他提出了一個問題，我想各位可能也會有同樣的疑問。他問：「我喜歡籃球，但是不管我再怎麼練，我的球永遠也不可能像空中飛人喬丹打得那麼好。那尋常人怎麼可能有像達文西、像愛因斯坦，或是像伊莉莎白女王那樣的成就？」我完全可以理解他的感受；尋常人談到天才人物時，總會特別感到自己的渺小與謙卑。只要一想到把自己跟喬丹相提並論，我也會覺得自己平日在球場上的威風瞬間消逝得無影無蹤。但是，要是把比較的念頭放一邊，而去想想這位籃壇巨星的長處，例如，他的專注、與隊友的默契、防禦時雙腿敏捷的移動，和不斷致力於在各個層面提升自己的球賽表現等，再想想我該如何將這些長處應用在自己的生活中？一做此想，喬丹的長處反而更鼓勵了我，讓我更有心理準備去打一場好球。

喬丹之於籃壇，就像達文西之於創造力。達文西當年以建築家阿貝爾提（Leon Battista Alberti）和建築家布魯內雷斯基（Filippo Brunelleschi）爲他的榜樣；喬丹則以單打王尤金・貝勒（Elgin Baylor）和J博士（Dr. J）爲模範。一本激勵熱愛籃球者的書應該以喬丹爲始，再把其他具有傳奇色彩球員的特質加入其中。尤金・貝勒和J博士流暢的動作，鮑伯・庫西（Bob Cousy）的控球，比爾・羅素（Bill Russell）的守備能力，魔術強森高超的傳球技術，卡爾・馬隆的卡位，賴瑞・博德（Larry Bird）在球場上的姿勢、動作，和美國史上最偉大的女籃球員雪若・米勒（Cheryl Miller）完美的投籃姿勢，都不該錯過。

讀者可以藉由本書，向這支思想與眾不同、劃時代的天才夢幻隊伍學習。爲了集結這支夢幻隊伍，我可是找遍了史上各種震撼世界的思想、發現和創新，並且了解到我要的是具有驚人原創性和突破性的思考、行動或創作，而且還得要經得起眾人與時間的考驗，更要能充分應用在個人的層面。當然，每一次的突破，都是經過許多錯綜複雜的影響、努力和奇遇交織而成的結果。最先進、最有創意和原創性的想法，絕對是偉大的心靈經過歷史時空環境，以及過去的天才、還有良師和同伴影響後的成果。雖然，在這個過程中，不可否認地，強烈的個人主觀意識仍存在，你還是可以在這些革命性天才人物的生活中，找到種種蛛絲馬跡。

當然，你的十大最具革命性的心靈名單中，可能包括了其他對象。本書的用意不在於提供讀者一份「終極」的偉大心靈名單，而只是鼓勵讀者透過研讀這些典範，去發掘自己的天份。在寫作的過程中，我和從事各行各業的人士討論過，大家的反應都很熱烈，還常常爲了到底該把誰列進名單中而發生激烈的爭執。我很高興見到大家挺身擁護某位沒被我放進名單中的人物；事實上，列出一份屬於自己的傑出人物名單以及這些人物擁有的最佳特質，其實大有助益。

但且讓我先在此介紹本書的夢幻隊伍。本文稍早提過三個後來被視爲天才的新生兒；現在我把整個隊伍徹底地介紹一次，也讓讀者有機會認識書中將討論的各項原則。

## 柏拉圖：加深對智慧的熱愛

對智慧的熱愛就是哲學，表現在對眞、對善、對美的追求，這也是將本書介紹的偉大心靈交織在一起的主線。我們要介紹的第一位天才人物柏拉圖，就是其中的重量級人物。想要知道某件事物的定義，或是想要知道事件的本質，就是受到柏拉圖影響的表現。如果你自認是個唯心論者，那更是拜柏拉圖的影響所賜。如果你的看法比較偏向懷疑論的論點，那麼你對唯心論的質疑也是根據柏拉圖開創的論點而來。柏拉圖對人類世界觀的影響很難以言語表達。柏拉圖師承蘇格拉底，透過他的著作，才讓世人對蘇格拉底的智慧有所認識。而我們熟知的亞里斯多德，不僅是柏拉圖的弟子，是亞歷山大大帝的教師，也是史上最權威、最有影響力的思想家之一。

讀者可藉著柏拉圖對人生種種基本問題提出的疑問，加強自己思考、學習、成長的能力。學會如何去「學習」大概是人類最重要的能力，而柏拉圖歷經千百年考驗而不朽的智慧，正是發展這項能力的理想起點。

柏拉圖同時也鼓勵我們關心個人成長以外的問題，要我們用心思考該如何建立一個更好的世界。如果我們的文化和領導者的道德相對論讓你感到不舒服，如果你極度關心良善與正義，如果你認爲建立一個更好的社會要先重視教育，那麼你已經沿襲了柏拉圖的思想傳統了。

## 布魯內雷斯基：擴展你的視野

布魯內雷斯基是設計義大利佛羅倫斯大教堂圓頂的建築大師，他主導了人類意識在結構上的具體轉變，即今日所謂的「文藝復興」。這個時期讓古典概念中被賦予了力量與潛力的個人理想典型再度發揚光大。先前的哥德式教堂傳達的世界觀，讓人以爲所有的力量皆由主賜，但布魯內雷斯基的大教堂無疑是一種與之相抗衡的新力量。布魯內雷斯基發展出的透視法原理，進而影響了亞伯第（Alberti）、多納太羅（Donatello）、馬沙奇奧（Masaccio）、米開朗基羅和達文西等人日後的作品。當時的布魯內雷斯基同時也必須拓寬和維持他目標導向的視野；唯有克服來自政治方面的龐大阻撓和自身面臨的困境，唯有把生活中的問題一一解決，他才能完成教堂圓頂的建築工程，讓人類對空間的認識有了徹底的改變。

布魯內雷斯基的天份可以幫助你去拓展你的視野，去看清過去不曾有人思考的大局面，鼓勵你集中精神，直到目標實現。如果有時候你覺得自己的信念難以維持，或是發現自己飽受瑣事纏身，那就該拿布魯內雷斯基當你的榜樣。

## 哥倫布：加強樂觀、遠見和勇氣

相較於柏拉圖和布魯內雷斯基畢生沉浸於無邊無際的形而上學汪洋中，哥倫布則依隨自己的天份，將未來交付給茫茫大洋。在那個多數探險家只沿著海岸線航行，以便隨時可迅速重返陸地的年代裡，哥倫布乘著船，朝著與海岸垂直的方向出發，航向未知的遠方，找到了今日我們身處的美洲大陸。

哥倫布的天才特質能夠激勵讀者去追求未完成的夢想，這個夢想或許是一份新的工作，或者是調整人際關係中扮演的角色，抑或是去發展潛在的天份，或是遷徙到世界另一個角落。只要你覺得心靜不下來，感到沮喪，或者因爲一成不變的日子讓你感到無聊，那不妨學學哥倫布驚人的樂觀，令人心折的夢想和百折不撓的勇氣，相信你也能順利度過生命中難以預料的暗潮。

## 哥白尼：顛覆你的世界觀

波蘭天文學家哥白尼於西元一五三〇年出版的《天體運行論》（*The Revolution of the Heavenly Spheres*）就是經典的典範變遷，扭轉了人類的基本世界觀。過去的天文學家以爲地球是平的、靜止不動的，是宇宙的中心，但是哥白尼推斷地球在軌道內繞著恆星太陽運轉的理論，嚴謹縝密，打碎了在他之前的一千四百年來人類對這塊居住地的認知。

哥白尼運用才智建立的理論推翻了世人過去對宇宙、對地球的認知，這樣的天份不論在當時，或是在今日，都一樣重要。典範變遷發生的速度比以前更快，程度比以前更驚人，一如在未來的幾十年裡，電腦科技、傳播、遺傳學和新經濟等方面的迅速發展，一定會爲人類世界帶來更劇烈的變化。如果你想要順利適應世界的種種轉變，那麼哥白尼和他的天才特質就是指引你的良師。

## 伊莉莎白一世：平衡並有效地善用你的權力

近幾十年來最明顯的典範變遷，莫過於女性權利與能力的擴張，這個過程其實可遠溯至英國伊莉莎白女王一世當政、發揚英國國威的時期。伊莉莎白一世，把改變身處的環境、凡事親力親爲、必要時採取激烈手段等一般被視爲「陽剛」的政治技巧，與肯接受臣子建言、將心比心地對待敵手和體貼子民等「女性化」的技巧相結合，成爲傳統觀念中陽剛與陰柔力量相互平衡與整合的典型。

伊莉莎白一世的成就，提點我們該如何在家庭中或職場上善用自己的能力。如果你的目標是提升自己的能力，或正苦於無法在專業領域或個人關係上，找到陽剛與陰柔之間的平衡點，那麼你必定可以從伊莉莎白女王的事蹟中，得到獨特又激勵人心的領悟。

## 莎士比亞：培養你的EQ

西方哲學自柏拉圖以降一脈相傳，西方的戲劇、文學和對自我的觀念則溯自伊莉莎白一世最有名的子民莎士比亞。莎士比亞在他的作品中精準地捕捉了芸芸眾生的千百種面貌，用人類共通的語言，表達了人類內心細微的起伏轉折，其成就可謂空前絕後。莎士比亞的難得之處，在於他能感受人生經驗的精髓，這也是他筆下人物常常追求的目標（卻也常常無功而返）。他（以及他作品中的人物）就靠同時培養個人內在（「忠於自我」）和人際關係（「我認識你們所有人」）的智慧，來達成目標。

在莎士比亞所謂「變化最是多端、令人最眼花撩亂的時節」，了解自己、懂得如何與人和善相處，是再重要不過的事。如果你努力做到誠實地面對自己，如果你想要加深見識和對他人的了解，如果你對人生百態感到著迷，如果你知道「舉世皆舞台」、而想要帶著機智與優雅去扮演你在舞台上的角色，那麼莎士比亞就是你不可或缺的好夥伴。

## 傑佛遜：在追求幸福中頌揚自由

古希臘擁抱個人權利的理想在義大利文藝復興時期再度發揚光大，此後又過了將近三百年，這個理想才又在民主、共和的政府體制下受到重視與維護。由於前仆後繼的天才兼革命志士先後發聲，美利堅合眾國的誕生，成為人身自由、平等與法治理念的最高表現。美國開國元老當中，撰寫獨立宣言的傑佛遜總統，更是保障自由的最佳典範。

傑佛遜總統一手創辦了維吉尼亞大學，透過教育幫助眾人獲得內心的自由。他也開創了透過立法保障宗教自由的先例。人稱傑佛遜總統為「蒙特伽婁莊的聖人」（編按：蒙特伽婁，Monticello，為傑佛遜在維吉尼亞州Charlottesville的莊園，亦為維吉尼亞大學的所在地），他是位典型學養豐富又多才多藝之人，鼓勵人去發揮自己的潛力，享受自由。如果你的目的就是要盡情享受「你的生命、你的自由和對幸福的追求」，那你一定要好好認識傑佛遜總統。

## 達爾文：發展觀察力，敞開心懷

達爾文和傑佛遜總統有個相同點，他也承繼了大量前人的智慧，去開創屬於自己的成就；在完成主修爲醫學與神學的大學課業後，他啓程前往太平洋地區，進行爲期五年的植物與動物研究，其中成果最顯赫的就是在加拉帕哥群島（Galapagos Islands）的發現。當時世人以爲偉大的造物主創造了地球上的生命，一瞬間即成、也永遠不會改變；但他研究的成果卻推翻了這個認知，成爲史上最具影響力的書籍之一：《物種原始》。

達爾文細膩入微的觀察，幫助他建立了物種演化的理論，這個理論正是支持他以不偏不倚的眼光觀看世界的動力。達爾文是開放心靈、大膽接受改變、創造未來的最佳典範。

## 甘地：運用精神的力量，調和身、心、靈

甘地是印度獨立運動的領袖，倡導以非暴力的抗爭方式進行道德勸說，他立下的榜樣，深深影響了美國民權運動領袖馬丁．路德．金恩博士、前南非總統曼德拉和達賴喇嘛等人。甘地將政治行動和宗教修鍊相結合。雖然他來自印度教家庭，但是他廣納世界主要宗教的學說，巧妙地將基督教、佛教和印度教的思想加以融合，並且實際應用在行動上，充分表達了他在精神修鍊方面的天份。

> **「……在漫長的歷史中最重要的其實並非情感，而是感化力。」**
>
> ——博物學家威爾遜（Edward O. Wilson）

甘地曾經表示，他畢生的目標簡單地說，就是「自我實現」，這對他來說就是「問心無愧地與神面對面」。他迷人的領袖風采、所謂「靈魂的力量」，在在顯示了他與神之間的緊密關係；這其中主要是因爲他只倡導他深信的信念，而且身體力行地實踐他的理

論。他的性靈、他的心靈和他的身體完全合而爲一。不論你的目標何在，甘地身心靈合一的榜樣，能幫助你更眞實地去面對最崇高的自我。

## 愛因斯坦：解放你的想像力

雖然愛因斯坦直到一九〇五年發表了相對論才變成家喻戶曉的人物，但眞正奠定他在學術上的巨星級地位的，卻是一九一九年的一次日蝕，因爲一群英國科學家在測量光線折射的彎曲角度後，發現結果完全符合愛因斯坦的預測。英國皇家學院院長推崇愛因斯坦的理論：「是人類思想史上最偉大的成就之一，甚或是最偉大的成就。」如此正面的評價使得《倫敦時報》宣稱他的理論是：「宇宙的新哲學……幾乎要推翻物理學中所有長久以來被視爲理所當然的思想。」

愛因斯坦曾說，激發他天份的祕密就在於他能用孩童般的天眞看法去思考問題，他稱之爲「從視覺到語言的合併式思考」（combinatory play）。如果你喜歡塗鴉或做白日夢，就已經算是跟上愛因斯坦的腳步了。你想不想學點運用想像力解決複雜問題的新方法呢？你也曾希望用更輕鬆有趣的方式，去面對日常生活中的嚴肅問題吧？如果你想讓生活、工作和家庭更富有創意，就請把天才的愛因斯坦列爲學習的對象。

我要鼓勵讀者充分專注於最能激發你的天才人物的生平與信念。我對達文西的研究是我生命中最豐富的經驗；同樣地，撰寫《天才10次方》也更豐富了我的生命。當你對本書介紹的十位天才了解愈多，你就愈感到著迷。

正如我們的文化喜歡把領袖的每一個小缺點都揭露在陽光下一樣，看了本書後你會發現，這十位天才其實也不盡完美。這些勇於突破創新的天才人物，並不是要我們不分青紅皀白，全數買帳，而是從他們立下的典範與成就中去擷取最好的部分，藉此充實我們的生活。我要在書中以抽絲剝繭的方式，把每一位天才人物成功的精髓與典範化爲易懂的文字，提供讀者參考。愛因斯坦曾經說過：「東西就該做得極度簡單，而不光是較爲簡單而已。」這就是我撰寫此書時努力比照的標竿。

希望讀者能夠有耐心地讀完這十位天才人物的完整生平與成就介紹。最重要的是，讀者可以藉此機會擁抱這些天才留下的永恆智慧，爲自己的生活帶來更多的幸福、美、善與眞理。西塞羅（Cicero）曾經如此評論蘇格拉底：「他從天上喚下哲學，將它植於城邦與人們的家中。」現在，就讓我們呼喚這些偉大天才的智慧，將之深植在我們的生命中。

## 天才夢幻隊伍入選標準

**放諸四海皆準**　雖然這十位入選的天才人物中，有九位來自西方文化世界，但是其成就所造成的影響卻是普世通用。當今的世界受到西方文化[註]相當程度的影響，其中絕大半，來自我們先前提過的幾位開創性心靈的偉大成就。本書爲了遴選這支夢幻隊伍，

註：啓蒙運動時期的天才人物法蘭西斯·培根也是夢幻隊伍的候選者之一。他曾指出印刷術、火藥與羅盤「改變了全世界的樣貌」。這三大突破性的發明（更別提義大利麵！）都源於中國。要不是一四三三明宣宗下令召回鄭和第七次下西洋的艦隊，並且頒佈了「海禁」政策，開始了中國閉關鎖國時期，今天這本書可能是用與西方羅馬字母大相逕庭的中文寫成的。

設定了合乎邏輯的標準，這可追溯到柏拉圖與其弟子亞里斯多德的思考模式；而今本書得以用英文寫成出版，則是伊莉莎白女王一世爲大英帝國打下的堅固基礎。

**具有原創性的個人思想**　試想自己是個生活在六千年前的「愛因斯坦」。某天你碰巧看到大塊的礫岩沿著堤防邊滾下去，隔天竟又不意看見一節腐爛的樹幹倒下，沿著同樣的斜坡向下滾去。那天晚上，你夢到巨岩和樹幹不斷地滾動。次日早上醒來時，你用古代的語言發出了等同於現今「啊哈！」的興奮感嘆詞，因爲你的腦中呈現了一幅畫面：你可以砍下一截截的樹幹放在地上，上面放置巨石，以滾動的方式移動巨岩，藉此爲眾神建造一座聖殿。自古以來，創意過人的天才，總是能找到一般人通常看不到的關鍵，觸類旁通，有時候這過程中所蘊含的原創性與影響力是如此之大，進而永遠改變了這個世界。

當然，我們無從得知是誰燃起了人間的第一堆火，是誰發明了犁，或是誰發明了輪子。但現代關於文化演進與系統理論的研究，讓我們可能在爲一個人的成就大聲喝采而忽略了其時代精神時，三思而後行。儘管如此，本書的十大天才無疑都具有高度的原創性，他們卓越的成就和革命性的突破改變了這個世界。他們都是屹立不搖的偉大人物，也是能激勵我們、指引我們的恆久原型。

**實用性**　莎士比亞曾說：「就算是聖哲也無法靜心忍受牙疼。」換句話說，哲學和激發靈感的想法固然很好，但要怎麼應用在實際生活中？當初選擇這十大天才人物時，最重要的條件就是實用價值。

我將在書中深入介紹的傑佛遜總統，曾經創立「美國實用知識哲學促進會」（American Philosophical Society for Promoting Useful Knowledge）。該學會的立會宗旨寫得很明白：「知識單單只是推論，便毫無價值；但是當推論出的眞理一經付諸實行，實驗得來的理論得以應用在日常生活中，而且當這一切……讓生活的藝術更容易實踐、也更令人愜意，可想而知，再加上人類幸福與傳宗接代的目的達成，知識就算是眞正發揮了用處。」

本書要介紹的就是經過實際演練，能夠應用在「日常生活」中的方式。本書的主要重點在於提供一個充滿指引的寶庫，教大家自其中學習「生活的藝術」，增加生命的幸福快樂。

我們在社會上學到的有價值事物，
不論是物質、心靈或道德方面，都有跡可循，
都可以追溯到某個有創意的個人。

——愛因斯坦

## 大家對天才入選名單的疑問

### ★爲什麼只有一位女性和一位有色人種入選？

首先，我必須強調，賦予天才潛力的特質是不分性別也不分人種的。當然，並非所有族群都具有同樣平等的機會去發揮成爲天才的潛力；即使是那些奮力克服困難而得以發揮天賦的女性和弱勢族群人士，也沒有獲得所應得的認可。話雖如此，我的目的是希望本書傳達的想法和介紹的偉大心靈能夠感動並激發所有人。性別和人種並不是本書在遴選天才人物時的必要條件。伊莉莎白女王一世與甘地之所以入選，並不是因爲我要表示對平權運動的尊重，而純粹是因爲他們的資格與挑選的條件相符。

### ★爲什麼牛頓不在十大天才人物的行列之中？

我個人認爲牛頓的確是足以與愛因斯坦相提並論的革命性天才人物。牛頓具有和愛因斯坦一樣放任想像力天馬行空和綜合圖像式想像和文字的思維特質。但是基於對讀者的「實用性」原則，我最後選擇了愛因斯坦，因爲他的年代與我們相近，所以比較容易讓讀者認識。

然而，要做出這樣的選擇其實十分困難，正如要選哥白尼、捨伽利略，或是選擇傑佛遜總統而不選富蘭克林，都實在不容易。我針對這幾個難以抉擇的激烈競爭，都另外花上一點篇幅介紹不幸落選的人物，所以讀者會在愛因斯坦篇看到關於牛頓的介紹，在哥白尼篇則會看到伽利略和克卜勒的故事，而在傑佛遜總統篇讀到關於富蘭克林的成就。

**★那麼耶穌基督和佛祖呢？**

我決定把一般視爲啓發神聖感召、促成宗教形成的人物，排除在考慮的名單外。你也許要問「爲什麼？」因爲我雖然臉皮厚，但是還沒厚到膽敢教讀者「如何學習神子的天才」。

**★爲什麼沒有音樂家入選？而且你怎麼能把貝多芬和莫札特排除在外？**

我喜愛音樂，而且我認爲莫札特、貝多芬、喬治・葛希文和艾拉・費茲傑蘿，還有其他許多音樂家都是天才。但是在歷史中，音樂扮演的是反映社會思想變遷的角色，而非像哥白尼、傑佛遜總統、愛因斯坦等人，形成爲人類思想帶來巨大變化的動力。貝多芬的《第九號交響曲》捕捉了自由之聲，但我認爲傑佛遜總統的成就更是偉大，因爲他讓人獲得眞正的自由。

無論如何，音樂在我們的生命中扮演著重要的角色，所以，多虧一群音樂涵養深厚的鑑賞家幫忙，我爲每一位突破性思想家各選了一首符合他（她）精神與成就的曲子，希望讀者能夠在這些推薦曲目的陪伴下，享受閱讀每一位偉大心靈和他們天才特質的樂趣。

**★達文西爲什麼不在本書的天才人物行列中？**

達文西已經在拙作《7 Brains：怎樣擁有達文西的7種天才》獨領風騷過了！

# 如何從本書獲得最大效益

《天才10次方》這本書的目的在於幫助讀者去發掘各家天才的天才，合併、交互應用他們不同的成功特質，譜出自己專屬的「天才交響曲」。

## 1. 先瀏覽全書

要能從這趟「天才巡禮」中獲得最大效益的第一步就是瀏覽全書。讀者不妨花點時間看看本書十大天才人物的畫像（參見左方方塊說明），對這幾位歷史上的頂尖人物先有點初步的認識。接著，如果你偏好以線性方式進行，不妨按著順序把每一章讀完，這樣就能將這些天才人物的成就與時代的演進相結合。當然，你大可以隨意跳著閱讀各章，用你自己喜歡的順序去認識這幾位革命性的天才人物。說不定你想跳過一些章節，直接閱讀最能引起你興趣，或是成就最令你心折的天才人物。

### 凝視天才的肖像

每次要認識一位天才人物前，請先花上幾分鐘的時間，去凝視該章節前所附上的天才人物肖像。作者特別邀請畫家諾瑪．米勒（Norma Miller）女士爲本書所收錄的天才人物各畫一幅肖像。米勒女士的作品素以神韻動人，栩栩如生著稱，她所繪的肖像圖時常登上《時代》雜誌的封面。這次她的挑戰就是要試著在這十幅水彩畫中，捕捉這十位偉大心靈的天才特質，將之呈現在讀者眼前。

我特地把諾瑪的創作心得隨畫收錄在各章中，希望讀者看了這些「畫家的話」以後，能更進一步去享受和品味這十幅肖像，她說：

「雖然畫每一幅肖像畫各有不同的挑戰，但就整個創作過程來說，還是有一些共同點。首先是必須擺脫自我意識，也就是先別去擔心自己畫得到底像不像，不然成品一定死氣沉沉。或許可以說我從內在開始畫起，直到一個完整的影像呈現出來。肖像畫最令人著迷的面貌之一，就在於讓畫中人活靈活現的光芒和韻味呈現出來，而不是對特徵與細節的準確描繪。

「身為肖像畫老師，我常發現，學生認為他們所畫的每一筆非得準確傳達某一特徵，才覺得自己畫得像。為了要趕快畫出個樣子來，他們便傾向先打好輪廓，再把內容填滿，也就是由外向內開始畫起。其實畫法應該正好相反，先從內裡畫起，自然就會有意想不到的靈感去完成輪廓的部分。我畫著畫著就發現，其實並沒有什麼臉部特徵可以特別顯示出天才的特質。說實話，我不一會兒就感覺到，天才人物的特質通常是混合而成，有時候，像頑皮與嚴肅、樂觀與恐懼，或是率性與責任這種毫不搭軋的特質，卻巧妙地結合在一起。透過這些看似充滿矛盾的組合，可以隱約感受到這些獨特又複雜的性格特徵慢慢浮現。於是創作的焦點轉向畫中人的『靈魂』，而眼睛不是常被人稱為靈魂之窗嗎？當我愈是更進一步去認識這些作畫的對象，我看重的就愈不再是世人對這些天才人物的看法，反而益發為這些天才人物看世人、看世界的眼神著迷。」

## 2.用自我評量表來反省

不管你是跳著讀這些章節，還是按順序一章章來，每讀完一章時，請花幾分鐘想想「自我評量表」提出的問題，再繼續做隨後的練習。你不需要把自我評量問題的答案一個個確實地想出來、寫下來；只要花點時間去思考一下，把這些問題不時放在心頭想想就可以了。完成每一章後面的練習後，再回到自我評量的部分，比較一下自己態度有沒有因爲做了練習而有所改變。

## 3.享受練習當天才的樂趣

本書所準備的「天才練習」中，有些是屬於輕鬆愉快型的練習，但也有些練習需要讀者認眞內省後才能完成。請讀者不妨從最吸引你個人的練習開始，並不是非得按照出現的先後順序逐一做下去。你可以慢慢找到適合自己的步調和節奏，去進一步享受、探索這些練習。有位最早閱讀拙作的讀者，把這些天才練習拿來跟一大盒比利時巧克力相比，他說：「我不能一口氣全部吃掉，可是每天能剝開一片、好好享受，眞是令人期待！」

## 4.你的個人天才札記本

凱薩琳．考克斯（Catherine Cox）針對天才人物的心智特徵做了一項經典研究，從中檢驗了三百位歷史上最偉大的心靈。研究結果發現，從繪畫、文學和音樂，到科學、軍事和政治，不論任何領域，這些天才人物都擁有某些共同的特點。最明顯的就是天才人物喜歡把他們內心的想法、觀察、情感、創作的詩詞以及想到的問題，都記錄在個人札記本中，或是透過與親友書信往來的方式表達。

所以，在我們認識這十大天才人物的同時，請你也準備一本札記本，以便在接觸這些偉大心靈的過程中，表達你內心湧現的看法、隨想和觀察的結果。你也可以用同一本札記本，去記錄自我評量的反省內容和做天才練習得到的答案。

如果你的工作需要書寫，或是你還是學生，需要應付學校的功課，那麼通常都必須受限於線性且整齊的書寫方式；大多數上司都不會在你寫企劃案或是塡開支表的時候，還叫你隨心所欲地塗鴉，讓你發揮你的創意。但是在你的「天才札記本」裡，就儘管放任自己的心情吧！有些學者批評達文西的筆記散亂無章，既沒有索引，也沒有目錄可供參考。他的札記中，有不少飛鳥和流水的素描，有觀察貓的生理結構所做的描述、有笑話、有他做的夢，還有購物清單，而且時常出現在同一頁上。達文西和你接下來要認識的幾位天才人物一樣，出於直覺地信賴自己自然流暢的聯想，這也就是愛因斯坦大力鼓吹的、從視覺到語言的合併式思考。各位讀者可以隨著每一位革命性天才人物帶來的啓發，學習讓自己自由發揮。當你揮筆記下這些帶給你啓發的想法和點子時，也同時將這些想法深深印在腦海的深處。

## 5.成立探索天才的研習小組

很多前來「發掘自己的天才」研討會學習的成員都表示，成立討論小組和合併視覺及語言思考的活動，進一步去認識書中所介紹天才人物的感覺非常好，還可藉此交換個人練習這些原則的心得或筆記。你可以藉由主持自己的「天才沙龍」，獲得別人的寶貴建議，也可以趁此機會和大家交換簡單又美味的食譜，激發自己的創造力，同時取悅你的朋友。不要因爲用現代的方式，去接觸古老的眞理，而感到不好意思；利用電子郵件討論群去探索天才人物、去發掘他們的特質，就可以跳脫地域的限制，讓創造的潛力得以發揮，而且網際網路還可以幫你找到許多重要又有趣的史實資料。

## 6.練習與天才人物對話

讀者可以藉由和偉大心靈對話，加深天才式思考對生活的影響。和過去及當代的天才「交談」是件有趣又啓發心靈的事。如果要從這「天才對話」中獲得最大的成效，就要記得把所得到的「回應」記錄在你的天才札記中。

在遴選收入本書的天才人物的過程中，史上最具改革性的思想家之一馬基維利（Niccolo Machiavelli, 1469-1527）本來也考慮收入，他的許多思想概念就是透過與過去的偉大心靈對話而來的。馬基維利時常在忙完一天朝政後，身上還穿著華麗的朝袍，隱身退至私人的辦公室裡，向歷史上的偉大心靈提出一個又一個的問題，再把他們的回答記錄下來。他曾表示：

> 研究有著豐功偉業的先人，看他們如何自處，檢討他們的成就何來、失敗何來，好學習成功之肇因，避免失敗之禍首。
>
> 最重要的是學習那些不恥效法先人的前輩，他們懂得從留名青史的偉人身上擷取長處，一如亞歷山大大帝摹仿阿基理斯，凱撒大帝摹仿亞歷山大大帝一樣。

馬基維利還進一步說明：

> 我脱下沾滿塵土的工作服，穿上華麗尊貴的衣袍。穿上了適當的衣裝，走進古老的殿堂，受到熱誠的歡迎，我努力地吸收爲我準備的食糧。我不因與他們對話而感到羞愧，也不怕追問他們行動背後的原因，而仁慈的前輩也好心地回答了我的問題。有時候，四小時飛逝而過，我也不覺疲倦；煩惱全都抛在腦後，

既不怕貧窮，也不畏懼死亡。我將自己完全地交付在他們手中。但丁說，不先記下你已學會的事，是無法眞正了解科學，因此我把對話中的重點都記了下來。

讓我們先與西方哲學之父柏拉圖開始對話，作爲練習與天才對話的試金石。

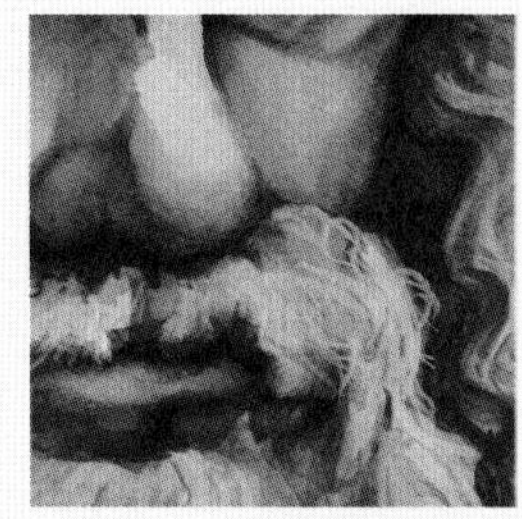

逃離洞穴，尋找光亮

# 柏拉圖

（Plato, 大約西元前428-348）

## 加深對智慧的熱愛

美就是眞理，眞理就是美……

——濟慈

**【畫家的話】**

畫這幅肖像的靈感源自拉斐爾的名作〈雅典學園〉，有人傳說拉斐爾在這幅偉大的作品中，以達文西作為刻畫柏拉圖面貌的藍本。我以此作為構思的出發點，希望柏拉圖看起來既像是在觀察，同時也像是在思考，力求呈現智慧產生的過程。

回憶一下，哪幾位老師帶給你最長久、最深遠的影響？或許那位老師引領你初次認清某件切身之事，也或者他的啓發讓你自此培養出對某個科目的喜好，又或許他爲你種下了至今仍然深植心田的理想。如果你有幸遇上爲你的人生帶來如此影響的良師，每當想起這些老師時，你心中一定滿溢著溫暖與感激，因爲有他們指引路途，才有了今天的你。

你的恩師在你內心點燃熱情，也帶領你初識自柏拉圖時代開始的教學傳統。柏拉圖就是古希臘文化熱愛智慧的化身，承襲了他的導師蘇格拉底的寶貴智慧，進而傳授給他的學生亞里斯多德，而亞里斯多德後來成爲亞歷山大大帝的導師，更是將這個優良的傳統發揚光大。但在這些知識巨人當中，柏拉圖的成就最不容忽視，他對後世的影響遠超出眾人想像：舉例來說，上述的偉大導師各有值得歷史記上一筆的成就，但是對於追求事物的精髓，對理念的頌揚，甚至對學習的熱愛等，都要歸功於柏拉圖。

正如傅利曼（Charles Freeman）在《希臘的成就》（*The Greek Achievement*）指出，如果「古希臘學者爲西方文明提供了染色體」，那麼柏拉圖則是爲西方文明解開去氧核糖核酸（DNA）排序的功臣。

柏拉圖開啓了西方文化知性對話的簾幕。當今的哲學家曾經大膽表示，自古希臘哲人以降的西方哲學傳統「大多是柏拉圖學說的註腳」。本書寫作的前提就是「新柏拉圖主義」（neo-Platonic）：每個人，包括你自己在內，都具有神聖的智慧火花，經過喚醒與培養，就能充分表現個人在精神上和創意上的天份。達文西曾在他的札記寫下：「有德行的人自然有求知的慾望……因為有對所愛好事物的淵博知識，才有眞正的熱愛。」這也是柏拉圖的概念。事實上，柏拉圖正是影響古典智慧形成的主要人物，另一個天才人物達文西，繼而在文藝復興時期讓古典智慧再度發揚光大。

心靈的眼睛比千萬隻肉眼還要可貴，
因為只有透過心靈的眼睛才得一窺眞理。

——柏拉圖

## 師與徒

柏拉圖於伯羅奔尼撒戰爭爆發之際，出生於雅典貴族家庭中，家庭素來政經關係良好。戰爭的情勢隨著政治的動盪不安逐漸升高，戰火持續到柏拉圖二十出頭才告結束。原本柏拉圖應在家人的期望下從政，但是雅典的寡頭執政團和民主派為了爭權不惜鬥得頭破血流的作法，卻讓他打消了從政的念頭。柏拉圖寫道：「當今的惡鬥讓我厭煩又心灰意冷。」

柏拉圖的叔伯和兄長在他出生之前就已投入蘇格拉底門下，所以早自童年時期柏拉圖就已接觸了不少大師的教誨。要討論柏拉圖，就一定要先從蘇格拉底開始談起。

蘇格拉底生於西元前四六九年的雅典，將畢生精力都投注在追求道德良善與眞理。

曾有蘇格拉底的朋友問德爾菲神諭（the Oracle at Delphi），是否有人比蘇格拉底還要有智慧，神諭的回答是：「沒有。」蘇格拉底對於這個令他尷尬的神諭解釋，更加證實了他的核心知識：「知道自己的無知。」他相信神喻之所以這麼說，是爲了幫助他和其他人了解自己對良善與眞理的無知，讓他們更加接近這些不可或缺的重要概念。蘇格拉底排斥「專家」或甚至「名師」的名號，展現出對知性無比的謙卑，自稱只是「觀念的助產士」。

蘇格拉底追求知識的核心方法就是，在求知的過程中保持批判與開放的態度。蘇格拉底具體表現了德爾菲神論「認識你自己」（know thyself）的訓示。他的忠告是：「未經檢討反省的生命是沒有生存價值的生命。」這對於任何追求完整與啓發的人正是個起點。蘇格拉底認爲外在的成就、物質的財富或是地位，並不能爲人得到幸福，過著滋養性靈的生活，幸福自然到來。

柏拉圖在蘇格拉底眼中是最好的學生，然而這份師徒關係在西元前三九九年雅典的民主政府判蘇格拉底死刑時嘎然告終。柏拉圖稱雅典政府爲蘇格拉底扣上的「不敬神之罪是最違背常理的莫須有罪名」。柏拉圖與雅典政府的關係降至谷底，便離開雅典至海外遊學，試圖回到哲學，找尋「對智慧的熱愛」。追溯其字源，哲學philosophy的希臘文是由philein「愛」和sophia「智慧」兩字根結合而成。柏拉圖表示，當「法律與道德急速淪喪」，他終究「不得不相信，爲社會或爲個人找到正義的唯一希望，存在於眞正的哲學之中」。

*「根據新柏拉圖主義者的看法，由於自我和世界分享同樣的結構，所以了解自我就可以了解世界。」*

——羅傑・培登教授（Professor Roger Paden）

論新柏拉圖主義中的智慧之愛

## 柏拉圖的文藝復興

西元一四八六年，二十三歲的米蘭多拉（Pico della Mirandola）發表了受人矚目的《頌揚人的尊貴》（*Oration on the Dignity of Man*），自此奠定了他在復興柏拉圖學說上的崇高地位。這篇根據新柏拉圖主義觀點對創造力所做的論述，不論在當時或是在現代，都具有激勵學生充分發展潛能的作用。米蘭多拉宣稱，人類與其他生物有別，擁有無限的潛力去創造自己在生命中的成就。他寫道：

沒有特定的地點，也沒有特定的形式是專屬於你，也沒有任何特別的功能賦予你，人類啊，而正因如此，你所得到的，完全依據你心所欲與判斷，不論地點不論形式不論功能。其他生靈的天賦都已定，受到人類所畫界線的束縛。不受限制的你，要根據自己的自由意志，為自己的天性做決定，我把你交給你自己。

我把你放在世界的中心，讓你可以更容易研究世間的事與物。我們並未把你塑成神聖或平凡的個體，也沒有給你短暫或是永恆的生命，正因如此，你可以隨一己所好去塑造自己。你可以放任自己沉淪如低等野獸；亦可由自我靈魂的審判中脫胎換骨，成為高等的神聖個體。

## 知識的哲學

柏拉圖基本的知識哲學奠定了他的政治、教育和道德哲學的理念，我們也可藉著對這基本理念的認識，更進一步地體驗他對知識的熱愛。柏拉圖經由後世傳頌的「對話錄」所發展和表達的理念，要想完全了解與欣賞，必然要花上一輩子的時間去鑽研。然而柏拉圖學說中最重要的理念，和他用以表達這個精神的知名隱喻，讓人一窺他的天才特質。

柏拉圖認爲，人類所體驗的世界只是理想世界的蒼白倒影，他把這個恆久不變的國度稱爲「理型世界」（world of Forms）。日常世界不斷的變化，每件發生的事都只不過短暫地表現了世界眞正的本質，而世界眞正的本質其實存在於理型世界裡。舉例來說，你的手中握著一本書，但這是因爲你知道「書本」眞正不變的形式，所以你才能認出你手中握的是一本書。同樣地，能夠分辨一粒蘋果或是一隻貓也是由於認識「蘋果」或「貓」的理念形式。

理型世界是有階層的，在最頂端排列著眞、善、美。柏拉圖主張人的靈魂在出生之前能夠接近純然的眞、善、美世界，但人來到這個世界後，就忘卻了。哲學家的任務就是要引領人們重溫我們所遺忘的眞、善、美。

### 想像一個完美的圓

我們可以在腦海中構想完美的圓的形狀，但這個完美的圓也可以用公式（$\pi r^2$）來表示。

現在你自己畫一個圓。在動手畫過之後，你就認識了不完美的圓。即使是達文西和米開朗基羅也只能畫出不完美的圓。而電腦也畫不出完美的圓，因爲像素構成的圖形不可能是完美的。

雖說如此，柏拉圖會說，早在我們出生之前，我們就知道完美圓形的概念。

在《理想國》第七卷裡，柏拉圖以「洞穴寓言」來形容「理型世界」及其與人類日常生活經驗的關聯：「我要你繼續想像以下幾種人類開明或是無知的狀況。試想地底有個洞穴，有個長長的通道與外界接連，可以讓日光照進來，裡面住了許多自幼就被囚禁其中的犯人，腳上和頭頸都被鐵鍊拴著，眼睛只能直視前方，不能回頭看。」

柏拉圖接著描述了洞穴內犯人受到視線範圍的限制。他們的「眞實」只限於由身後燃燒的火把投射在前方牆上的陰影。柏拉圖接下來問：「想想，如果有一天，他們的禁錮獲得解除，不再受到錯覺的誤導時，會發生什麼事。」他描述犯人從陰暗的洞穴出來，必須重新適應光亮，並克服過去「陰影—眞實」之間眞假難辨的困境。囚犯過去並不知道他們身處的環境只是光的世界的影子，正如我們的世界只是「理型世界」有限的反射而已。

對柏拉圖而言，就是哲學家克服他的恐懼，打破他的禁錮，勇敢地走出洞穴外去尋找亮光；而驅使他的動力就是對於智慧、善、美的熱愛。在柏拉圖定義下的眞正哲學家，他逃出了洞穴，在光明中看到了善的理型，更回到洞穴中去引導其他人。

美是永恆的，無可捏造，不可摧毀；
不能增加也不會毀壞……其他所有事物
也因爲成了美的一部分而美……
美是神聖、純潔……美本身就是美麗的。

——柏拉圖

## 愛的力量

對於柏拉圖，愛是啓蒙的核心概念，和我們今天不時掛在嘴邊的愛是不同的。當柏拉圖談到「智慧的愛」，那是發自內心的。對他而言，對美、眞理與善的狂熱之愛便是走出洞穴的途徑。這股愛的力量，也就是希臘人口中的Eros，或許源自肉體的慾望和個人的情感，但是又進一步演化成更普遍、更性靈層面的力量。（所以，雖然現代人常以「柏拉圖式愛情」來表示沒有肉體關係的戀愛，但其實這個詞意指，因爲對眞、善、美的追求與共同認知而建立起來的友誼。）

在柏拉圖的世界裡，愛這個概念是經過縝密思考而來；而有條理的學習加上密集的推理訓練，才能了解眞正的知識。不過，說到柏拉圖建議我們去充分建議我們去充分體驗實踐善的過程，倒是與男女之間浪漫的結合頗有相似之處。提到與善的理型合而爲一時，柏拉圖說：「如果一個人能與他所熱愛的事物相協調，進而相結合，那他所獲得的結果是快樂、愉悅、滿足的。當一個人與他所愛的人結合，他能獲得平靜；因爲解除了負擔，獲得休息。」柏拉圖也在《饗宴》（*Symposium*）裡藉由蘇格拉底之口強調：「人性中很難再找到比『愛』更好的助手。」

## 蟄伏內在的天才

西元前三七九年，一項卓越的創舉讓柏拉圖回到了雅典，他創立了西方世界的第一所大學「柏拉圖學園」（the Academy）。若說柏拉圖的學說是一門宗教，那「教」與「學」就是這個宗教的膜拜形式，而柏拉圖學園則是這個宗教的廟堂。學院的入學條件是必須先完成現代所謂的小學與中學教育。雖然各個特別學科都包含在學院教授的課程中，但柏拉圖式教育的焦點主要在於「提醒」學生去了解靈魂中固有的知識。

## 東方的柏拉圖

孔子（511-479 B.C.）是中國哲學的重要人物。他的學說倡導對智慧的熱愛，其影響之深，在學說發表的兩千多年後，中國共產黨必須明令禁止儒家思想，可見一斑。孔子和柏拉圖一樣，是個注重美德、社會秩序和教育本質的理想家。他的名言「己所不欲，勿施於人」代表了人類思想上革命性的發展。在基督教形成的五百多年以前，孔子就已教人：「以直抱怨，以德報德。」並要求中國人民要愛鄰如己。孔子的學說並非來自天啓或神祕主義，而是透過論證。

柏拉圖認爲學生早已擁有最重要的知識。因此，教師的角色就是藉由蘇格拉底問問題的方式，去幫助他們了解自己內在的知識，建立個人獨立的思考。舉例來說，在柏拉圖「對話錄」的《米諾》（*Meno*）篇中，蘇格拉底問一個年輕的奴隸有關畢達哥拉斯定理（Pythagorean theorem）的題目。少年過去不曾受過任何幾何學的教育，一開口就答錯了。但蘇格拉底只是繼續問了幾個問題，不一會就讓少年體認到自己錯了。到最後，蘇格拉底一個接著一個的問題終於激發了少年，讓他正確地解出這道題。蘇格拉底這時又說，其實少年本身就具有幾何學的知識，而蘇格拉底此時的身分並不是「教師」，只不過是喚醒少年記憶的「助產士」。柏拉圖認爲，正如同有技巧的問話可以引發學生回答幾何證明題的能力，同樣的方式也可以讓人認識美德、公理與美。

柏拉圖強調：「有些人自以爲可以將之前並不存在的知識灌輸到心靈，這種觀念必須加以排斥……」對柏拉圖而言，人已經知道了所有任何值得理解的知識，要做的就是由靈魂去重新喚起這些知識並加以運用。

在柏拉圖的概念中，靈魂包括了三個部分，由最低排至最高分別是肉體層面（慾望）、想像層面（意志）、智慧層面（理性）；而他理想中的社會也分爲三個與之呼應的階級：工匠（肉體）、藝術家與戰士（想像）、哲學家與社會統治者（理性）。我們可以想見現代世界對柏拉圖學說的批評何在，小至他設定的僵硬階級制度，到藝術家和詩人因具有煽動性的影響力而應該受到監察的謬誤看法，大至數百年來多少專制者與獨裁者皆假借柏拉圖的理想國（由一個慈愛的國王和一群高尙的「統治者」共同治理）之名，遂行獨裁腐敗統治之實。

但細心閱讀柏拉圖的《理想國》後，不難發現柏拉圖非常重視理想社會的領導人必須受過完整訓練，而且道德廉潔，克己無私。在另一方面，柏拉圖的觀念亦與當時的風氣相悖，因爲他認爲婦女一樣可以成爲治理國家的統治者，也可以成爲優秀的「哲學家皇后」！整體來說，對《理想國》最中肯的批評，就是在鼓吹理想社會的同時，柏拉圖「明知不可爲而爲之」，亦如亞里斯多德所言：「在構築理念時可以隨心所欲，但應避免明知不可能實現的念頭。」

人稱哲學之父的柏拉圖，可說是智慧之愛的恆久原型。雖然亞里斯多德質疑《理想國》內理想社會的架構，他依然認爲柏拉圖是個理想的老師。亞里斯多德這麼寫：

那獨特人物之名不應由惡人口中逸出。
惡人無權讚美他的名號——
他用言語用行動
清楚展現：
有德之人是幸福的。
啊！無人能與他比擬。

## 成就總結

- ▲柏拉圖是影響了西方哲學發展的主要人物。
- ▲柏拉圖提出了「定義」的邏輯概念。
- ▲柏拉圖有系統地建立了現代大學的基礎，也建立了以小學與中學教育作爲高等教育準備的概念。
- ▲柏拉圖支持推論和獨立思考的過程，並有系統地說明，教育的理念是激發學生的知識而非填鴨教學。
- ▲雖然柏拉圖在《理想國》中對藝術家採取強硬姿態，但他的「對話錄」證明他其實是偉大的文學天才。《哲學百科》（*The Encyclopedia of Philosophy*）指出：「柏拉圖的作品將希臘文化的成就推上高峰。他的變通、豐富的語彙、平易近人的對話體裁和高雅的修辭，他的幽默、諷刺、感性、莊重、直言不諱，他的優雅和偶發的不留情，以及隱喻、明喻和神話的巧妙運用、對人物描寫的流暢——這些特質和其他特質相結合後，無人能與之相比。」
- ▲柏拉圖把蘇格拉底的學說引介給世人，又將之傳續給亞里斯多德。

## 柏拉圖與你

其實，你會選擇看這本書，就已經是喜愛智慧的表現。你的精神面促使你去增加知識，而培養精神層面的好處，在接下來幾章、甚至讀完本書後更是會源源不絕。利用接下來的自我評量和練習，趁機依循蘇格拉底和柏拉圖的傳統，去檢討自己的生活，但是這裡我們要融入文藝復興時代的新柏拉圖主義精神，多加強調其中令人著迷的特點！

在開始之前，或許你也該想想柏拉圖學說和現今世界之間，有什麼巧妙又帶點諷刺的關聯。柏拉圖認為眞實世界是不變的，具有完整的結構。他認爲要配合這個結構才能夠發現「善的生活」。由古至今觀念最大的改變在於，過去認爲世界是有階級、一致、靜止不變，且由絕對因素組成；而現代是矩陣式的世界，多元、生氣蓬勃又充滿未定的相對性。量子物理就是現代世界輕易推翻「絕對」的象徵，其中又以諾貝爾物理獎得主華納・海森伯格（Werner Heisenberg）著名的「測不準原理」（uncertainty principle）為最。雖然柏拉圖的許多答案不爲現代社會所接受，但柏拉圖提出的「什麼是美德？我們如何培養美德？」等基本問題依然重要。就連海森伯格博士也同樣受到柏拉圖學說的影響而表示，他的人生目標之一就是「平心靜氣地冥想柏拉圖提出的偉大問題」。

各位讀者可在開始個人的冥想前，先試做以下自我評量。思考一下柏拉圖的主題，等做完天才練習，再回到評量上頭，看看答案有何不同。

【自我評量表】

# 你有多柏拉圖？

□我的快樂取決於工作的成就。

□我的快樂取決於別人對我的看法。

□我的快樂取決於金錢與財產的累積。

□我的快樂取決於靈魂的滋養。

□我對「善」的看法經過仔細思量，有強烈的倫理準則和符合道德標準的行爲。

□即使心裡不甘願，我還是保持合乎道德而且守法的行爲。

□我相信美德本身就是回報。

□我相信好人能長久。

□我每天都在尋找美的精髓。

□我每天都問自己，也問別人一些有探索性、有挑戰性的問題。

□我的人生哲學是理智而成熟的。

□我用探索、批評的眼光去反省生活，檢討我信奉的哲學、價值觀與對社會的貢獻。

□我願意爲哪些原則犧牲自己的生命？

【天才練習】

# 加深對智慧的熱愛

人生值得一戲。

——柏拉圖

## 感受「驚奇」

在這個老是聽到「早就知道了」、「早就做過了」和「隨便」……的世界裡，「驚奇」被視為天真和落伍的同義詞。但是「驚奇」wonder這個字是「美好的」wonderful的字根，也是追尋哲學真理的起點。《韋氏字典》中，「驚奇」的同義詞包括：敬佩、欣賞、驚嘆、崇敬、驚訝、驚異和敬畏。

在你的「天才札記本」中，寫下十件曾讓你內心充滿驚嘆、感到崇敬與敬畏的美好事物、回憶、想像、觀察、夢想或是經驗。

每天去感受「驚奇」，是保持心靈開放、進一步享受人生的絕妙方法。

詩人柯勒芝（Samuel Taylor Coleridge）稱「驚奇」為「人類所有感知的活力與主要原動力」。套用二十世紀天才建築師及工程師富勒（Buckminster Fuller）的話：「放膽去擁抱天真！」

……最後是……單一科學的願景，
也是隨處可見的美的科學。

——柏拉圖

## 凝視「美」

哲學探索的目標在於透過問話、思考和深入的反省，直接領悟人間普遍共通的創造天份。對柏拉圖而言，真、善、美交織在一起，融合於完美的理型構成的彩布當中。在這三者之中，美是感官所最容易領悟的。

柏拉圖在作品中寫道：「擇善固執……應該從少年時就接觸美的形式……進而由此創造出好的想法；很快地他自己就能體會到這個形式的美其實近乎另一形式的美，而且不同形式的美其實是相同而唯一的一種。」

▲探索你生命中「美」的意義。列出十件你曾見到過、觸摸過、感受過、品嚐過、想過、聞過、聽過或體驗過的美的事物。你可以在這張清單中羅列任何你認為美的事物，例如：一幅畫、一張臉孔、一首曲子、某日的夕陽、一朵花、某人的觸摸、一個概念，甚至一塊蛋糕！

▲列出清單後，用短短的一、兩句話，寫出對你而言，這些事物的美何在。

▲再從清單中找出這些事物的共同點。

▲試著用一、兩個句子去表達自己對美的精髓的定義，以短詩或俳句的文體來表達亦無妨。對於柏拉圖式「美」的探索，艾蜜莉·狄金森（Emily Dickinson）如是說：

美擠壓著我直到最後一口氣，
美啊，懇求你的憐憫！
若我將於今日撒手，
就讓我在美中離去。

## 光的冥想

對柏拉圖而言，太陽代表的就是善的最高理型。蘇格拉底和柏拉圖都將智慧和善兩者與光相比。蘇格拉底告訴我們：

「為了要讓心靈看到陽光而不是黑暗，整個靈魂都必須遠離不斷變化的世界，直到心靈的眼睛能夠學會認清真實，了解『善』的終極光輝。因此應該有一門藝術，專門

## 柏拉圖式的愛：美與浪漫

反省從伴侶身上體驗到的深切之美，表達你由此而生的感受，就能提升對美的欣賞。大多數人墜入愛河時，一眼就從心愛人身上看到了美的眞義。然而就在這時候，與另一個人共同建築生活的壓力逐漸變大，原先兩人間的火花也就慢慢消逝。眞正的浪漫是在百般纏身的俗務之中，時時帶著驚奇的眼光，去回想、去擁抱戀愛之美。在心中想著你愛的那個人，寫下他在你眼中是如何展現美的理型。接著把這些心得總結在一張簡單的卡片上，送給你的伴侶。當你一再練習這份能看到他人之美的能力時，他人也會在你身上看到難以忽視的美。這就是你的回饋。

為此存在。」

英國詩人休斯（Ted Hughes）身體力行、傳授的就是這門藝術的一種形式。他教學生在寫詩前先對著光進行一段簡單的冥想。這項練習或許也能投你所好。放鬆地坐在黑暗的靜室，在桌上點燃一根蠟燭，注視燭火。讓眼睛輕鬆地注視著火焰。當你的心神開始遊蕩時，把目光調回燭火上。這是進行創作之前絕佳的練習，不妨在素描、作畫、寫生或寫詩之前做做這個練習。

另一個極具啓發性的「光的冥想」練習，就是觀賞同一天的日出和日落。當然，柏拉圖鼓勵我們找尋的光其實藏在我們心中。一如印度教經典《奧義書》（*Chandogya Upanishad*）所說：「有一道光永遠不滅，超越世上萬物，凌越穹蒼。那就是在你心中發亮的那道光芒。」

## 欣賞並培養自己的潛力

亞里斯多德是柏拉圖的得意門生，建立了「潛力」的觀念。亞里斯多德認為宇宙的動力，在於它具有讓萬物發展自身才能的傾向。雖然亞里斯多德在許多觀念上與柏拉圖持不同的看法，但是他仍忠於老師主張的萬物照「理型」發展的看法。因此，人類的精子和卵子有潛力成為一條新生命，而橡樹子有可能長成一株橡樹。

早春時，在雅典附近柏拉圖的誕生地，有大片向日葵花田仍然寂寥。乍看之下，遊客大概什麼都看不到，但其實花農已經撒下了數以百萬計的種子。花農預料得到，只要雨水、土壤和陽光的條件適當，這片田野就會開滿一朵朵飽滿的黃色向日葵。對花農而言，向日葵花早在真正開花之前就「存在」，因為花農知道他所播下的種子的潛力，也明瞭要使種子成長、開花需要什麼樣的生長條件。

你的靈魂中孕育著哪些種子，尚待茁壯？何妨花上十分鐘的時間，從以下幾個主題擇一去做做「意識流」的寫作練習，給那些還沒有發揮的潛力一點發展的機會。

▲什麼是讓我的靈魂達到巔峰的適當條件？

▲我該成為什麼樣的人？

▲我真正的潛力是……

▲我尚未發揮的最強潛質是……

除了欣賞和培養自己的潛力之外，你也要認真去觀察和培養身邊其他人的天賦。你是否懂得欣賞另一半、子女、同事或學生所具有的潛力，並鼓勵他們去發揮潛力？回想你生命中具有重要地位的每個人，一次一個，試想他們充分展現潛力和自我表達的情境。仔細檢討看看你能做些什麼，或是你該停止自己的某些行為，好讓他們能進一步成長。

現代的奧林匹克運動會也是古希臘文化留下的文化遺產之一。每當又有奧運金牌得主出爐時，媒體必然會問他們成功的祕密是什麼。幾乎所有的回答都是：「我要感謝始終對我有信心的『母親、父親、教練、老師、兄弟、朋友、牧師等人』。」最佳的教練、父母和親友看得見身邊人的潛力，會鼓勵他們去發掘自己一無所覺的能力。試著扮演那個充滿信心、最具啓發性的親友角色。

## 如何進行意識流寫作

「意識流」寫作練習是幫助你去欣賞並培養潛力的絕佳工具。你可以趁著有意識地深入探討一個問題的機會，去表達你對智慧的熱愛。所謂「意識流」就是信手把流動的思緒和聯想全部寫下來，不做任何修整。

有效的「意識流」寫作祕訣在於「讓筆不停地動」；在練習的過程中千萬不要讓筆尖離開紙面，也不要停筆去改正拼字與文法，只要繼續振筆疾書就好。

意識流寫作會產生許多廢話和贅言，但也可以引導出深刻的領悟與體會。別擔心寫出的文字毫無意義；這其實代表你正在推翻過去思考過程中慣性和膚淺的一面。只要你堅持下去，持續不斷地動筆書寫，自然會打開一扇窗讓直覺的智慧展露光芒。別忘了詩人的座右銘正是：「酩酊寫作，清醒修飾。」

你不妨擇定一本筆記本，專作為意識流寫作之用。

另外，最好為每一次意識流寫作設定最起碼的練習時間。一般至少要花上五分鐘的時間，才能讓直覺的心思開始流動。

每次意識流寫作練習完後，休息十分鐘。

接著再回頭看你的筆記本，把剛才寫下的文字大聲唸出來。

把最能引起你共鳴的字或詞句特別標註起來。

從文字中找尋主題、領悟、詩句的開端，以及更多可深入探索的問題。

## 一百個問題

柏拉圖和他的老師蘇格拉底認為，問問題的過程就是加深智慧的關鍵。達文西強調：「有德之士天生就有求知的慾望。」他表達的是柏拉圖式「重生」或「文藝復興」的基本理念。《7 Brains》書中最熱門、也最有影響力的練習之一，就是按照意識流寫作的方式，寫出「一百個問題」。這個練習直探加深智慧之愛的核心關鍵，讓它在練習中重生。但現在我要以多洛撒因博士（Roben Torosayn, Ph.D.）的「天才札記本」為例，來引導各位做這個練習：

昨晚，我經歷了最有趣、也最奇妙的經驗。我還以爲我產生了幻覺。事情的開端是這樣的，我當時正在讀《7 Brains》，決定要試做「一百個問題」的練習。練習方法的解說如下，事後我才發現這段文字非常重要：

「在筆記裡列出一百個對你來說重要的問題，只要你認爲有意義，任何形式的問題都可以包含在內：從『如何存錢？』或『如何活得更有樂趣？』，到『我的存在到底有什麼意義和目的？』和『如何能把上主侍奉得更好？』皆可。

「一鼓作氣把所有的問題都列出來。振筆疾書，不要擔心拼字拼錯，文法錯誤，或是以不同的文字重複同樣的問題（重複出現的問題可以提醒你注意逐漸成形的主題）。爲什麼要寫下一百個問題呢？因爲頭二十個問題會是你不假思索就寫下的問題。在接下來的三、四十個問題中，主題開始逐漸浮現。到了七、八十個問題以後，你就可以發掘許多意想不到但是意義深遠的素材了。」

我當時很想看看自己到頭來是否會寫出任何意想不到或是意義深遠的東西，因爲我覺得我早就知道我要寫些什麼問題了。剛開始動筆時，我的問題大多像「如何找到對我最好的決定？」和「如何能避免如此輕易就分心？」這類的問題。我的很多問題都繞著如何達到平衡與協調的主題打轉。另一個主題是如何超越自己的自戀。

在第一頁寫滿二十個問題時，我已經有點累了，夜已深（我大約從晚上十一點二十分開始），隔天又要早上七點十分起床練瑜珈。我心想，我沒必要一口氣把這些問題都寫完？何必如此？但我還是希望能盡量遵照指示，即使我只不過想做個迷你實驗，看看一切照做，最後會有什麼結果。所以我孤注一擲，相信作者要我們寫下一百個問題必有其用意，希望繼續不停地寫，或許到頭來可以有所收穫。

寫到第四十七個問題，一個較深入的念頭閃過腦海：「要怎樣才能更深入地探索自我，才能活得更像個天才，才能絲毫不把別人的評斷放在心上，只注意眼前的問題？」其他徘徊不去的主題也不斷出現，例如：「如何有足夠的自重才能不浪費自己寶貴的時間？」寫到第六十個問題時，我已經寫滿了四張紙，這時又再度遭遇瓶頸。我已經很累了，覺得再也撐不下去。這時我又把說明讀了一次，專看一百個問題的後半部會發生什麼情況。我心裡想著，我知道停筆與否的決定在我，但是我要繼續下去，因爲我告訴自己，我眞的不知道如果我把問題全部寫完會有什麼結果，儘管我心裡頭並不完全相信這樣做眞會得到什麼深刻或意想不到的結果。

到了第八十八和第八十九個問題，突然間我的問題有了非常明顯的轉變。我的問題從「生命中除了現實問題，還有什麼重要的事？」轉變成「光，也就是力量、神聖和靈感的來源何在？」走筆至此，我也發現自己的體能狀況有所變化，那感覺像是吞服了迷幻藥後意識處於漂浮的狀態。我仍然感覺得到筆尖觸及札記本的紙張，但在短短一瞬間，我眞的以爲有某人或是某種能量在爲我寫字，移動我的筆桿。

我在當時的恍惚中對自己說：「現在的我不是我，有什麼東西正在穿過我的身體。」我覺得我經歷了某種形式的人格或意志轉換。

回想起來，問題品質和內容的改變實在有趣，從自我中心的執著、擔心有哪些其他可做之事，轉變爲徹底神祕、超越的心性狀態問題。

對我來說，這經驗顯示了讓自己埋首於某項計劃是多麼重要的事，要在探索與進行活動的同時，幾乎忘掉自己侷促不安和困窘的心情，讓自己盡可能開放地去體會每一個經驗，沈浸其中，盡情探索，擺脫陳腔濫調，突破疏離的冷漠。這樣才像是「活著」，不是嗎？

讀者不妨以「一百個問題」的練習來體驗如何「加深對智慧的熱愛」，接著再學學多洛撒因博士，在札記本裡寫下做完練習的心得。

讓我在此把「一百個問題」練習的步驟再重複一次：

> 在筆記裡列出對你來說重要的一百個問題，只要你認爲有意義，任何形式的問題都可以包含在內：從「如何存錢？」或「如何活得更有樂趣？」，到「我的存在到底有什麼意義和目的？」和「如何才能把主侍奉得更好？」皆可。
>
> 一鼓作氣把所有的問題都列出來。振筆疾書，不要擔心拼字拼錯，文法錯誤，或是以不同的文字重複同樣的問題（重複出現的問題可以提醒你注意逐漸成形的主題）。爲什麼要寫下一百個問題呢？因爲頭二十個問題會是你不假思索就寫下的問題。在接下來的三、四十個問題中，主題開始逐漸浮現。第七、八十個問題以後，你就可以發掘許多意想不到但是意義深遠的素材了。

## 過有省思的人生

柏拉圖學派強調人要過「有省思的人生」的重要性。啓蒙時代的哲學家約翰・史都華・米爾（John Stuart Mill）曾經為這個立場做了相當尖銳的辯護：「寧可做個不

> **培登教授強調：「柏拉圖的世界裡沒有濫施的仁慈，也沒有無意義的美。對柏拉圖而言，仁慈的舉動幫助人學會仁慈，親近美讓我們更接近真實。兩者都讓我們成爲更好的人，所以我們應該有系統地去追求這兩個目標。」**

滿的人，也比做一隻不滿的豬好；做個不滿的『蘇格拉底』，也比當個滿足的愚人來得好。如果這個愚人或這隻豬與你意見相左，不過是因為他們只看到了問題的一面；而作為一個智者或是人，則能看到問題的兩面。」

換言之，從蘇格拉底及柏拉圖學派的角度來看，無知並非福份，即使在生命中追尋道德不見得是件舒服的事，但這樣的努力對於過有省思的人生，仍不可或缺。

請你依照以下的方式，探討你自己的道德狀態。

## 反省媒體裡的道德觀

我不知道是誰發現了水，但可以確定絕不是一條魚。一如魚必須全身沒入水中，現代人的生活已經被廣告、被市場行銷、被媒體所淹沒，以至於我們對的道德自覺所受到的影響毫無感覺。請自問：

廣告和市場行銷在我的道德羅盤的成形與維護中扮演什麼角色？我的道德羅盤對現在的我有何影響？我的道德羅盤如何塑造我的價值觀與行為？廣告和市場行銷會如何影響我的子女的道德發展？

試著拿起電視遙控器來，隨便換幾個頻道，對每個頻道所傳達的道德訊息有個大致的了解。接著翻閱幾本雜誌，或是注意你在路上經過的廣告看板，留心你喜歡的電台節目和電視節目，再跟朋友討論，或是在札記本中寫下其中隱含的道德訊息。

## 反省你和美德的關係

「倫理」(Ethics)一字來自希臘文的ethos，意思是「人格」或是「習慣的生活方式」。柏拉圖與亞里斯多德認為人格必須透過練習與接觸好的模範去培養。他們也認為，美德要在社交環境中學習。他們的理論是，人應該盡量維持一個鼓勵良好人格發展的社交環境。

在追求美德的過程中，不要忘了想想以下的問題，尋求指引：

- ▲你最顯著的美德是什麼？是從何而來的？
- ▲你最顯著的缺陷是什麼？又是從何而來？
- ▲你該去讀哪些書刊、聽哪些節目、看哪些節目，以培養美德？
- ▲你是否有可能在不重品德的情況下依然快樂？
- ▲要如何幫助子女培養美德？
- ▲誰是美德的好榜樣？
- ▲這些模範人物有哪些美德是你最欽佩的？為什麼？
- ▲想想，有沒有更好的榜樣？
- ▲你的壞榜樣名單中有誰？那些人有什麼缺點？
- ▲要如何改變現有的環境，好引導你去追尋更偉大的美德？

## 舉辦一場寬袍派對

要過「有省思的人生」並不容易，但蘇格拉底和柏拉圖也知道何時該放鬆心情。

何不舉辦一個寬袍派對來表示對這兩位希臘哲人的敬意，但這並不是要你辦個像電影

《動物屋》（*Animal House*）裡那樣的狂歡派對，而是藉著現代的方式去表達原始的柏拉圖《饗宴》式的愛。你可以請你的客人打扮成古希臘人的模樣前來赴會，並且要帶著他們個人最喜愛、關於愛的詩篇或散文。在聚會裡提供幾樣簡單的希臘點心，例如，卡拉馬他醃橄欖（Kalamata olives）、呼馬斯豆泥（hummus）、朝鮮薊心、羊乳酪（feta cheese）、熱麵餅、大甜棗、無花果、蜂蜜和優格。

你也可以試試以下提供的食譜：

**美味羊肉饗宴（四人份）**

**材料：**▲八條羊肉香腸。
▲兩顆新鮮紅蔥頭。
▲八瓣大蒜。
▲一磅去骨羊腰肉。
▲乾燥的奧勒岡香草（oregano）末、鹽、胡椒和辣椒末各少許。
▲半磅希臘羊乳酪。
▲八至十二顆朝鮮薊心（罐頭裝可）。
▲十六至二十個去核的卡拉馬他橄欖。

**做法：**1.用煎鍋把羊肉香腸煎熟後，先放置一旁。接著倒入少許希臘橄欖油，待油熱後放入紅蔥頭與大蒜爆香。再將切塊的羊腰肉放入鍋中，轉小火，帶著柏拉圖式的愛去輕輕翻攪羊肉。撒入鹽、胡椒、奧勒岡香草末和辣椒末等調味料。

2. 等羊肉入味了，加入先前煎好的羊肉香腸，再倒入壓碎的羊乳酪，最後再放入橄欖和朝鮮薊心。
3. 蓋上鍋蓋燜煮幾分鐘，再把羊肉盛上桌，可以配米飯、歐佐義大利麵（orzo），或是北非古思古斯小麥飯（couscous）。

切記，葡萄酒要源源不絕地供應。柏拉圖引用了不朽名言in vino veritas（真理就在酒中），而且在《饗宴》原文中，大家都效法酒神巴克斯（Bacchus），一杯接一杯地盡情歡飲。蘇格拉底千杯不醉的酒量也是名聞遐邇。隨著時間的流逝，酒酣耳熱，就可以請來賓朗誦他們帶來的愛的詩篇，最後再把獎品送給表情最傳神、最動人的一位（一只桂冠外加一瓶酒就是很好的獎品）。

對於這類非正式的哲學交流，我的同事兼好友朗．葛羅斯（Ron Gross）認為其價值在於：「我鼓勵學生跟朋友交換意見，提升談話的層次，討論人在使用『愛』、『正義』、『友誼』或是『擇善固執』這些關鍵詞彙時，真正的用意何在。你會驚訝發現，大家對這些詞彙的定義差別有多大。以尊敬彼此又不失創意的方式，去分享不同的觀點，或許可以讓流於平淡的社交聚會變得更有吸引力。」

身為《追隨蘇格拉底的腳步》（*Socrate's Way*）的作者，同時也是哥倫比亞大學創意研討會主持人的葛羅斯，接著又說：「柏拉圖的對話錄集結的是朋友之間的談話。以對話式文體寫成的〈克雷多〉（*The Crito*）、〈泰米攸斯〉（*The Timaeus*）、〈攸提弗羅〉（*The Euthyphro*）等書說不定收錄的就是餐聚之間的談話。所以柏拉圖要是能參與你與大衛和艾倫之間的精采對話，說不定內容就可以整理集結成〈大衛〉或〈艾倫〉了。」

## 主題探索：逃離洞穴

二十世紀哲學家葛吉夫（Georges Gurdjieff）曾指出，許多現代人都身處於有如「洞穴寓言」的「影子國度」裡。他在文章中寫道：「人類睡著了。」他向大家鼓吹一個名為「自我回憶」（self-remembering）的練習。

擇定主題是葛吉夫用來助長自我回憶的工具之一，藉此加深個人的意識。主題式的練習能幫助你喚醒潛在天才特質。每天練習前，先選定當天的主題，再把觀察的心得記在札記裡。在這一天的練習裡，你可以不時在筆記本中加上一、兩筆記錄，也可以先牢記在心中，在睡前沉靜下來，再總結至筆記上。練習的目標讓自己用正確而不帶評斷的心態去觀察週遭。這並非表示不可以有推論、意見和理論，只不過確實的觀察能夠提供最豐富的資源。

你可以從「在日常生活中探索洞穴寓言的真意」開始這個練習。先問問自己：哪些日常習慣和影響使我的意識變得遲鈍？「遲鈍」在我的體內蔓延的範圍有多廣？

## 表象與真實

什麼是真實？什麼是純粹的表象？如何去辨別其中的差異？這三個問題促成了哲學的誕生。早在柏拉圖和蘇格拉底之前，古希臘「前蘇格拉底」時期的哲學家認為真實與表象有著根本的差異。帕梅尼德斯（Parmenides）以為真實只有一個，不會有變化；赫拉克理特斯（Heraclitus）則認為真實是「流動」的；對畢達哥拉斯而言，真實就是「音樂」；泰爾斯（Thales）認為真實是「水」；而在德謨克理特斯（Democritus）看來，真實是由「原子」組成的。

人稱柏拉圖為哲學之父，部分原因就在於他將複雜的前蘇格拉底哲學思想與蘇格拉底的學說加以組織與整合。在喬治梅森大學（George Mason University）開課教授倫理學的培登教授做了如下的解釋：

> 對希臘人來說，只認識表象的人基本上是無知的……鑽研哲學的第一步，就像人生一樣，要先了解表象其實多少是虛幻的，雖不致全然如此，但亦不遠矣。其次，要認清表象的背後有眞實的存在。第三，則要認識眞實。最後，要根據潛藏的眞實去了解表象。把這些步驟與洞穴寓言相連結，就可以看出來，表象之後的穩定眞實就是柏拉圖所謂的理型，由善的唯一形式綜合而成。表象是理型的影子，要了解表象要先從理型認識起。

學會分辨表象與真實是日常生活智慧的基礎，也是哲學探索的精髓。找一天把「表象與真實」練習作為當天的主題，把兩者最明顯的差異記錄下來。表象與真實的差別就像是一枚有力的鏡片，不管觀看什麼，從一套西裝到一個微笑，你都得透過這枚鏡片。

對柏拉圖而言，任何值得知道的事都已經呈現在世人眼前，只需勾起靈魂的記憶。詩人艾略特（T.S.Eliot）在他的〈四首四重奏〉（"The Four Quartets"）中，用詩的形式表達了柏拉圖的理念：

我們不會停止探索
所有的探查終結
將會回到原先的起點
重新認識此地的面貌

## 你的工作與柏拉圖

領導學名家華倫・班尼斯（Warren Bennis）在《成為領導人》（*On Becoming a Leader*）的經典研究中指出，優秀的領導人普遍都致力於促進個人成長。換句話說，他們都致力於加深自己對智慧的熱愛，讓自己過著蘇格拉底所鼓勵的反省式生活。最好的領導人，力行從自己的行為中學習，建立「學習型組織」。

雖然柏拉圖所謂哲學家皇帝或哲學家皇后的理念，並無法與當今民主政府的概念相容，但是這個理念依然可以稱作企業領導精神的絕佳比喻。在快速變化的組織裡，領導人必須能捍衛企業核心能力的精神，提倡理想、理型、企業願景以及正直的態度。同時，也要能夠藉由蘇格拉底式的對話方式，使下屬獲得授權，有所發揮，讓理想能夠成真。最實在的領導人懂得用鼓勵大家發表意見的方式，將企業中每個層級的智慧資本加以運用，做出明智的決策。

要在你身邊找出智慧資本來進行投資，當然就要去問問題。對領導人而言，蘇格拉底式的問話是絕對有效的技巧，也是授權藝術的必要手段。實際的領導人具備良好的問話技巧，問題的遣詞用字經過斟酌，讓對方對問題能有更深入的了解，直到找到合適的解決辦法為止。藉著引導下屬做全盤思考，柏拉圖式領導人讓員工學會分享成就的榮耀和自行找到解決辦法的驕傲。

杜邦集團資深副總裁愛德・貝賽特（Ed Bassett）曾經針對柏拉圖與他的工作之間的相關性，做了以下表示：「一個人要能在快速變化的環境中擔任領導，祕訣在於努力過有省思的生活。我們的集團組織在過去二十年中經歷了劇烈的演化，但是我們的核心價值觀一直保持不變。我們的工作場所變得更加多元化，使用的科技變化到難以想像的地步，但是事業的本質依然不變，那就是『致力於解決對客戶來說最重要的問題』。領導人要學會變通，懂得在策略上運用創意，同時要能在適應文化與行事風格變遷的同時，堅持企業願景與企業倫理的指引原則，彷彿那是柏拉圖的理念一般。」

## 音樂中的柏拉圖精神：真理與善美之音

柏拉圖追究真、美與善的「對話錄」為西方哲學傳統立下了典範。在「對位」發展的過程中，四種聲音來回分享著同樣的旋律，有如對話一般。巴哈是巴洛克時期音樂的主要代表人物之一，他的作品把這個傳統精神表達得淋漓盡致。舉例來說，巴哈的〈布蘭登堡協奏曲〉、〈無伴奏大提琴組曲〉，或是〈觸技曲〉和〈D小調賦格曲〉都是非常好的證明。傾聽這些觸動人心的音樂創作，為這些以美以及秩序為創作中心的音樂動容。

柏拉圖理想中結構完整的完美社會，至今依然是個無法達成的理想，但是這個理想活在巴哈結構嚴謹的樂曲當中。巴哈過世六年後，莫札特來到人世間。人稱音樂神童的莫札特，六歲時就已創作與演奏了許多傑出的樂曲。莫札特的音樂儼然就是柏拉圖理想國度中純粹美的實現。他的〈A大調單簧管協奏曲〉正可以傳達柏拉圖追求智慧的精神。當你聆聽單簧管與樂團動人的對話時，會忍不住感到自己更接近真與美的精髓。

## 認識布魯內雷斯基

希臘人透過建築表達了對智慧深遠的愛。由天才建築師菲狄亞斯（Phidias）設計、建造於雅典的巴特農神殿（Parthenon），就是他對雅典娜女神的頌讚。根據希臘神話的傳說，雅典娜女神誕生自宙斯的頭部，負責掌管崇高的智慧。

柏拉圖學派加深對智慧熱愛的主張，在你探索本書介紹的突破性思想家時，是取之不盡、用之不竭的泉源。柏拉圖對後世的影響，可從接下來的幾位天才人物身上看到。柏拉圖學派對智慧、善、眞與美的追求，是西方文明的必要動力，也是豐富生活與長保青春的祕方。

羅馬帝國沒落以後，有一千年的時間，歐洲都是處於保守教條拘束的統治之下，對知識的熱愛在此期間受到嚴格的抑制。對許多人來說，我們接下來要認識的革命性天才人物或許顯得十分陌生，但他的成就改變了往後的世界，因爲他設計與建造的智慧殿堂成了人類意識轉變的所在，也就是我們所熟知的文藝復興時代。

向天空挑戰的眼光

# 布魯內雷斯基

（Filippo Brunelleschi, 1377－1446）

## 擴展你的視野

個人意識在十五世紀初期的佛羅倫斯出現。

這是不可變更的事實。

——藝術史學家，克拉克（Kenneth Clark）

**【畫家的話】**

剛開始我以為布魯內雷斯基會是最難畫的對象，因為實在沒有什麼關於他面貌的資料，只有一幅包著頭巾，看起來像刻在古羅馬硬幣上茫然出神的肖像，和他著名的死亡面具。但我要的是活生生的布魯內雷斯基，而且沒有確實的相貌反而能讓我有想像的空間。

連看了幾天文藝復興時代的畫像，浮現在我腦海中的布魯內雷斯基面目，可以說是幾個面孔的綜合。一幅據說是為孚列瑪修道院（Flemalle）內祭壇畫操刀的藝術大師羅柏．康賓（Robert Campin）於一四三〇年所繪的肖像畫〈人〉，成為我畫布魯內雷斯基的精緻頭巾的藍本。只可惜五官不對；我要的布魯內雷斯基應該有著分明的鷹勾鼻。為此，我參考了不少拉斐爾捕捉了深度也兼顧自然的肖像畫。

我對於「擴展視野」的詮釋是，讓布魯內雷斯基的眼光帶著成就大事的期許，他的臉龐要顯現出鋼鐵般的意志和勇於完成壯舉的膽量。

你是否曾經站在世界上最偉大的哥德式教堂尖頂之下？你是否能想像那會是什麼樣的感覺？如果你有過這樣的經驗，你也會像我一樣感到滿心的崇敬、謙卑和個人的渺小。我還記得第一次拜訪法國夏特大教堂（Chartres Cathedral）時，站在挑高的中殿，高聳的拱頂讓我感到渺小，但我的心與靈直上雲霄，立即被神聖的感動淹沒。不久之後，我來到了佛羅倫斯，走進了建成時間比夏特大教堂晚了幾世紀的佛羅倫斯大教堂（Cathedral of Santa Maria del Fiore），站在莊嚴而壯觀的穹窿之下，這一次的感動沒讓我謙卑屈膝，卻讓我站得更挺更直。漸漸地，當我又讀到文藝復興時代個人力量與潛能重獲新生時，我開始用一種更新、更發自內心的方式去領會其精髓了。

前後兩次走訪教堂的經驗成強烈對比，並非偶然，而是出自於我們接下來要認識的天才人物，設計和建造了佛羅倫斯大教堂圓頂的布魯內雷斯基。他的成就正是文藝復興時代文學與藝術觀點擴展的名副其實代表。在建造教堂圓頂的工程上，布魯內雷斯基揚棄了中古時期哥德式教堂以建築比例，隱喻人之於全能上主顯得渺小的建築概念，改而創造出慶祝個人參與神聖榮耀的空間。

相較之下，雖然達文西的《人體結構之研究》（*Canon of Proportion*）和米開朗基羅的〈大衛〉，比布魯內雷斯基的佛羅倫斯大教堂穹窿來得有名，但布魯內雷斯基的創造卻以獨特的方式，清楚傳達了文藝復興時代頌揚個人神聖力量的精神。不過布魯內雷斯基的天份，並不僅止於完成了佛羅倫斯大教堂圓頂的革命性設計。曾有位建築史學家宣稱，建築教堂圓頂所需的工程與架構技術，在十五世紀的困難度相當於現今把

## 布魯內雷斯基：米開朗基羅心目中的英雄

中世紀的藝術家是默默無名的，創作作品的榮耀全都歸諸偉大的造物主。文藝復興時代的藝術家開始在作品上簽下自己的名字，達文西、米開朗基羅和拉斐爾等人成了當紅的超級巨星。這幾位藝術巨匠所受尊崇的程度，可從西元一五六四年米開朗基羅過世後，全佛羅倫斯的人民列隊瞻仰他的遺容的盛況得知。在米開朗基羅下葬的那一天，城裡的畫家、雕塑家、建築師、民眾與當時統治佛羅倫斯的梅狄西家族成員，全都伴隨著他的靈柩走到墓地。民眾為米開朗基羅葬禮所做的盛大佈置，在葬禮後又保留了幾個星期之久，以供成千上萬的外地民眾前來緬懷追悼。

曾有人在米開朗基羅逝世之前，問他希望自己死後葬在何處。他最後的遺願是希望葬在靠近佛羅倫斯大教堂的聖十字教堂（Santa Croce Church），好讓他的靈魂在升上天堂、回顧人世的最後一眼時，能看到布魯內雷斯基興建的大教堂穹窿。

人送上月球的太空科技，特別是對布魯內雷斯基本人而言，完成教堂圓頂的任務本就是經過漫長的奮戰而當之無愧的個人勝利。至於早已被人遺忘的古典透視法與比例觀念，布魯內雷斯基的獨到見解，充分以視覺的方式表達了時代賦予個人的能力，更爲文藝復興時代的各項藝術留下不容輕忽的影響。

## 文藝復興人的雛形

朋友皆稱皮波（Pippo）的布魯內雷斯基，和達文西一樣都是事業一帆風順的代書之子。只是布魯內雷斯基的長相不如達文西那般俊雅，根據瓦薩利的描寫，布魯內雷斯基長得「其貌不揚……高不過五呎四吋，下巴短小，鷹勾鼻」。雖然他長得不出色，卻是文藝復興時代的靈魂人物。

文藝復興時代回頭從柏拉圖與亞里斯多德等古希臘學者的智慧中找尋靈感，在當時的前衛藝術家眼中，柏拉圖更是熱愛智慧的傑出代表。眞正的文藝復興人懂得多方追求這份對智慧的愛，也懂得去發展對各種學科的興趣和能力。當他們扮演起藝術家、發明家和工程師等各種角色時，不只具體實現了文藝復興時代對人獨特潛力的關注，也實現了新柏拉圖主義中賢者的理想典範。他們因爲熟悉藝術與科學的祕密而能夠駕馭與控制週遭的環境。

布魯內雷斯基是文藝復興人的理想雛型。布魯內雷斯基最初所受的是金匠、製圖師與雕刻的訓練，後來遊歷到羅馬，沉浸於古典藝術與建築之中。布魯內雷斯基和他的得意門生多納太羅（Donatello）花了將近二十年的時間（一四〇一年至二〇年）研究羅馬的神殿和其他古代建築物。研究剛開始的時候，他們還被懷疑是意圖滲透的間諜。後來他們成了羅馬人口中的「尋寶人」，就某種程度來說，這個稱呼並不爲過，

### 向天空挑戰

「至於這建築有多美麗，這建築物本身就是最好的見證……可以肯定的是古代的建築從不曾有如此高度，古人也不曾冒險向天空挑戰……」

「布魯內雷斯基的天份如此耀眼，我們可以說他是上天派來翻新建築藝術的使者。」

——瓦薩利（Giorgio Vasari），《藝術家生平》（一五六八年）

雖然他們獲得的寶藏是屬於知識而非物質上的。在這段期間，布魯內雷斯基用獨特的密碼把他的心得記錄下來，《布魯內雷斯基的大教堂圓頂》作者羅斯．金（Ross King）將這種寫作方式與達文西的「反寫」（mirror writing）相提並論。

接觸這些羅馬與拜占庭建築風格的第一手資料的重要性，並不止在於美學方面的影響而已。布魯內雷斯基過去所受的數學訓練，讓他和佛羅倫斯的數學家與天文學家結爲莫逆之交，再加上對建築的長期觀察研究，使他具備充分的背景知識，去重新發掘並擴展以透視與比例爲題的古典學說系統。布魯內雷斯基藉由這樣的根基，培育了他的視野，學習了必要的技巧，讓他有能力去設計並建構堪稱往後五百年中最大的圓頂建築。

## 神聖的天賦：有創意的問題解決法

一四一八年，爲了完成自一二九六年就動工的佛羅倫斯大教堂圓頂，各方建築師以提案競賽的方式，去爭取完成這項浩大工程。布魯內雷斯基對佛羅倫斯的此類競賽並不陌生：許多年前，還是金匠的布魯內雷斯基，就曾經參加過爲佛羅倫斯洗禮堂打造青銅大門的競圖，賽中的七位參賽者都必須設計出四塊試用門板。經過一年的時間，布魯內雷斯基和吉柏第（Lorenzo Ghiberti）兩人通過選拔，有資格可以一同擔負重任，但是布魯內雷斯基在最後關頭選擇退出，而不願與後來成爲宿敵的吉柏第共同完成這項任務。不久之後，布魯內雷斯基把研究的焦點轉向建築空間，多年後，又在佛羅倫斯與吉柏第二度交手，一較長短。

佛羅倫斯大教堂圓頂的提案競賽獎金優渥，優勝者可獲得獎金二百佛羅林金幣。至於獎金何以如此優渥，羅斯金的解釋是：「佛羅倫斯大教堂遲遲無法完成的圓頂，已經變成當時史上最大的建築之謎。許多專家都覺得那根本是不可能完成的任務。即使是穹窿的原始設計人，也說不出該如何把圓頂造起來；他們只能用虔誠的口吻表示，希望未來有一天上帝能提供解決之道……」。

爲什麼在大家眼中，完成這個圓頂的建造工程是項不可能的任務？八角形的佛羅倫斯大教堂有一百八十呎高，八面高牆之間的空間直徑竟然達一百四十呎！單薄的牆壁加上美學的考量，讓飛扶壁（flying buttress）的建築方式在此也行不通。這個巨大的穹窿只能靠著出乎眾人意料的方式以及純屬天才的巧思去填滿。

應徵的提案大量湧至教堂主事者的桌上，所有應徵者運用的，都是在教堂內部中央搭鷹架作爲支撐系統的傳統建築技巧，只有布魯內雷斯基遞交了一份先進又大膽、幾乎難以想像的計劃。他提議去除中央的支撐結構，透過精準的數學計算讓力量相當的物質，以雙層的人字型（herringbone）砌磚法，讓磚塊相互支撐同時將圓頂撐起。

一四二〇年，當時的建築名家齊聚佛羅倫斯，審視所有提案，當輪到布魯內雷斯基講解他

**「布魯內雷斯基成就最驚人的部分，就在於他成功地讓他的方法成眞。將近五百年的時間，歐美建築師都依循著他的腳步前進……如果布魯內雷斯基想要創造一個建築新時代，那他顯然是成功了。」**

——《藝術的故事》（*The Story of Art*）作者，宮布力希教授（Professor Sir Ernst Gombrich）

的構想時，眾人都嘲笑他那爭議性頗高的提案。布魯內雷斯基爲自己的構想辯護時激動得讓大家以爲他語無倫次；最後他還拒絕退席，得讓人把他硬扛出去。在那之後好一段時間，很多人看到他都會說：「看哪，瘋子來了！」

即使遇到如此巨大的挫折，布魯內雷斯基還是不肯放棄，他決定投注更多的耐性與專注，繼續堅持下去。他體認到，原來評審尚不完全了解他設計的意圖，這個發現

在文藝復興時代，污辱也是藝術形式的一種。布魯內雷斯基與敵人和批評者，彼此以尖酸刻薄的詩句交相攻擊，在此節錄供大家了解。

阿奎提尼（Giovanni Acquettini）致布魯內雷斯基：

喔你這深泉，無知之坑
你這可悲的禽獸和蠢材，
以爲未知數能肉眼得見：
空心大老倌。

布魯內雷斯基對此的回應：

只要存在的物質，聰明人
都看得見；他們不像
半桶水空做白日夢
只有藝術家，而非蠢材
能發掘自然蘊藏之寶。

讓他燃起希望；此外，他還必須能承受同行的忌妒和佛羅倫斯居民的善變無常。但是布魯內雷斯基表現出極度的自信，他告訴評審：「我敢保證，用其他辦法絕對無法把圓頂撐起來。各位大可以嘲笑我，但除非你們眞的冥頑不靈，否則應該要知道，除了我提出的方法之外，別無他法……我早就可以想見整個穹窿頂完成的樣子了，而且我很清楚，除了我現在向各位解釋的方式之外，這項工程是無法用其他方式完成的。」

評審又召開了一次會議，布魯內雷斯基在會中，要求其他競爭對手解釋，要怎麼樣才能把雞蛋豎立在平滑的大理石上面，他說誰辦得到就代表誰夠聰明去建造教堂的圓頂。大家輪流試著把雞蛋豎立起來，但是沒有人成功。輪到布魯內雷斯基時，他拿起蛋來，把雞蛋的底部敲破，雞蛋便成功地豎立了。其他建築師紛紛抱怨，說這樣他們也辦得到，布魯內雷斯基回說，如果他們了解他提出的計劃，那他們也可以建得起教堂圓頂。

最後布魯內雷斯基獲得勝利；他的提案通過，得到委任。但他的榮耀，在與宿敵吉柏第等其他三人被共同指派爲總監督（capomaestro）的建築師時，又變得黯淡了。不過，布魯內雷斯基還是成爲建造圓頂工程的主導者。布魯內雷斯基的卓越計劃，終究讓大教堂管理委員會相信，只有他，才掌有完成圓頂工程的祕密。布魯內雷斯基的表現讓他們相信，在這項工程中，其他幾位建築師是可有可無的，於是，這幾位建築師在工程中扮演的份量與報酬都被削減。

> 我早就可以想見整個穹窿頂完成的樣子了。
>
> ——布魯內雷斯基

## 將願景化爲現實

當然，接受委任建造圓頂和排除敵手只是個開始而已；布魯內雷斯基必須讓他的願景實現。他得先把巨大的大理石塊運到建築工地，再把石塊平衡地吊上幾百呎高的地方。爲了達到這個目標，布魯內雷斯基不但要費心管理一群情緒容易起伏的工人，還要處理敵手不斷損害和破壞他信譽的種種手段。

在這種情況下，布魯內雷斯基唯有心中時時不忘圓頂完成的景象，才能支撐自己熬過眼前無盡的困難與諸多挫折，其中最大的一次挫折是來自「海怪」（Badalone）的崩潰。所謂的「海怪」是布魯內雷斯基設計的一艘大船，當初設計的用意是讓這艘船專門載運建造教堂圓頂所需的大理石，如此一來所費成本可較其他運輸方式來得低廉。雖然沒有人知道「海怪」的實際設計圖形如何，但是設計顯然十分突出，布魯內雷斯基因此於一四二一年獲得了舉世第一個發明專利。轉眼七年的時間過去，這艘大船終於準備由比薩（Pisa）載運頭一批重達一百噸的大理石到佛羅倫斯。但是船才航行了二十五哩就告沉沒，連同珍貴的大理石一起被河水淹沒。種種試圖打撈價值非凡大理石的工作都不見效，布魯內雷斯基因此遭受嚴重的個人財務損失。

但是他受到完成教堂圓頂的願景所驅使，繼續試著用更多的創新發明將願景化爲現實。其中較成功的是神奇的「公牛升降機」——一台以公牛的拖曳爲動力、利用滑輪與吊桶把建材吊至高處的機器。布魯內雷斯基還特地做了個木製平台，負責出力的公牛在上面工作了十二年，把總計約七千萬磅重的大理石、磚塊與石頭吊升至高處。

佛羅斯大教堂圓頂完工之際，布魯內雷斯基自然獲得各方的讚揚，其中大多是褒獎他的工程技術。「工程」（engineer）與「天才的」（ingenious）兩字的拉丁字源同爲ingenium。當時權傾一時的佛羅倫斯官員馬蘇琵尼（Carlo Marsuppini）對布魯內雷斯基的「神聖天賦」（divino ingenio）大爲稱讚，羅斯・金則指出：「這是有史以來第一位建築師或是雕刻家被誇獎說是作品受到神聖的啓發。」

布魯內雷斯基堅持他的願景，終究讓理想實現，但他還有另一項創舉足以讓現代人由衷讚嘆。知名建築師薩多哥（Piero Sartogo）告訴我：「雖然今天看起來沒什麼，但在布魯內雷斯基之前，從沒有人能夠既負責設計，又負責監督建築施工。在那之前，所謂的建築就是在工地不斷地試驗，由失敗中摸索，修正錯誤。布魯內雷斯基是人類文明史上，頭一個先把一座建築物眞正設計在圖上，再實際將它建築完工的人。」不論是在形式上，或是在執行上，布魯內雷斯基的大教堂圓頂，都是無與倫比的事蹟，爲強調個人天賦才能的文藝復興精神做了最有力的見證。

## 新的空間概念

佛羅倫斯大教堂的穹窿創造了三度空間，也把空間囊括其中。這座偉大建築物徹底改變了文藝復興時代的立體空間概念。建築師薩多哥解釋說：「希臘人建造了不少有價值的建築物，卻沒有創造出空間，羅馬人以拱門與穹窿創造了空間，但效果有限。布魯內雷斯基以驚人的方式讓我們知道，可以用更少的材料去創造更多的空間。他用行動證明了形式是一項結構要素。」

布魯內雷斯基不僅以建築作品爲世人的空間觀念帶來了突破性的改變；他以透視法在二度空間的平面上表達三度空間的技巧，更具有舉足輕重的影響。建築師薩多哥表示：「布魯內雷斯基以透視法爲工具，發明了三度空間物體的呈現和操控方式。」

在羅斯・金的定義裡，透視法是「在二度空間的平面

> **「布魯內雷斯基不僅是文藝復興建築的首倡者。他爲藝術史留下了另一大發現……那就是透視法……布魯內雷斯基爲文藝復興時代的藝術家提供了解決這難題的數學方法；這個發現想必在他的畫家朋友間引起了不小的騷動。」**
>
> ——《藝術的故事》作者 宮布力希教授

上，表達三度空間物體的深度，讓觀者對於物體的相對位置、大小或遠近，有著像從某一角度看到實物的感覺」。

現代人在視覺上非常習慣透視法的運用，已經把這種方法視爲理所當然。但是在文藝復興時代之前，畫家並不費心在作品中表現眞實世界裡存在的景深。除了十三、十四世紀契馬布耶（Cimabue）和喬托（Giotto）等少數幾位對布魯內雷斯造成影響的佛羅倫斯藝術家，嘗試做了開創性的實驗，大多數文藝復興之前的藝術作品，所呈現的都是與實際世界相差甚遠的平板世界。

「一般來說，布魯內雷斯基被認爲是透視法的發明者，並發掘（或可說是重新發掘）透視法的數學原理。」羅斯．金表示。這個在視覺表達方面看似無心的創新，卻強力表達了文藝復興時代所強調「個人具有天賦力量」的概念。藝術家以透視法在作品中更正確地傳達他們所看到的世界，等於宣告了自身擁有神聖才華；在此之前，藝術家從不曾在作品中如此重現上帝創造的世界。此外，由於藝術家得以藉由透視法中的「消失點」（vanishing point）在畫中呈現作畫時的觀看角度，看畫的人忽然間就突破了中世紀審美標準所賦予凡人的眼睛，像是有了神才有的觀賞角度。

透視法在當時是革命性的創新，但可想而知也是當時備受崇尙的古典理論再出發的一部分，在許多世紀之前，前人也曾經採用同樣的手法。羅斯．金認爲透視法重新獲得啓用，要歸功於布魯內雷斯基，他表示：「早在古希臘與古羅馬時期，人們就懂得運用消失點，但是就像其他古典知識一樣，早已爲人所遺忘。」也有人懷疑，當初布魯內雷斯基參加大教堂圓頂競圖時、挑戰大家豎立雞蛋的那一招的靈感，源自對古典智慧的熟稔。雞蛋雖然看似脆弱易碎，但若上下施力相當，卻不會輕易碎裂，古典數學家與工程師就曾經仔細研究雞蛋過人的力量，相信布魯內雷斯基在構思完美穹窿頂之際，一定也曾經從雞蛋殼的形狀獲得啓發。

發源於佛羅倫斯的藝術活動中，布魯內雷斯基在透視法上的創新，很快就爲多納太羅、馬沙奇奧和亞伯第等藝術家接受吸收，其中亞伯第還以科學的方式，將透視法的幾何公式編撰成集。他們的成就又對達文西、米開朗基羅和拉斐爾等人產生了重大的影響，達文西等人才會留下現今大家熟悉的文藝復興鉅作，而我們當今看世界的觀點也都要歸功於這幾位偉大藝術家的成就。

## 新的自我

在文藝復興時代的佛羅倫斯，即使是布魯內雷斯基的惡作劇，也與當時強調個人的主題相呼應。布魯內雷斯基的成就之廣，讓人以爲他必定無時無刻都不得閒，但根據羅斯．金的研究，布魯內雷斯基「在佛羅倫斯素以善於模仿、狡辯、誇張和愛裝神

爲布魯內雷斯基作傳的馬內提（Antonio Manetti），描述布魯內雷斯基當初試圖在二度空間的板子上創造出眞實立體空間的嘗試。布魯內雷斯基仔細丈量了六角形佛羅倫斯洗禮堂的一面牆，再把這面牆的圖形畫在一片木板上。他在畫的消失點上穿了個小洞，把一面鏡子放在畫板的正前方，然後把整套道具設在佛羅倫斯大教堂前。觀看的人站在佛羅倫斯大教堂門口，面對洗禮堂，從畫板的背面透過小洞，看到鏡子反映出的畫作看起來與洗禮堂一模一樣，以爲看到的就是眞的洗禮堂。

牛津大學藝術系系主任坎普（Martin Kemp）教授著有《視覺化：藝術視覺呈現與科學之關連研究》（*Visualizations: The Nature Book of Art and Science*）一書，他認爲．布魯內雷斯基對「建立一種描述形式，足以影響藝術、科學、科技活動等各個領域的視覺影像呈現的方式」有著極大的功勞，「當我們注意到電視螢光幕和電腦螢幕後的影像管，無形中就承繼了布魯內雷斯基的願景。」

弄鬼著稱」。他是惡作劇高手，最引人津津樂道的，就是流傳當地民間的「胖木匠的故事」。大約在一四〇九年，名叫馬內多（Manetto）、綽號「胖子」的木匠，當眾羞辱了布魯內雷斯基；布魯內雷斯基爲了報仇，狠狠地對馬內多開了個大玩笑。布魯內雷斯基於是想辦法說服大家，在胖子馬內多前面，要裝出一副他是另一個佛羅倫斯知名人物馬提歐（Matteo）的樣子。

倒楣的馬內多就這樣被當成了馬提歐，甚至因爲還不出馬提歐欠的債而琅璫入獄，隔天馬提歐的兩個兄弟還眞的去幫「假馬提歐」付清債款。包括馬內多獄中同僚在內的所有人，都加入了惡作劇的行列，只有馬內多一個人被蒙在鼓裡；就連他的親兄弟都把他當作馬提歐對待。接著馬提歐出現了，宣稱他變成了馬內多。這個惡作劇逼眞到後來馬內多眞的相信他和馬提歐互換了身份。

布魯內雷斯基和他的朋友從這個惡作劇中獲得絕大的樂趣；他們不但成功地把惡作劇演到底，還讓這個惡作劇成爲當地家喻戶曉的故事。這些事實在在提醒我們，當時不僅僅是藝術家體認到了個人的意識，連平民也有了自我的覺醒。

一四四六年早春，具備「神聖形式」的佛羅倫斯大教堂圓頂終於完成。佛羅倫斯的大主教正式降福，民眾舉行了盛大的慶祝活動。布魯內雷斯基得以在同年五月十五日因病逝世之前，一嚐夢想實現的滋味。他的棺廓單用一片大理石完成，材質與他興建的佛羅倫斯大教堂所用的材質一樣，安葬在他最鍾愛的大教堂墓園裡。全佛羅倫斯的居民在他下葬那天，來到街邊哀悼。他的墓碑上以拉丁文刻著：*Corpus Magni Ingenii Viri Philippi Brunelleschi Fiorentini*（偉大的天才，佛羅倫斯的布魯內雷斯基安息於此），在此我們還可以加上一句：*quis nostram perspectivam ad infinitum expandavit*（他從此擴展了我們的視野）。

## 穹窿——腦的符號

爲什麼穹窿的形式如此受歡迎？建築師富勒（Buckminster Fuller, 1895-1983）於一九六七年爲蒙特婁世界博覽會建造的「圓頂屋」（Geodesic Dome）、威尼斯的薩路帖教堂（church of the Salute）、伊斯坦堡的索菲亞大教堂（Hagia Sophia）、美國國會山莊、美國國家藝廊、美國國會圖書館、傑佛遜總統的蒙特伽婁莊園和倫敦聖保羅大教堂，都採用了圓頂的設計。圓頂也被英國政府選作格林威治天文台的地標，以紀念另一個千禧年的到來。或許一如英國桂冠詩人休斯在《倫敦時報》發表的一篇文章所言，在潛意識裡，圓頂代表掌管所有情緒、知識、學習的人腦，擁有讓人與其他生物有所區別的才智。而在這個與我們關係密切的「圓頂」兩側，其實是眞正偉大的聖殿／太陽穴（即temple在英文中的兩個定義）。

## 成就總結

▲布魯內雷斯基是文藝復興時代的重要人物。他對亞伯第、馬沙奇奧、多納太羅、達文西、米開朗基羅以及拉斐爾等人造成深遠的影響。

▲布魯內雷斯基是頭一個在藝術與設計雙方面，實現並且完整傳達透視法原則的人。

▲自一四二〇年至三六年的這段時間，布魯內雷斯基負責設計與建造史上最大的教堂圓頂，直到二十世紀鋼筋與水泥的建材進步後，才有建築物超越他的傑作。

▲布魯內雷斯基是讓古典建築復興的先驅，形成新古典主義，自此影響了西方世界的建築。

▲身為工程師的布魯內雷斯基設計了許多機械設備，概念十分先進，直到十九世紀才有人能夠加以改進；也有些機械的概念創意非凡，讓後人誤以為是達文西的設計。

▲布魯內雷斯基原先受的是金匠與雕刻師的訓練，但他的成就讓他成為標準的文藝復興人；他不僅擅長繪畫、雕塑，而且建築與工程等方面的表現都非常傑出。

▲布魯內雷斯基為他的發明品申請了史上頭一個專利。專利讓個人的創新有了利潤，也啓發了更多的創造力。

## 布魯內雷斯基與你

本書介紹布魯內雷斯基的用意，並不是要鼓勵讀者立刻朝成爲建築師的目標前進，也不是要鼓勵你去建造一個穹窿頂。花了這麼多篇幅介紹文藝復興時代的奠基人物，一位懂得用創意去解決問題的偉大創新者，目的在於啓發讀者去尋找看待人生挑戰的新方式或是新的視野，讓你能因此成爲打造自己未來的「建築師」。布魯內雷斯基教我們如何爲自己的目標與夢想創造出鮮活影像，並維持不懈。他的心裡隨時不忘自己的目標何在，一步步完成了建造大教堂圓頂的浩大工程。就像他對那群與他競爭的建築師說的：「我早就可以想見整個穹窿頂完成的樣子了……」

布魯內雷斯基的勝利展現了「從一開始就心懷成果」的力量。他爲成功雕琢出鉅細靡遺的形象，心中秉持著這個終極的願景，去面對不同的聲音與挫折。人生中也一樣，打從計劃或是行動一開始，就先設想自己的目標何在，面對困境時依然不忘成功的面貌，你會發現，如此一來你更能相信自己的能力，更容易克服人生中的種種挑戰。當年的「總監督」深受羅馬皇家詩人維吉爾（Virgil）的話感動：「自信能成功者終將得勝。」如果你能吸收布魯內雷斯基的精神，你也能克服那些阻礙你追求最高目標和抱負的「小事」。請從以下的自我評量問題開始。

【自我評量表】

# 你有多布魯內雷斯基？

□當我開始進行一項計劃時，我腦海中已經有了計劃順利完成時的景像。

□即使承受壓力，我依然不忘事情的輕重緩急。

□我對自己的想法有信心。

□我不輕易讓挫折打亂我要走的路。

□逆境只會加強我完成目標的決心。

□必要時我能隨機應變。

□我想要擴展知識方面的視野。

□我能跳脫限制去思考，再用有創意的方式，解決現實生活的問題。

□我能了解、也能欣賞建築學對我觀看世界的方式所造成的影響。

【天才練習】

# 擴展你的視野

## 建築意識

除了佛羅倫斯大教堂圓頂之外，布魯內雷斯基還設計了瑰麗的巴齊小祭殿（Pazzi Chapel）、聖靈教堂（Church of Santo Spirito）、聖羅倫佐大教堂（Church of San Lorenzo），以及佛羅倫斯孤兒院（the Innocenti Hospital）等作品。歷史學家布爾斯丁（Daniel Boorstin）稱佛羅倫斯孤兒院為「第一棟真正的文藝復興建築物」。布爾斯丁還指出，布魯內雷斯基除了對米開洛佐（Michelozzo）和米開朗基羅直接造成深遠的影響，他所留下的傳統「在每個大陸上都受到讚揚……光是在美洲，數不清的地方法院、郵局和社區建築物特意設計的外觀，還有傑佛遜總統的蒙特伽婁莊園和國會山莊，都秉持著相同的精神。」布魯內雷斯基可說是現代建築的空間觀念之父，對後世有著舉足輕重的影響。

在各種藝術中，人類的日常生活受到建築的影響最大。建築環繞著我們，不論是好是壞，都為我們帶來深遠的影響。加深對建築的了解與欣賞，是在文化與生活品質上擴展自己視野的好辦法。

## 列舉十大建築名家

首先，列出舉世你最喜歡的十大建築物。想想看你喜歡每一棟建築物的理由何在？這幾棟建築物對你的情緒有什麼樣的影響？再想想這些建築物創造空間的方式，過去有哪些建築師用過同樣的手法？為什麼？現在的功能是什麼？

　　這個練習要你試著更深入了解你最喜歡的建築物和建築師。舉例來說，雅典娜神廟現在是舉世聞名的熱門觀光景點。但是兩千五百年前，雅典娜神廟是世上數一數二泱泱大國的文化與宗教中心。試想驕傲的建築師菲狄亞斯，向雅典的領袖展現他的作品的景象。想像來自外國的貴賓第一眼看到如此偉大的建築物時，心中油然升起的那

### 建築師薩多哥列舉出的全球十大建築物

1. 布魯內雷斯基建造的佛羅倫斯大教堂圓頂。
2. 京都禦苑：雖然已有四百年歷史，卻依然充滿現代感。
3. 萊特（Frank Lloyd Wright）設計的落水山莊（Fallingwater）。
4. 羅塞利諾（Bernardo Rossellino）所設計的皮安薩市中心廣場（The Piazza di Pienza）。
5. 由伯羅彌尼（Francesco Borromini）設計的羅馬聖依華堂（Sant'Ivo alla Sapienza）：這個教堂和雅典娜神廟以及索非亞大教堂一樣，都是獻給智慧(Sapienza)。
6. 西班牙可多巴（Cordoba）的大清眞寺。
7. 荷蘭羅特菲爾德的烏特勒克屋（Utrecht House）。
8. 由菲狄亞斯帶領建造的巴特農神殿前的雅典衛城。
9. 柯比意（Le Corbusier）設計的巴黎薩沃伊公寓（La Ville Savoie）。
10. 米開朗基羅設計的佛羅倫斯圖書館。

份崇敬之心。回味當年蘇格拉底、柏拉圖和亞里斯多德等人，在此以公共演講的方式，用滔滔雄辯吸引雅典民眾的風光。請你在往後拜訪具有歷史意義的建築物時，試著想想過去曾利用這建築物的先人，看自己可以由他們身上學到什麼寶貴知識。和朋友一起比較你們所列舉的建築物，看看有何差異。

## 列舉十大失敗建築

列出你最欣賞的建築物之後，接下來試著把你最不喜歡的建築物列出來。你所見過最醜陋、最不和諧、最可怕的建築物有哪些？這些建築物糟糕的地方在哪裡？讀者不妨上網到〈www.bbvh.nl/hate/fprojects.html〉，去看看現在大家心目中最糟糕的建築有哪些，該網站還有一個十大醜陋建築的名單。

## 建築與意識：建築家的構想

建築呈現了心理意識，也反映了建築物本身的意義。布魯內雷斯基的佛羅倫斯大教堂穹窿，正象徵了文藝復興時代對個人自身力量與潛力的覺醒。

請用簡單的字眼，猜一猜，以下建築物的使用者或設計者的個人意識：

- ▲洞穴
- ▲樹屋
- ▲圓錐形帳篷
- ▲埃及金字塔
- ▲雅典巴特農神殿
- ▲法國夏特大教堂
- ▲美國殖民時代風格的建築

▲凡爾賽宮

▲高級日式旅館

▲落水山莊

▲美國國會山莊

▲美國紐約市與西班牙的畢堡古根漢美術館（Guggenheim Musuem）

▲美國紐約市帝國大廈

▲洛杉磯的蓋提美術館（Getty Museum）

請找個朋友，做同樣的練習，再互相比較兩人的反應。

## 做長遠的打算

《紐約時報》最近一個關於網路公司股票崩盤的系列專題，其中有篇報導介紹一位剛失業的廣告總監，發現自己還持有過去意氣風發的東家所配的幾千股股票，如今卻一文不值。公司倒了後，沮喪的廣告總監開始把下午的時光都耗在家附近的小酒館裡療傷，思考自己突然間必須面對的未知未來。他憂傷地說：「我整個人和事業都不順遂。早知道就該放聰明點去搞建築。」網路富豪一夜致富的傳奇，讓很多人為自己畫出輕鬆致富的美景，畢竟從事其他行業很難找到像這樣的成功捷徑。當代文化的價值觀十分看重物質方面的成功。電視台一個接一個的資訊廣告，都在教你如何在短期內迅速而輕鬆地累積大筆財富。

即使我們活在步調快速的時代，每個人都要具備多職能的條件，但這並不代表我們就得放棄追求成功生活的幾個經典要素。布魯內雷斯基正是提醒我們要重視善、堅持傳統、專注與努力工作等價值的良好典範。

布魯內雷斯基在羅馬的長期觀察與研究，讓他有紮實的準備，去面對畢生最大的工程。佛羅倫斯大教堂圓頂的建築工程，開始於一四二〇年八月，直到二十六年後的一四四六年，也就是布魯內雷斯基過世前幾個月才完工。如此耗時的工程在當時並非少見，現代職場上所謂的「長期」計劃根本無法與之相比；在今天，二十六天的計畫似乎都嫌長了。

然而即使是現代，偉大的作品還是需要投入時間、專心致志，持續專注，才有可能磨出最好的成果。

讀者不妨花點時間，想想你的世界、你的人生和你的長期目標。請對以下問題進行反省，並寫在札記本中。

▲短視近利的思考方式如何出現在我週遭的世界裡？

▲把這個問題當作一整個星期的主題。你可以從報紙的新聞、與朋友同事的對話和電視、廣播與其他媒體中搜尋例子。

▲我花心思在一個計劃上的最長時間是多久？

▲我的長期目標是什麼？

試著用十分鐘的「意識流」寫作練習，把最重要的個人與職業生涯目標寫出來。

## 面對問題

即使工程上的實際問題接踵而來，布魯內雷斯基依然能夠用革命性的眼光去解決問題。布魯內雷斯基大概也可以同意「人生本就是以創意解決問題的練習」這種說法。千萬別等到問題全部解決了才感到快樂，因為那一天永遠也不可能到來。相反地，你要藉由拓展自己看問題的視野，去培養真正的快樂。當你用有創意的想法去面對問題時，難題也可以變成學習與啓發的來源，成為你強化個性與同情心的機會。

「問題」（problem）的字根pro是「向前」的意思，而ballein則有「拋擲」之意。「解決之道」（solution）與「解決」（solve）兩字的字源皆為solvere，意味「解開」。如此推敲下來，「解決問題」（problem solving）就是把問題解開、往前丟的藝術！

把私生活與職場上最大的問題仔細寫下來，再試著以布魯內雷斯基「總監督」的觀點去看自己的問題，接著把你從每個問題中學到的三件事寫下來，再想想要如何學以致用，把它們變成你的長處，幫助你個人長期的成長。

## 最終的體認

布魯內雷斯基死後人們爲他做的面具模型，至今仍存放在佛羅倫斯圓頂大教堂的主教座堂博物館（Museo dell'Opera del Duomo）展出。從面具上看來，「總監督」似乎在沉思，嘴角微微往上勾起一抹令人難以忘懷的機智笑容，正盤算著下一個「不可能」的挑戰。布魯內雷斯基將畢生的熱情投注在他最高的理想與最重要的任務上。許多人在臨終前回顧一生，最後悔的就是養成了一些與生命重大目標不符合的習慣和行爲行事，讓自己與生命中眞正在意的事漸行漸遠。幾乎每個人都在面對死亡之際，才體認到寬廣的人生視野。

臨到生命終點時，很多人後悔自己沒有多花點時間和心愛的人相處，去學習、探索自己熱衷之事，去體會生命的喜悅。試著想像你在死亡面具上留下的表情，想像你的死前容顏，在你還有機會扭轉現況時，反省人生。

## 找尋新工具

每當我們展開一項新計劃時，大多數人都會利用他人提供或是手邊已經擁有的工具。木匠熟練地使著鐵鎚、鋸子和螺絲起子；投資分析師則離不開電腦、專業軟體和財務模型。但有時候光靠這些工具尚無法完成任務；結果原先應該幫助我們完成目標的工具，在這時候卻因為效用有限而令人感到沮喪。

布魯內雷斯基讓我們用新的角度去看這個問題。他開發了新的工具幫他把夢想化為現實：有讓他可以真實呈現三度空間的圖形工具，讓他得以追隨羅馬人風格、打造建築物比例和風格的器具，還有讓他將佛羅倫斯大教堂缺了穹窿頂的巨大跨壁連結起來的結構工具。布魯內雷斯基的創意思考是他天才特質的形成要素。這樣的方式在你身上也行得通。

簡單描述一下生命中對你最重要的兩大計劃，不論是關於生活或是事業都可以。在每個計劃旁邊列出主要的三大障礙或挫折，然後針對每個計劃思考以下的問題：

▲還有什麼方法可以完全打破自己的習慣，將之運用在這個計劃上？

▲我能做什麼、學什麼，或是擁有什麼去改變結果？

▲要如何創造或者獲取能幫助我解決問題的新工具？

好好思考這幾個問題，朝以往沒考慮過的方面去想想。

維吉尼亞州一所特殊教育學校的音樂教師伊莉莎白發現，她從布魯內雷斯基創造新工具的能力得到特別的啓發。伊莉莎白笑著描述在她之前的兩位音樂老師的離職故事，其中一位改行到銀行做櫃檯出納員；另一位則是受不了，一路尖叫著跑出教室。當她頭一次走進她要帶的新班級時，班上的孩子有的站在課桌上，有的正要從窗戶溜走。她看到音樂教室裡竟然還有一九五〇年代遺留下來的破舊夏威夷尤克里里琴（ukelele）、直笛和八軌錄音機等老舊設備時，感到十分不可思議。所以她決定效法「總監督」的精神，看情況隨機應變。

首先她重新調整課程。接著她利用有限的預算，買了一個二手CD音響，而且和當地的唱片行談好捐獻計劃，成立音樂圖書館。她慢慢地把音樂教室裡的器材汰舊換新，買了一把二手電吉他和一套爵士鼓。接著她又動腦筋，開始編導兒童音樂劇，她讓手商家與藝術班的學生合作，搭建道具和舞台，又從當地的雜物拍賣會買舊衣當戲服。

她描述整個班的「轉變」：「這些孩子各有各的問題，有自閉症兒童，也有注意力欠缺失調的孩子，所以非得有點創意才能跟他們共處下去。看到這個情況，我決定從調整課程，符合這些孩子的實際需要開始，去拓展我自己的視野。我當時就了解到讓他們全程參與整個課程活動的重要性，不過光靠當時教室裡能用的器材是不夠的，所以我就想辦法找到新的工具去完成我的計劃。

「結果令人相當興奮。孩子們對學習產生極大的興趣，他們的創意也從惡作劇有效地轉移到音樂劇上頭。當然，這些比起來，都還是比布魯內雷斯基設計公牛升降機把成噸的大理石吊上高空來得簡單，不過動腦筋隨機應變去實現願景的概念是相同的。」

## 牢記優先事項

你認為最重要的事項是什麼？行事的優先順序，對於你每天如何運用時間有什麼樣的影響？你是否感到忙碌，被時間壓得喘不過氣來，以致於分不清到底什麼才是最重要的？能記得人生最重要的目標與優先事項，才是擴展視野的關鍵。

要能把人生目標與優先事項化為日常生活的實際行動，必須先懂得如何區分事情的優先順序，分清楚其中的輕重緩急。舉例來說，當你開會遲到了，電話與傳真機同時響起，門口偏又有人敲門，在這種情況下還要能分清行事的優先順序，其實不容易。每件事都發生得都那麼快，一不小心就會落入分不清孰輕孰重的陷阱裡，只對眼前看來最急迫的問題做出反應。

日常生活中，最浪費時間的，莫過於將精力花在眼前正在發生、其實卻「沒有意義」的活動上。許多會議、電話和各種干擾都是屬於這類的活動。當然，有許多迫在

## 智取腦幹的網狀結構

你是否曾經發現，重要的會議進行至中途，大家的討論嘎然中止，大家轉頭看著剛推進來的咖啡點心餐車？爲什麼大家都把注意力轉到餐車上呢？在聽到空調系統不曾歇止的噪音，或是時鐘單調滴答作響個一、兩分鐘後，你是否輕易就把這些噪音拋諸腦後？爲什麼你的腦子能夠如此輕易排除這些噪音？又爲什麼早晨你能被鬧鐘叫醒？

這全是因爲人腦經過千百萬年的演化後，慣於對環境中的突然改變迅速做出反應，也習慣排除重複出現的刺激。這些反應都由腦幹中只有小指大小的複雜網狀結構控制。要是沒有刻意干擾，不論是聽到敲門聲，還是電話鈴聲，你腦中的網狀組織都會導引你向環境中急速的變化做出反應。

眉睫的事是該優先考慮的：例如把心思花在期限將近的重要報告上，或是趕緊修補地下室漏水的裂縫，或是在孩子跌倒後趕緊把小孩送到醫院檢查等等。

然而，有時很多重要的優先事項卻在不經意間就從眼前溜過。我們必須好好約束自己，去善用更高的自覺，把適當的時間分給看來並不急迫的重要事項，例如，籌備會議、建立人際關係和教育計劃等等。諷刺的是，很多人總是抗議說，他們實在忙得不得了，面臨的壓力非常大，所以無法準時參加討論會或是壓力管理的課程。把適當的時間投資在看似不急迫卻重要的事項，能幫助你慢慢脫離不斷得處理危機的狀態，進而幫助你擴展你的視野。

試著在壓力與優先事項之間找到平衡，用這樣的方式去衡量每天的活動，如此一來日子會好過許多。

不妨在下個星期記錄一下，看看你花在以下幾大項活動的時間百分比：

第一類：迫在眉睫的優先事項。例如，危機、緊急突發事件和有時間限制的工作計劃。

第二類：不急迫的優先事項。例如，長期計劃、培養與他人的關係、創意思考、教育和自我革新。

第三類：迫在眉睫卻並不重要的事項。許多來電、會議、報告和干擾皆屬此類。

第四類：不急迫也不重要的事項。例如，翻看垃圾郵件、看電視打發時間和其他瑣事。

大多數人都花了太多的時間在第一類和第三類的事項，有時甚至連第四類事項也是，卻沒花多少時間在第二類事項上面。試著減少花在第三類和第四類事項的時間，並且平衡自己分配給第一類與第二類事項的時間，藉此擴展你的視野。

除了革新人類對空間的意識之外，布魯內雷斯基也是開創現代時間管理概念的人。為布魯內雷斯基作傳的馬內提指出，他也是第一座精確發條鐘的設計者，他所帶領的佛羅倫斯大教堂圓頂建築工人，也是史上第一批按每小時六十分鐘敘薪方式領工資的工人。時間管理是自我管理的一項功能，而擴展視野正是自我管理的關鍵，你可以因此牢記生命中的優先事項，好好地過日子。如果你放任自己被急迫的事情趕著跑，就等於失去了生活的重心，時間對你來說好像永遠也不夠。如果你能記得停下腳步好好呼吸，跳脫一事一反應的生活模式，那麼你的時間感和選擇的自由都會隨之擴張。

請先把「牢記優先事項」這件事當作優先事項來處理。牢記生活中的優先事項和加強實踐力，正是將人生理想與人生價值觀化為現實的關鍵步驟。你的生活品質就取決於你每天做的各個小決定。

請你試試以下的實驗。下個星期，每天一早起床，先花個一、二分鐘想想：「在我的生命中，什麼是真正重要的事？」每天的末了，再花個幾分鐘問問自己：「我今天做的事有多少能呼應對我來說最重要的事？我明天該如何調整行事，才能讓自己的行動與自己的信念相配合？」

## 你的工作與布魯內雷斯基

在二十五年多的時間裡，布魯內雷斯基管理一群背景各異的建築工班，將這群工班的產能發揮到極致。早在他擔任「總監督」時，就已面臨了勞工問題。他手下的石匠和木匠在中午休憩時，堅持要把高掛空中的工作擱在一邊，下去慢慢享受悠閒的午餐時光。布魯內雷斯基就想出辦法，讓工匠可以在幾百呎的高空中，滿意地享用搭配了美酒的午餐，接著就能專心於建造圓頂的工程，而他自己也因此在「外燴服務」上小賺一筆。（此外，他還建了「空中廁所」讓工人「方便」。）除了隨機應變、想出達成雙贏局面的管理策略之外，布魯內雷斯基也是懂得投資、發明像公牛升降機這般令人嘆為觀止的新技術以達成目標的天才人物。他更是不畏困難挑戰，執著追求目標以實現願景的絕佳典範。

雷若、麥高文暨波維斯（Lehrer, McGovern, Bovis）工程承包商的前任董事長達格斯提諾（Jim D'Agostino），當年從基層的水泥工做起，一路慢慢向上爬，後來成為承包數十億美元工程的營造公司負責人。達格斯提諾對於紐約高人一等的市容建設貢獻良多，也曾負責監督紐約大都會美術館的翻修工程。

達格斯提諾最近決定轉行，追求擴展人生的視野。對於布魯內雷斯基帶來的啓發，達格斯提諾表示：「大學畢業後，我回到家傳的營造業工作。雖然我的背景是水泥商，但我其實也對建築的其他層面有興趣。還好從一九八〇年代在費城建造第一棟高樓大廈開始，我就有機會接觸設計、工程和監工等其他方面的事宜。

「對我來說，布魯內雷斯基一直是給我許多啓發的模範。他是第一個貨真價實的『建築設計師』，他懂得兼顧後勤、工程、材料及勞工各方面，『縱觀全局』。這樣的處理手法即使是在現今複雜的大型計劃中，還是相當時髦。

「布魯內雷斯基解決問題的創意思考，源自於他擔任金匠、雕刻師和繪圖員的經驗，而且在維護自己的願景時，他依然懂得從他人身上汲取新知。這樣持續學習又有遠見的作法，正是我努力學習的目標。

「身為文藝復興人，布魯內雷斯基永遠都在找尋新的挑戰和行事方法。他的遠見、他的堅持不懈和他的辛勤工作，為發揮自身潛力的核心價值做了最好的定義。在建築業的各個環節工作了三十年後，我也發展出自己的願景和辨別輕重緩急的能力。對於離開如此熟悉的這一行，踏入另一個未知的領域，我心裡其實覺得還不錯。我在擴展視野之時，必須在傳播顧問、滑雪教練、泛舟導遊、雕刻家和釀酒業等多種身分之間，找到平衡點。我要兼顧這些興趣，還打算要花更多時間和家人相處，希望藉由這樣的改變，能讓我在多樣、但彼此並不衝突的方向中繼續成長。」

## 音樂中的布魯內雷斯基精神：傾聽穹窿的聲音

布魯內雷斯基巧妙運用比例的技術，令當時法蘭德斯作曲家杜菲（Guillaume Dufay, 1400-1474）印象深刻，於是與羅馬天主教皇的唱詩班合作，採用了教堂圓頂的比例，編成一首經文合唱曲，題為〈玫瑰最近開了〉（*Nuper Rosarum Flores*），於西元一四三六年三月二十五日大教堂圓頂完工那天發表。佛羅倫斯大教堂正廳、交叉部的寬度、半圓形殿的長度，以及穹窿頂高度之間的比率，在杜菲美麗而和諧的樂曲中展現無遺。

儘管杜菲這首曲子的錄音並不好找，但你也可以一邊對著佛羅倫斯大教堂圓頂沉思，一面以帕海貝爾（Johann Pachelbel）的《卡農》為伴。這首由簡單的八個音符譜成的天籟之音，對應的正是上天賜給布魯內雷斯基的八邊形圓頂。

如果你無法親身到佛羅倫斯一睹大教堂圓頂的風貌，用大教堂的照片來取代也可以。在你觀看這偉大傑作的同時，細聽《卡農》，從聲音的觀點去體驗穹窿之美。

接著再回到頭兩個關於建築意識的天才練習，想像在不同建築物裡面所聽到的樂音。哪些樂音會是最和諧的?試著「哼哼」可以描述辦公室或居家空間的音樂。像這樣多方刺激感官的作法，正是增加創造力和加深人生享受的祕密。

## 認識哥倫布

數學家兼天文學家托斯卡內理（Paolo Toscanelli）協助好友布魯內雷斯基，發展出建造佛羅倫斯大教堂圓頂的完美幾何。托斯卡內理對地理學、地圖學和探險也有著極大的興趣。大教堂圓頂完工後，托斯卡內理利用穹窿做了許多實驗，他從所得的結果推測，如果船向西行駛，可以直達東方。（托斯卡內理做的研究包括有一次在教堂的圓頂加裝一個特製的銅碟，把整座教堂改爲一個大日晷。陽光可以穿過銅碟上的孔，下達其中一個禮拜堂中所安裝的石製刻度尺。）托斯卡內理出版了地圖和表格以支持這個革命性概念，還寫信給在葡萄牙的一位朋友，建議他應該考慮籌組航海遠征隊去證明這個推論。結果這封信輾轉到了胸懷遠見的哥倫布船長手上。托斯卡內理在布魯內雷斯基建造的穹窿頂上所做的研究，激發他的靈感而寫了一封信，這封信就這樣伴隨著哥倫布，進行了四次遠征新大陸的航海探險行動。

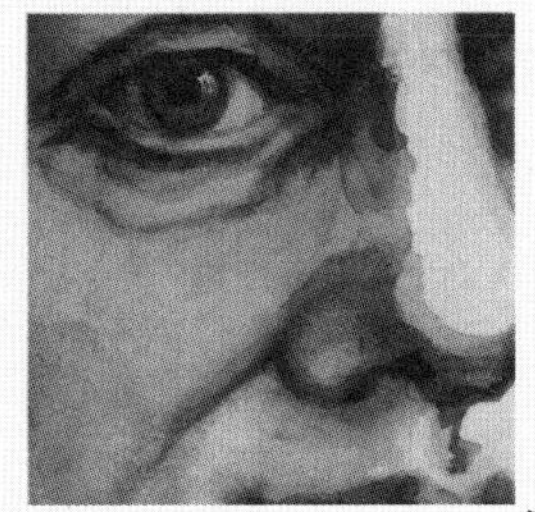

駛離海岸的勇氣

# 哥倫布

（Christopher Columbus, 1451-1506）

## 加強樂觀、遠見和勇氣

史上從未有人獲得如此成就。

——塞維亞大教堂／哥倫布墓誌銘

**【畫家的話】**

看了許多幅哥倫布的畫像，各家對哥倫布的詮釋似乎人不相同。我打算讓他的眼睛直視觀畫者，因為「勇氣」就是正視挑戰！就我的看法，樂觀是安靜而發自靈魂深處的情緒；所以哥倫布應該要有一抹發自靈魂、似有深意的微笑，而不只是輕輕的一笑。而哥倫布的帽沿輪廓強烈、一邊翹起的靈感，則來自船隊順風揚帆而行的景象。

如果有一天，你發展出一套與傳統思想大相逕庭的新理論，倘若經過證實無誤，那你的新發現會爲你帶來意想不到的權力、財富與榮耀；如果不幸理論錯誤，那麼你的下場可能是羞辱、財務上的損失，甚至面臨死亡的威脅。你自信理論是正確的，而且你握有質疑者不知道、但可以支持這理論的祕密資訊。只不過，你需要更多的人力和財務資源去證明你所持的理論是正確的。這些條件不僅超過你能力所及，而且你自己還需要具備領導能力，才能啓動團隊跟隨你的腳步，直到天涯海角。不僅如此，更要有勇於賭上自己和同伴性命、只求完成目標的精神，因爲此時少數能夠提供你這等援助的資源，都已經拒絕了你的要求。

當年的哥倫布，也就是我們要認識的第三位天才人物，面臨的差不多就是如此的情況。他試圖說服十五世紀的貴族統治者，放棄過去以東方爲目的地的陸路，改由船隊走海路，向西穿越大西洋，必能找到大筆財富。當時一般的看法認爲，大西洋以西是一望無際的大洋，朝那個方向去，什麼也沒有，甚至還會招致不測。但是哥倫布憑藉著佛羅倫斯的布魯內雷斯基等人傳下來的眞知灼見爲後盾，終於好不容易獲得了西班牙裴迪南國王與伊莎貝拉王后的贊助。西元一四九二年，哥倫布帶

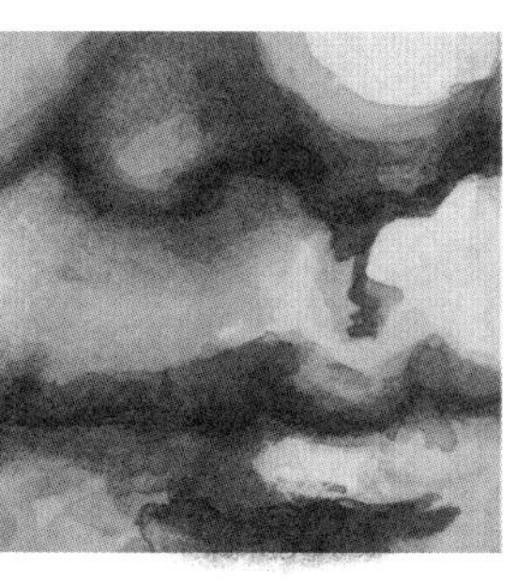

領西班牙王室贊助的三艘船和一群將生命交在他手中的水手，無畏地向西航行，穿越大西洋未知的海域。

難道哥倫布眞如某些人以爲的瘋了嗎？他到底只不過是沿著十一世紀維京探險家愛瑞克森（Leif Eriksson）的航行路線走，還是說抑或他是個眞正有遠見的天才？從哥倫布後來的幾次遠征表現來看，或許他眞有點瘋狂的傾向，但是單就他最著名的首航來說，他的表現卻絕非瘋狂。如果哥倫布當時眞的有心抄襲愛瑞克森的航線，那麼在他留下的眾多文字中，不可能從未提過這位維京探險家。不論哥倫布後來幾次的航行表現如何，一四九二年九月首次領隊西行的哥倫布，的確集所有天才人物的特徵於一身。這並非因爲他大膽相信地球不是平的，而是因爲他精通所有實現願景所需的技巧與知識，向世界證明他心中的願景。

## 哥倫布合衆國？

哥倫布發現的新大陸並沒有以發現者的名字命名，反而以西元一四五四年生於佛羅倫斯的亞美利哥・維斯普奇（Amerigo Vespucci）爲名（編註：「美洲」的英文America，即從西班牙中Amerigo一名而來）。這是因爲德國製圖家瓦德西穆勒（Martin Waldseemüller），讀了一四九九年至委內瑞拉探險的維斯普奇杜撰的遊記後，誤以爲維斯普奇才是發現「美洲」的人，便以維斯普奇的名字，將這塊大陸命名爲「美洲」。正如佛洛依德所言：「成功並不一定等於功勞：美洲大陸就未以哥倫布命名。」

## 駛離海岸

哥倫布是第一個駛離「舊世界」，航行穿越大西洋，抵達「新世界」的人，他率領船隊對準與海岸垂直的方向出發，直接駛向地圖上依舊一片空白、從未有人到達的海域，而非像其他航海家一樣只沿著海岸線行駛，不敢離岸太遠。先前所有試圖航越大西洋的任務之所以失敗，都是因爲怕回不了歐陸，而不脫沿著歐陸海岸線行駛、只在西風吹送的海域活動的方式。不過哥倫布的作風全然不同。根據牛津大學歷史學家費南德茲-亞美斯托（Felipe Fernandez-Armesto）指出，哥倫布之所以「能夠成功，正是因爲他是頭一個膽敢順風駛離海岸的人」。哥倫布這麼做，也等於不預留安全的退路，對著與海岸垂直的方向駛離他所熟知的文明世界，航向未知的前方。

然而，哥倫布並不只是盲目地把命運交付給信仰。哥倫布生長的文藝復興時代發展了幾個革命性新觀念，強調人在宇宙中的地位；藝術家和科學家對距離、空間和透視法有了新的認識；此外，顯微鏡與望遠鏡也在這個時期出現。哥倫布是當時學術圈與航海界的一員，常與學者、專家交換關於導航工具、地理和探險的想法。不過相較之下，他結合理論知識與實務技巧的能力卻是無人能比的；他的實務技巧對現今冒險的重要性，與五世紀前相較，不曾稍減。

哥倫布的父親是個織匠，期待兒子能夠繼承衣缽，但哥倫布年僅十四歲時就隨船出海。後來的發展證明，這個決定是啓發哥倫布的關鍵，他寫道：「我很小就隨船出海，這條路總吸引投入航海的人去挖掘世界的祕密。」歐洲的海洋探險始於十五世紀早期，由葡萄牙開先河。一四一五年，葡萄牙打開了非洲西岸的大門，但是遲至七十年後，葡萄牙航海家狄亞士（Bartholomeu Dias）才率探險隊繞過非洲南端的好望角。在哥倫布活躍的時期，歐洲國家的航海版圖只限於北非、西非及中東的貿易航線。

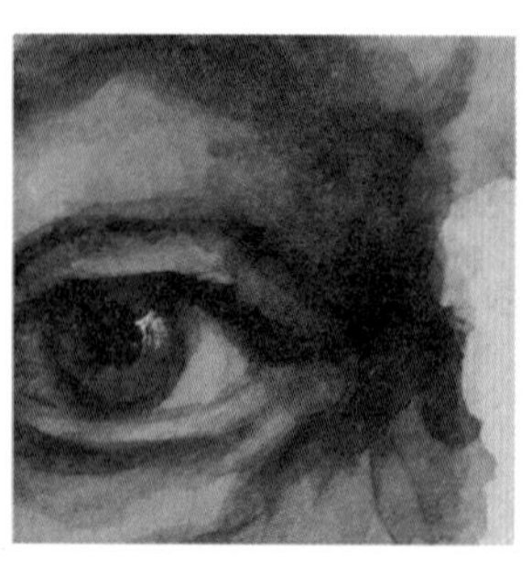

西元一四八一年，三十歲的哥倫布，心中已經萌生了或許可以向西直接行駛至亞洲的念頭。身爲佛羅倫斯外科醫生與宇宙學家的托斯卡內理，在這方面給了哥倫布相當大的鼓勵。之前，托斯卡內理協助過同事布魯內雷斯基，發展出建造佛羅倫斯大教堂圓頂的完美幾何。他對地理學、地圖製作和探險也有著極大的興趣。大教堂完工後，托斯卡內理利用穹窿做了許多次的測量，結果他推測出，如果駕船向西航行，或許可以直達東方。托斯卡內理出版了地圖和表格，支持這個革命性的概念，還寫信給在葡萄牙的一位朋友，建議他應該考慮籌組遠征隊去證明這個推論。結果這封信輾轉到了哥倫布手上，在接下來的幾十年中，就這樣伴隨著哥倫布，支持他的熱誠與遠見，進行了四次遠征新大陸的航海探險。

要不是哥倫布早就做過許多深入的研究，光是有托斯卡內理的理論可能還不足以成事。哥倫布後來表示：「在這段期間，我看遍了地理學、歷史、航海日誌、哲學等學科的書籍，我因此了解，上主明確指出，由此直接行駛至印度群島，絕對可行。」

哥倫布自學出身，不曾上過大學，也沒進過學院，但他懂得善用手上的各類資源。其中於西元一四七七年出版的一張世界地圖，援引了埃及天文與地理學家托勒密（Ptolemy, 90-168）的著作《地圖學》（*Geographia*），對哥倫布影響甚鉅。托勒密根據當時對世界的認知，繪出了歐洲、北非海岸和阿拉伯半島的位置，但是誤將這些陸地之間的距離畫得比實際距離小，導致哥倫布低估了航程的距離。

哥倫布同時也受到馬可波羅與曼德維爾爵士（Sir John Mandeville）遊記等中古世紀文獻的影響。馬可波羅宣稱自己曾經在十三世紀末到過中國，在當地住了十七年。但是馬可波羅所描述的陸路運輸方式，既耗時，成本又昂貴。哥倫布立志要開發出能夠減短運輸時間，降低運輸成本的海上航線。也有些水手宣稱，曾經在大西洋西邊看過陸地的蹤跡，這些流傳的「故事與傳說」堅定了他的雄心壯志，打定主意要以實際行動證實這個理論。

## 說服力

哥倫布早在開始進行籌畫工作之前，就已具備在陸上與海上工作的豐富經驗。年輕的哥倫布隨船到過英格蘭與愛爾蘭，據說也曾於西元一四七七年駕船，由英國布里斯托（Bristol）到過冰島。他後來誇說：「海上所有的已知航線我都走過。」根據研究文藝復興時代的專家約翰・黑爾爵士（Sir John Hale）指出，哥倫布不僅是個經驗豐富的水手，「更是個優秀的領航員與製圖好手，也熟讀宇宙學方面的文獻」。

哥倫布自一四八四年開始著手爲航海計劃募款。爲此他拜訪了葡萄牙、英格蘭與西班牙卡斯提亞（Castile）等國王室。幸運的是，他出眾的外表讓他在王室間頗受歡迎。根據史學家狄奧維耶多（Gonzalo Fernandez de Oviedo）寫於一五四七年的文字描述，哥倫布是個「身材較一般人稍微高壯的英俊男子，眼神靈活，容貌端正，栗棕色頭髮，臉色紅潤，有不少紅斑；談吐優雅，言詞謹愼，極度聰明。他對拉丁文與宇宙學的知識相當豐富；心情好時展現的風度非常迷人，心情惡劣起來就暴躁得很」。哥倫布和所有天才人物一樣，筆下功夫也很不錯。他寫了許多徵求資助的信件，爲自己的研究認眞做筆記，也在讀過的書中留下不少眉批。在這麼多的文稿中，有一部分是哥倫布整合了各方的寶貴知識而達到自己目標的記錄；他的看法一如當時的思想，認爲個人能力基本來自上帝的意旨：「祂賦予我足夠的航海技術，豐富的天文學知識，還有幾何學與算數的天份，加上機智與專業技巧，讓我有能力描繪出這個地球的形貌，把城市、河流與山脈、島嶼和港口，都放置在適當的位置。」

雖說如此，哥倫布所接觸的各國王室海事顧問總是以懷疑相應。於是他便施展百般的溝通與說服技巧，去傳達他衷心相信的富裕新世界願景。舉例來說，他特意用上流社會偏好的腔調與方言說

**「哥倫布是個具有卓越遠見，又懷著『有志者事竟成』態度的人。」**

——歷史學家，費南德茲-亞美斯托（Felipe Fernandez-Armesto）

話，以拉攏與王室介紹人的關係。他也有系統地將書上與地圖上找到的資料加以彙整。在對王室演講時，他可以針對不同的聽眾，引用各家權威的說法以增加說服力。

哥倫布在札記中表示：「我為此盡了最大的努力，花了六、七年的心思去解釋，到異邦傳播主的聖名與我們神聖的信仰是對主何等偉大的服侍。這行動本身就是崇高的，經過精心計畫，更讓最偉大國度的名號永垂不朽。在此同時，也不應忘記此行意味的現世財富，許多有地位的睿智史學家皆為文指出，異域蘊藏著豐富的寶藏。更不應忽略世界地理學家對這議題的看法與意見。」

不容忽視的願景，加上具有感染力的樂觀，使哥倫布說服當權者資助他的冒險計劃：在西班牙，他說動了兩位總主教、當權的宮廷占星家、兩位皇家神父、皇家財務大臣等人，又獲得卡斯提亞女王伊莎貝拉的支持。到了西元一四九二年，剛統一西班牙的裴迪南國王與伊莎貝拉王后，決定資助哥倫布，賜予他伴隨他的所有發現而來的莫大權利。哥倫布對此項協議的描述如下：「殿下有令，不得依常例向東行，而應西行……殿下賜予臣無限恩寵，授與臣『大洋船隊隊長』（Don and High Admiral of the Ocean Sea）職銜，並封臣為可能發現、獲致或即將發現與獲致的島嶼、陸地的總督與永久統治者，而且這些職銜將由臣的長子繼承，代代相傳。」此外哥倫布還可以抽取所有香料、黃金和其他財富的一成利潤，如此優渥的報酬，使這項協定足以成為當時有史以來金額最大的合約之一。

## 想辦法改變世界

西元一四九二年八月三日星期五，哥倫布率領「聖塔瑪麗亞號」（Santa Maria）、「傢伙號」（Pinta）與「小女孩號」（Nina）等三艘共載有一百二十名船員的三桅帆船出發。幾天後，船隊抵達加納利群島（Canary Islands），重新採補了些裝備與食物，稍作修理，九月六日正式朝新世界出發。

哥倫布早有所準備，寧可放棄一切舒適享受，只求達到目的地。他在首航的航海日誌頭一頁裡寫著：「雖然一切都會很辛苦，但是我要少睡點，小心注意航行的路線。」更重要的是他的領導才能，和讓願景成眞的勇氣。想像搭乘聖塔瑪麗亞號在海圖未曾記載的海域航行四十天的心情。會不會就這樣自地球的邊緣掉落？有沒有安全回家的一天？新世界眞的存在嗎？這些問題盤旋在哥倫布船隊海員的心中，而哥倫布自己一定要先有過人的勇氣，才能鼓勵其他人一同堅持下去。

不過，領導才能需要的不僅是勇氣。在第一次穿越大西洋的航程中，哥倫布發展出一套帶點奸詐但頗有效的管理方式。除了他自己的私人記錄外，哥倫布還另外保存一份假航海日誌，刻意少記了一些已航行的浬程數，讓船員以爲還有安然回航的機會。船員果然上當，諷刺的是如此一來，船員看到的假記錄反而比較接近眞實的距離；因爲哥倫布「眞正」的記錄，本來就因爲參考了錯誤的資料而低估了航程的總浬程數。最後證明，那份僞造的航海日誌反倒比較正確。

經過了大約兩個月的航行後，十月十二日星期五，船隊終於靠岸，哥倫布抵達了巴哈馬群島的華汀島（Watling Island），從此改變了這個世界。在宣告新世界屬於西班牙及其神聖天主教君王裴迪南國王與伊莎貝拉王后後，哥倫布率領船隊繼續往古巴與現屬海地的希斯巴紐拉島（Hispaniola），並在當地留下少數屬下。在他第一次航海探險

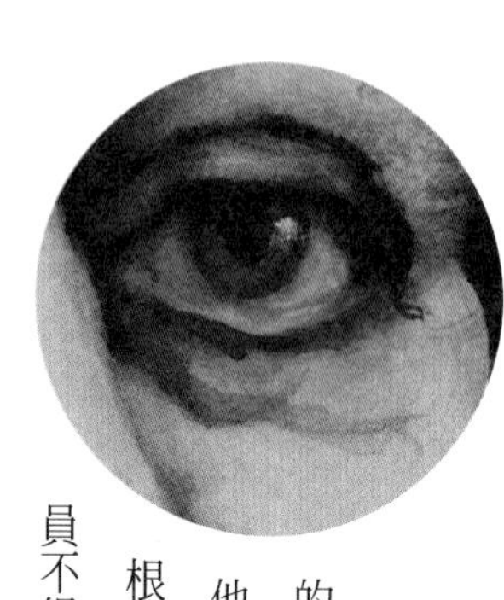

的旅程中，他以相當平和與友好的方式與當地的原住民接觸。他在札記中用優美的文字，表達他酷愛原住民的純眞與良善。根據他的描述，當地人相當好客、溫和且愛好和平。他嚴令船員不得佔原住民的便宜，要用良善與尊敬的態度對待他們。

抵達新世界三個月後，哥倫布率員啓程返航，於西元一四九三年三月十五日抵達西班牙。這一趟航程帶回了黃金的樣本與其他寶物，還有發現陸地的記錄，讓哥倫布受到盛大的歡迎。伊莎貝拉王后公開宣告，哥倫布成就之事「重要、偉大，有實質的影響」，並邀請他在典禮中的遊行隊伍與皇家成員並列隊首。雖然哥倫布後來又進行了三次前往新大陸的航海探險，但這是他最榮耀、鴻運當頭的一刻。

哥倫布前所未有的新發現瞬間重整了整個世界，西班牙一躍而爲已知文明世界的中心，處於未來全球交流樞紐的絕佳位置。而且發現新大陸只是新時代的開端而已。在哥倫布開發向西新航線的同時，葡萄牙探險家達迦瑪（Vasco da Gama）雖然依循素來航海探險的傳統，沿著非洲與阿拉伯的海岸航行，但他還是在一四九八年到達印度，爲歐洲國家擴張版圖至遠東地區的行動鋪路。在一五一九至一五二二年間，另一位葡萄牙航海家麥哲倫（Ferdinand Magellan）首次完成環遊全世界的航程。這些異常英勇的人物讓世界貿易得以暢行，他們的成就爲歐洲擴張主義帶來了四百年的興盛。

很遺憾，哥倫布同時也引導歐洲人以極度殘酷、扭曲的眼光看待新大陸的原住民。說得好聽點，哥倫布在後兩次航程處理這類問題的手法是「處理不當」；哥倫布爲此，在當時及現今都遭到嚴厲的非難。但是哥倫布探險生涯晚期的表現，並不能磨滅他在首航中所表露的天份、決心和勇氣。他堪稱爲樂觀、遠見與勇氣的獨特原型。

這正如歷史學家費南德茲-亞美斯托所言：「哥倫布生爲織匠之子，逝爲艦隊長與總督。他建立了一世豪門，讓自己成爲西方世界裡聲名永垂不朽的偉人：他的成就足以吸引所有旁觀者的注意力，贏得大多數人的尊敬。」

對於許多與哥倫布同時期的人而言，哥倫布幾乎已經成了神化的傳奇人物。一位西班牙的重要朝臣認爲，哥倫布「就像是個新的傳道者」；在某位義大利學者心目中，哥倫布是「會讓古代人奉爲神祇的偉大人物」。有位西班牙宮廷史官在其一五四七年所著的《印度群島一般與自然史要》（*Historia general y natural de las Indias*）中，描述哥倫布是「推動這個偉大盛世的主要人物，他爲世人與後世子孫開創了福祉」。美國傑佛遜總統受到哥倫布遠見與勇氣的啓發，在他的蒙特伽婁莊園中放了一幅哥倫布的畫像，至今依然保留在莊園中。

一五〇六年，哥倫布逝世於瓦拉朵麗（Valladolid），安葬於西班牙塞爾維亞附近的修道院中；一五三六年，陵墓遷至加勒比海希斯巴紐拉島，到了一九〇二年，才眞正安息於塞爾維亞大教堂。

哥倫布出海探險的勇氣與遠見，激發了彌爾頓（Milton）和華滋華斯（Wordsworth）等許多詩人的靈感。惠特曼（Walt Whitman）的〈哥倫布的祈禱〉（"Prayer of Columbus"）就是一例：

喔！我確信它們眞來自您的指引，
這衝動，這熱情，這難以壓抑的意志，
這強烈無比、撼動人的內在意志，強過言語，
即使在夢中也對我輕訴著由天堂而來的訊息，
這一切推動我前進。

## 成就總結

▲雖然缺乏正規教育，哥倫布仍然能制定航海探險的計劃，並且成功地收集證據，去證明計劃是行得通的。

▲哥倫布於西元一四九二年完成發現新大陸的歷史性首航。

▲哥倫布藉由自己的導航技巧，發現了大西洋風向流動的系統，讓歐、美兩大陸地的交通從此不再中斷。

▲哥倫布力排衆議，又完成了三次航行。於西元一四九八年成爲頭一個發現、記錄南美大陸的人。

▲哥倫布雖然出生於織匠之家，卻建造了一個高貴的家族——可謂探險年代中白手起家的典型。

## 哥倫布與你

請回想自己在哪些方面總是緊抓著熟悉的路線不放，不願向陌生的領域發展？又有哪些經驗是因摒棄舊習、勇往直前，而使自己獲益呢？你能創造出充滿希望與內在財富的新世界願景嗎？你能運用必要的知識與經驗去讓願景成眞嗎？

談起哥倫布，他的確是樂觀、遠見與勇氣的原型。在面對人生中不確定的變動時，他的榜樣讓我們勇敢放開過去的習慣，發掘一個充滿深度與希望的新世界。哥倫布雖然沒有顯赫的家世，但是他非比尋常的遠見、個人的樂觀和對新知、閱讀、語言以及製圖學等柏拉圖式的熱愛，使他成爲所有滿懷希望、四處旅行的探險家的偶像。詩人惠特曼的〈哥倫布的祈禱〉（"Prayer of Columbus"）寫道：

> 這些突然出現之物，意義何在？
> 彷彿奇蹟出現，神聖之手打開我眼，
> 幽暗巨大形體，隱現於空氣與藍天，
> 遠方浪頭上點點船帆，
> 聽到新的語言揚唱頌歌，向我致敬。

哥倫布的事蹟要喚醒潛伏於你內在的探險家，邀請你打造充滿各種可能性的遠見，去尋找足以讓你實現夢想的勇氣。如果你要向人推銷你的構想，或需要人贊助你的計劃，那麼你一定能從哥倫布身上擷取絕佳的靈感。

接下來的天才練習讓你有機會去釐清人生的願景，加強你實現願景所需的樂觀與勇氣。請從以下的自我評量問題開始。

【自我評量表】

# 你有多哥倫布？

□我有自己的夢想或願景，指引我人生的路途。

□我能說服其他人贊同我的夢想或願景。

□我能清楚地把構想傳達給其他人。

□我對即將進行的計劃，都會預先做徹底的研究。

□我用正面的觀點，去面對挫折、失敗和錯誤。

□我是樂觀主義者。

□我把「不可能」這句話視爲挑戰。

□我有勇氣去追尋新的想法。

□我願意在追求夢想的過程中吃苦頭。

□我相信我的夢想能夠成眞。

□我運用實務知識去發展構想。

□我有幫助他人克服恐懼的本事。

【天才練習】

# 加強樂觀、遠見和勇氣

當初哥倫布說地球是圓的，大家都嘲笑他！

——出自一九三七年，佛雷・亞斯坦（Fred Astaire）與金姐・羅吉斯（Ginger Rogers）主演的電影《我們來跳舞吧》（*Shall We Dance*）對白

## 在困境中培養樂觀

哥倫布和許多成功人士一樣，都是極度樂觀的人。即使在出海航行六週後仍不見陸地蹤影，他依然保持毫不動搖的正面態度。

像哥倫布一樣在困境中保持樂觀與彈性的態度，就是個人與組織成功的長期最佳指標。比較起來，能夠把挫折當作計劃進行過程一部分的個人和組織，更能不斷朝成功的目標努力。心理學家荷妮博士（Karen Horney）發現，大多數的成功之士，正是那些不管一生中完成的目標為何，都能「全心投入」的人。

荷妮博士也發現，所謂人生中的失敗，其實只會讓自己不全心投入罷了。換句話說，這些人太早輕言放棄，並將這個經驗貼上失敗的標籤。莎士比亞非常了解這樣的狀況，所以他寫著：「疑惑是叛徒，讓我們因害怕嘗試而失去應得的美好。」

具備像哥倫布那樣百折不撓的毅力，是成功的必要關鍵；而毅力則來自樂觀的態度。《學習樂觀．樂觀學習》（*Learned Optimism*）作者沙利格曼博士（Martin Seligman）指出，悲觀的想法比較容易滿足自我，因為它讓毅力暫時「短路」。沙利格曼博士費時二十多年的研究，顯示悲觀者遇見困境時較傾向放棄，即使成功就在眼前也不例外。篤信莫非定律的結果，讓這些人總是「有辦法轉勝為敗」。

沙利格曼博士的研究也顯示，樂觀者在工作上、學校裡和在運動方面的表現較佳。樂觀者的表現經常也比性向測驗預測的結果來得優秀。他們對感冒與其他疾病的抵抗力出奇得好，即使生病或受傷也復原得較快。樂觀者賺得錢也多得多。沙利格曼博士從研究中發現，悲觀者對現實的評估通常比較準確。悲觀者認為樂觀者是些不了解全盤真相的人。樂觀者也的確像是透過「玫瑰色鏡片」去看世界。然而許多長期研究結果都顯示，不怕錯誤、堅持樂觀，最後會有較好的結果。

樂觀的關鍵在於詮釋的方法。換句話說，當事情出了差錯時，你會認為這是因為自己基本能力不足，讓自己更喪氣，繼而阻絕了未來尋求成功的嘗試嗎？抑或者你會扭轉詮釋的方向，藉此鼓勵自己去多學習、多適應，重新努力，再追求成功？

▲在筆記本裡列出三個你所見過最悲觀的人（所謂的悲觀者就是面對兩種都不吸引人的選擇時，卻兩者皆選的人）和三個最樂觀的人（樂觀者就是面對兩種都不吸引人的選擇時，卻因為能有選擇權而感到高興的人）。在心中回想他們的模樣，試著去感覺他們的態度對現在或過去的生活品質有何影響。

▲在你認識的親友中，有哪個有才華的人，會為了避免找新工作或是另起爐灶的風險，而讓自己屈就較低的職位？有誰是過度樂觀到近乎妄想的地步，讓自己承

擔不必要的風險，進而自食苦果？

▲如果你所遇過最悲觀的人的分數是1，而最樂觀的人的分數是10，那麼你會給自己幾分？你的另一半能拿幾分？你的父母能得幾分？你的子女呢？你的同事又可得幾分？

▲在筆記本裡寫下過去十年中，你曾面對過，但目前已解決的最大挑戰。再描述你目前面對的最大挑戰是什麼。從你過去面臨的挑戰開始，寫出當時面對挑戰時與自我的對話。再把目前面臨挑戰時的內心對話寫下來。當然，已經發生過的事，無法再做任何改變；但是對已經發生的事的態度卻是可以改變的。你能不能用更正面的方式去看待過去面臨的挑戰？你能想出更樂觀的方式，去看目前面臨的挑戰嗎？

## 樂觀可以學習

即使你是個無可救藥的悲觀主義者，你還是可以藉由改變「詮釋的風格」，去學習樂觀者的思考方式，進而獲得成功。

悲觀者會抗議說：「可是根據研究指出，我賺的錢比較少，比較容易生病，而且比較容易沮喪。而且這都是我的錯，這無法改變，而且會完完全全、永遠毀掉我的人生。」

以上所言，反應了悲觀者的詮釋方法中最為關鍵的自我打擊成份。換句話說，面對不幸的遭遇或是壞消息時，悲觀者想的都是負面的部分，接著便認為是衝著自己來的（這都是我的錯），以為不好的狀況是常態（這是永遠不會改變的），認為困境無所不在（這會永遠毀掉我的人生）。

但是樂觀者碰上不幸的遭遇或是壞消息時，卻有很不一樣的反應。他們並不會把困境當成是「針對自己而來」，反而看到了其他外在因素的影響。

樂觀者將成功與幸福當成生活的常態，負面的事件則是一時的小問題罷了，長遠看，進步仍然可以預期。它們只是單一事件，與生活中其他部分毫不相干。

你也可以讓自己跳脫悲觀的束縛，藉由刻意選擇全新、樂觀的詮釋方式，去追求人生更好的成就。現在，想像自己花了許多年研究、發展一套企劃案，以開發新產品，好不容易終於有機會能在公司董事會上做報告，而董事會的反應卻是直接了當地打了回票。

▲悲觀者這時候會做何反應？

▲樂觀者這時候會做何反應？

我們可以比較一下樂觀者和悲觀者「自我解釋」的差別有多極端：

**悲觀者：**

1. 這是我的錯。我的企劃案根本就不對。真搞不懂自己為什麼要自找麻煩。
2. 我搞砸了！再也沒機會重來一次了。
3. 我這輩子毀了。我真是個失敗者。

**樂觀者：**

1. 或許我該讓報告更精采，不過目前董事會的組合對我的計劃沒有幫助。
2. 董事會三個月後就要改選，到時候再試試看，同時，也許該利用這段時間先去找創投公司。不論如何，我要修正報告的瑕疵，讓他們下次無法說不。

3. 我要好好利用這次經驗的教訓去改正行事，人生中還有很多美好的事，不能讓一次小小挫折打倒我。

即使你碰到這種狀況後的立即反應是悲觀的，你還是可以練習用樂觀者的自我解釋原則，開始為自己的生活追求更好的結果，並且加強自己的免疫系統。

## 擁抱大洋

哥倫布之前的探險家，多半在航行時不願離海岸線太遠，因為無人探測過的海域與大洋中不熟悉的風向讓他們感到不自在。

「自我發掘」的旅程要從認清自己的「慣性模式」，也就是習慣開始。

在筆記本寫下日常生活中讓你感到安全與自在的習慣。試著針對以下幾方面，分別找出至少一個慣性行為。

盡量避免去批判這些習性的對錯或好壞，這個練習的目標只是要找出你習以為常的不自覺行為：

- ▲走路的方式。
- ▲傾聽的習慣。
- ▲對金錢的態度。
- ▲吃相。
- ▲說話的習慣。
- ▲打發空間時間的方式。

如果改變一項「慣性」行為可以大幅改變你的生活品質，那你會想改變哪一項？

哥倫布駛離海岸，以與海岸垂直的角度，擁抱未知的大洋。他夢想去發現新世界，不顧艱難險阻，開往未知的深洋。

回顧你的人生，想想過去幾次摒棄慣性行為而海闊天空的經驗。再想想生命中幾次「擁抱大洋」的經驗，例如：

▲全心投注於某件事。

▲升格成為父母。

▲換工作。

▲學習全新的知識。

▲到陌生的地方旅行。

回想每當你在生命中要做重大的改變時，所感受到的焦慮或恐懼。

▲當你決定採取行動後，那份恐懼到哪裡去了？

▲你所做過最偉大的事是什麼？你當時需要「擁抱大洋」嗎？

▲如果任你探索、學習或了解任何知識，你會選擇哪一項？

▲如果你能集哥倫布的樂觀、遠見與勇氣於一身，你會如何去「擁抱生命裡的大洋」？

請花幾分鐘，以「意識流」的寫作方式，寫下如何「找到我的新世界」。

**這裡有幾個「擁抱大洋」的建議供你參考：**

▲學習駕船。

▲登山。

▲學潛水或浮潛。

▲修一堂荒野探險課程。

▲參加一個你專業領域以外的討論會。

▲漫遊世界：把地球儀放在餐桌上用力一撥。用一根手指把地球儀定在你最想去、但還沒去過的地方。請你的另一半、朋友或家人也照做一次。接著好好想一想，要如何實現你們夢想中的旅行和遊歷。

▲上網逛逛：網際網路爲探險打開了無數新機。如果你不曾逛過網際網路，那現在也該開始行動了。網際網路就在你身邊的電腦中，你可以在網路上開發無數的新世界。每星期至少上一個新的網站或是研究一個新主題。盡量去找不尋常、有趣或是很特別的網站。與你互通電子郵件的親朋好友，一起成立一個網絡，分享最有吸引力的網站。網際網路成長的速度超乎你我的想像，永遠不愁找不到新發現。

## 凝聚生活勇氣

勇氣（courage）一字源自coeur，原意為「心」。柏拉圖的愛徒亞里斯多德曾經指出：「勇氣是人類特質之首，有了勇氣才能保證其他特質的存在。」除了哥倫布的偉大航海旅程之外，我們耳熟能詳的英勇事蹟不可勝數，像二〇〇一年九月十一日，紐約發生了恐怖攻擊事件後，許多救難人員冒生命危險，奮勇搶救。德蕾莎修女在印度加爾各答貧民窟的奉獻服務，以及過去南丁格爾在克里米亞（Crimea）戰爭中照護傷兵的行為，都展現了絕佳的個人勇氣，令人欽佩。對大多數人來說，幸好不需要面對如此艱難的困境；但是勇氣不只是內心的掙扎，還必須面對自己的恐懼，超越恐懼，進而去豐富自己和其他人的生活。

二十七年前我和六個朋友同遊義大利時，搭上一列緩慢、擁擠不堪又沒有空調的地方火車。行經那不勒斯以南時，火車停靠在一個小站，月台邊有對老夫妻在等車。他們走近其中一節車廂，老婦人踏上階梯朝車廂裡望，看見滿車都是嘈雜又滿身汗臭的莽撞年輕人，她臉一垮，身子不自覺地縮了一下，轉身給老伴一個「別留我一個人在這火車上」的表情。老先生只用極度溫柔的表情望著她，對她說：「勇敢一點。」

老婦人打直身軀，雙眼發亮，走進車廂，大家爭先恐後地想辦法讓她舒服一點。

想想在你的生活中，在哪些方面該學學那位老婦人「勇敢地上車」？勇氣不僅是恐懼的反義詞，更代表你在面對恐懼時奮力向前的意願。記得這點，對你大有幫助。

加強勇氣的最佳方式之一，就是讓生活充滿來自各方的勇氣故事與榜樣。勇氣具有傳染性，但懦弱也一樣。你可認識任何老一輩的人，例如祖父母級的人物，曾經離鄉背井，來到這裡追求更好的生活？如果答案是肯定的，那就陪他們坐下來好好聽聽他們的故事（也許要花點功夫連哄帶騙才套得出來）。你是否有朋友曾經面對重病或是死亡，卻勇敢地活了下來？聽他們說說他們的故事。有沒有認識哪個人曾經生意失敗、破產，卻能捲土重來？讓這樣的朋友傳授你他們的經驗吧！

## 創造願景

有些夢想源自童年，也有些夢想是稍晚才形成的。哥倫布發現新世界的偉大夢想自童年時期開始醞釀，成為推動他向前的動力。就讓他的例子啓發你，去重新點燃舊時的夢想，或是幫助你去尋新的夢想。請你想想以下的問題：你的夢想是什麼？

▲你是否有從小就渴望實現的願望，卻一直不曾達成？

▲什麼原因絆住了你追求夢想的腳步？

▲你要如何培養樂觀與勇氣，去讓夢想成真？

▲當夢想實現後，你的人生會是如何？

▲你能否說服他人參與你的夢想，甚至出資贊助夢想的計劃？

在腦海裡，創造出夢想成真的鮮活畫面。在把夢想具體化的同時，也讓所有的感官都動起來。當你看到這畫面時有著怎樣的感受？你聽到什麼？看到什麼？聞到什麼？或是感覺到什麼？當你生動地想像、描述你的夢想畫面時，等於向潛意識心靈下指令，去運用所有的資源把這個夢想實現。

夢想變成了生活的動力與指引，幫助你修正日常生活中的選擇與決定，以配合更大的目標與優先事項。你要像哥倫布一樣，心懷大夢。

名嘴兼名作家西牡絲女士（Bobbi Sims）談到打造她的夢想時表示：「在我寫第一本書之前，我夢想有一天會有出版商看上我的作品，而且我從不擔心這不可能實現。結果我的作品真的獲得出版商青睞，但我的夢想到此為止，因為我忘了該把重點放在出版後銷售的成功。」

西牡絲女士後來體認到這麼做是自我設限。現在她的夢想是希望新作品能登上暢銷排行榜。她熱切地表示：「擴大夢想的範圍讓我更加充滿活力。它激勵我去重新檢視生活中事情的輕重緩急，發覺過去渾然不覺的才華，接觸自己創造力最深處的潛力資源。我現在不停地修正自己的手稿，直到我確定自己的作品可以成為暢銷書！」

## 坐而言不如起而行

不少批評認為，發現美洲根本就不在哥倫布當初的計劃之中。雖然哥倫布原意是循海路到達東方，但他的偉大成就並不因此而有所減損。貝爾（Alexander Graham Bell）當初其實只打算要改良助聽器，卻意外地發明了電話。說到率先在銀河系邊際發現無線電波、後來成為電波天文學之父的物理學家卡爾．詹斯基（Karl Jansky），起初也只是單純想開發一個可以解決電話線的靜電雜音的天線罷了。廣受歡迎的不沾鍋和隨意貼的發明人，當初研究的目標也是不相干的項目。安全地「站在岸邊」批評別人很容易，但那還不如「下水航行」。不妨嘗試新的活動，從今天起開始努力讓你的夢想成真。就像莎士比亞所說：「空想終歸只是夢想，用行動試過了才算數。」

在筆記本裡，列下幾個你心中思量已久的活動、目標或是計劃，再盤算一下，現在至少要挑出其中一個開始進行！

## 感情生活中的哥倫布

讀者不妨試試這個受到哥倫布啓發，雖然有點傻氣、但還挺有趣的試驗。和心愛的另一半在浴缸裡一起泡澡；兩人舒服地浸在水裡，互相潑潑水，想像你們正一起攜手探索這段關係的「全新的海域」：

▲干擾這段親密關係的「慣性模式」有哪些？

▲要如何「擁抱大洋」，去改變這段親密關係中較具挑戰性的問題？

▲運用樂觀的詮釋風格去討論問題。探索哪些是有希望的新途徑。接著，兩人用深情款款、溫柔的眼神直視彼此，告訴對方你要從哪個小地方開始，帶領這段親密關係走向更深入的「新海域」。

## 你的工作與哥倫布

業績之於企業，正如風之於哥倫布的歷史性航程，兩者皆是成功的實際動力。當然，要不是哥倫布具有絕佳的推銷技巧，也不會有機會真的出海航行。正如沙利格曼博士對大都會人壽（Met Life）的保險業務人員所做的研究顯示，最成功的業務人員具有像哥倫布一般的樂觀精神。沙利格曼博士發現，面對接二連三客戶的拒絕，卻依然能保持樂觀的能力，是業務成功的最主要因素。百分之七十五的新進保險業務人員在入行的頭幾年內就辭職不幹，因為他們無法忍受碰那麼多釘子。沙利格曼博士的結論是，在樂觀項目得分高的新進業務人員，在頭兩年的業績比其他同事的業績高了將近百分之四十。大都會人壽看過沙利格曼博士的初步研究報告後，做了個實驗，單只錄取性向測驗中樂觀分數較高的應徵者，來擔任保險業務人員。這個特別的「樂觀小組」原先根本無法通過一般的面試程序，但結果他們頭一年的業績，比其他通過正常考核程序進入公司、卻沒這麼樂觀的同仁，高了超過百分之二十，到了第二年業績則高了將近百分之六十。

還有什麼事比推銷人壽保險還更具有挑戰性？你認為在一連串網路公司倒閉聲中，向專業投資經理人推銷一套新的網上投資交易研究計畫的主意如何？某間網路投資公司業務部主管李莎佛依女士（Nina Lesavoy），離開了傳統投資管理公司舒適的高階「慣性」職位，轉身栽入電子商務波濤洶湧的行列中。雖然災情慘重，陣亡之聲四處可聞，但是她依然繼續在惡水中向前行。她表示：「我的客戶是世界上最聰明也最成功的人物。過去三十年內，他們沒有任何需要改變的必要。如今科技讓他們有機會以過去意想不到的方式進行交易，對其中的某些人來說，這其實是很可怕的。雖然這個『新世界』的誕生過程中，不少公司受到重創，但我很清楚，這裡看得到未來，如果我的客戶能有勇氣現在就做改變，那未來的結果會更好。我很欣賞哥倫布學習西班牙王室貴族慣用腔調與方言的作法，那就是業務的真諦，你要用客戶聽得懂的語言說話。我很慶幸自己每天都能幫客戶找到解決重大問題的辦法。我認為，對我的客戶來說，『擁抱大洋』就是未來的潮流，這麼一來，成功必然在望。」

## 音樂中的哥倫布精神：音樂的新世界

作曲家德布西（Claude Debussy）的《海》（*La Mer*）大膽「摒棄傳統」，以全音音階譜成。這首曲子給人的感覺，就像哥倫布與他的船員一樣，漂浮在汪洋中，四下不見陸地的蹤跡。德布西是第一位成功運用非傳統音階的作曲家。請好好享受它富含的感官之美，找回失去的感覺，讓你的耳朵帶領你去搜尋新的音樂境地。這首令人印象深刻的樂曲，在管絃樂織成的浪頭下，成功地表達出大洋一望無盡的氣氛。

歷經德布西的海洋體驗後，再聽聽看德弗札克（Antonín Dvořák）的《E小調第九號交響曲》，也就是一般通稱的《新世界交響曲》。這首曲子可說是德弗札克的經典作品，讚頌人類百折不撓的樂觀精神。德弗札克的音樂會引領你去探索和諧的新世界。在為自己打氣的時候，欣賞這首啟發人心的樂曲，鼓勵自己「擁抱大洋」，脫離過去慣性的行為模式。

## 認識哥白尼

博物學家威爾遜（Edward O. Wilson）運用哥倫布的比喻，描述偉大的科學家與一般科學家的區別：

「……要有高度的成就，科學家必須有足夠的自信在『海上』掌舵航行，敢於暫別陸地。他清楚記得，有天份卻沒膽量的人，只能留名於被人遺忘的論文註解中。如果選擇從善如流，依循固有的傳統，那他必須要有我所謂『從事普通科學研究的理想智能』：有足夠的聰明，看到需要做的事，卻又不致聰明到覺得這些事做起來很無聊。」

哥倫布出海航行的歷程重畫了世界的地圖；而同時代的年輕學者哥白尼則對當時「一般」的科學研究方法十分厭煩。才華洋溢又充滿自信的哥白尼，也選擇「擁抱大洋」，推翻了當時人普遍接受的天文學理論，改寫了宇宙的星圖。在這個過程中，他創造了典範轉移的至高範例。哥白尼可說是天文的領航員，也是地位最高的突破性思想家，更啓發了所有打算從容推動改變的人。

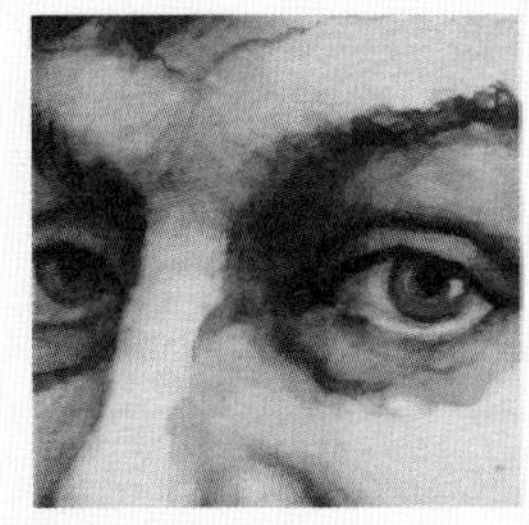

從地心說到日心說

# 哥白尼

（Nicolaus Copernicus, 1473-1543）

## 顛覆你的世界觀

倏忽我成了個觀星人，
發現新的行星劃過天際；
或如勇敢的柯狄茲，帶著銳利眼神
凝視太平洋——而他的手下
心懷狂野臆測，靜默相視——
遙望達理安山巔。

——濟慈（摘自〈首覽查普曼的荷馬詩譯〉
"On First Looking into Chapman's Homer"）

**【畫家的話】**

我找得到的唯一一幅哥白尼畫像，看起來非常不真實，讓我益發想用盡可能真實、人性化的方式去描繪他。在我詮釋「顚覆你的世界觀」時，我希望我的哥白尼看起來有個表情，像是要表達一個紮實、但又不斷變化的觀念。幾位看過畫的朋友表示，他的頭顱看起來就像顆星球！

對你來說，你的宇宙中心是什麼？你確定答案正確無誤嗎？這中心是否曾經有所變動？是否曾經有人讓你移動了這個中心？

哥倫布首次自新大陸返航的二十年前，哥白尼誕生於一個似乎是宇宙中心、有太陽不斷環繞運轉、平坦而永遠不動的星球。哥白尼過世後約一百年，世人卻認知到，這個星球不僅在宇宙中不斷自轉，並依循軌道繞著太陽公轉；而宇宙浩瀚無邊，沒有所謂的宇宙中心可言。這個星球本身不曾改變過，徹底改變的是對這個星球的認知典範。這裡所謂的典範，就是了解這世界所需的基礎理論架構。哥白尼革命性的天才特質爲典範變遷提供了一個經典的範例。

哥白尼開創了現代天文學，首先提出亟具說服力的「日心地動說」，在《天體運行論》（*The Revolution of the Heavenly Spheres*）中指出，地球並非宇宙的中心，地球與行星皆繞太陽運轉。這個論點無異在當時的學界投下一顆炸彈：當時的教會視之爲異端邪說，大力打壓；在這個理論慢慢傳開的同時，教會又下令進一步傳訊所有曾經聽過此學說的科學家。儘管這個理論剛開始的傳播速度緩慢，有幸耳聞的科學家，無不想盡辦法拜讀，進一步探究天文奧祕。雖然直到哥白尼去世，他的理論仍陸續受到讚揚、歡迎、譏嘲與譴責等各種不同反應，但對哥白尼來說，他的原意本來就不是招惹爭議，或是將他的信念加諸在他人身上。哥白尼是個博學多聞，又極富好奇心的獨立思想家，他起先只不過是對普遍流行的宇宙論中的一個小錯誤感到困惑，才有了研究的動機；哥白尼以井然有序又鉅細靡遺的方式去研究這個小錯誤，最後得出的結論卻讓他不得不建立全新的典範。哥白尼謹慎地保護他的研究，不讓太多學者接觸，對理論的革命性質更是低調，以降低反對者的敵意，所以理論的主要概念才有機會生根、茁壯。哥白尼把心思花在概念本身，而非背後驚爲天人的含意，讓研究可以在不受外力干擾的情況下完成，讓世人從此用全新的方式去看這個世界，繼而推動了許多事件的發生，最後終於成爲將宇宙秩序重組的功臣，受到世人肯定。

哥白尼生長於波蘭托倫城（Torun）的富裕家庭，自小就在舅父爾莫藍城大主教（Prince Bishop of Ermeland）的精心安排下接受教育。哥白尼和許多文藝復興時代的年輕人一樣，四處遊歷，到歐洲各地最好的大學去研讀專門的科目。他曾在波蘭柯拉科大學攻讀數學、光學與透視法，接著又到波隆那大學研讀教會法，按照舅父的期望，追隨他的腳步，爲日後在教會任職做準備。一四九七年，哥白尼奉派至爾莫藍的教區教會所在城市佛龍堡（Frauenburg）擔任教士。但值得注意的是，哥白尼一生中從不曾擔任聖職，而且極力避免捲入宗教改革派與羅馬天主教反宗教改革派之間的衝突。

一五〇一年，哥白尼到義大利帕杜亞大學（Padua）習醫，同時也進修天文學課程。兩年後他在費拉拉大學獲得教會法博士學位。哥白尼還趁著在義大利的時間，學習人文學科裡相當新的科目，希臘文。他回到波蘭後，擔任舅父的書記與醫生，同時也分擔了舅父部分的大主教行政職責，成爲軍事總督、法官、醫生，並改良了鑄幣的流程。雖然哥白尼的醫術使得他頗受教區內富人的喜愛，但同時他也因爲免費爲窮人提供醫療服務而獲得近乎聖人的美名。

哲學家的推論與輿論無關，
他的目標是追尋萬事之眞理。

——哥白尼，《天體運行論》前言

## 追求美與眞理

哥白尼十分多才多藝，但他更是個永不停歇的知識份子，著手以更嚴肅的態度去思考天文學的問題。套用他自己的話，他總覺得當時盛行的「天體運行」理論不太對勁。他寫道：「我花了很長的時間去思考天文學傳統中的困惑。造物主這個最有系統的絕佳『藝術家』，爲我們創造了這個世界，但我對於哲學家至今仍無法找出世界的運轉方式感到不耐。」

這其中讓他特別不能釋懷的，就是推算地球本身不動而被其他星球環繞的複雜幾何，其實有多處矛盾。他直覺認爲，傳統用來解釋「地心論」世界觀的瘸腳數學推算不可能是正確的，因此他也開始推敲地球也會動的可能性，即使這個想法乍聽之下非常荒謬，也違反了教會的教條。其實批評者後來對哥白尼的攻擊是不正確，哥白尼並不認爲他的研究叛離了他對上帝的信仰，他依然相信上帝是創造宇宙的至高「藝術家」；他只是要透過科學更了解上帝，而非藉此抹滅上帝在其中的地位。而且對哥白尼來說，上帝的傑作是偉大的；在他眼中，宇宙就是柏拉圖學說中美的理型表現，他用優美的文字將「天體的運行」描述爲「星球的芭蕾舞」。在一五一四年之前，他曾將比哥白尼早了兩千年左右的古希臘天文學與數學家愛理斯塔克斯（Aristarchus），曾經提出星球繞行太陽運轉的論點。早哥白尼四十年的達文西也在筆記本裡，以全部大寫的字體強調 IL SOLE NO SI MUOVE（太陽是不動的）。但是愛理斯塔克斯、達文西和其他認爲地球既非靜止不動也絕非平坦一片的人，卻也無法提出經過數學驗證而發展完整的解釋模型。

這些想法化爲文字，寫成一份小冊子，只是並未廣泛流傳。

哥白尼熱切地希望能爲這大膽的新觀點找到支持的論點，他瀏覽各家書籍，希望能「重讀他手上的所有哲學家作品，從中找出任何曾經懷疑過天體的運行並不同於數學理論派觀點的看法，以供援引」。就進行研究來說，哥白尼在佛龍堡的工作非常理想，有佛龍堡教堂圖書館內的豐富藏書可供參考。他當時參考的許多書籍至今仍在出版，這些偉大思想家對道德、倫理與才智問題的不朽見解，對今天的我們也有極大的幫助。當時相當新穎的發明：印刷機，幫助他擴張了研究的範圍；舉例來說，我們知道哥白尼擁有羅馬演說家兼政治家西塞羅和希臘歷史學家希羅多德（Herodotus）的著作，當然也少不了柏拉圖的作品。我們也知道哥白尼參考了許多其他藏書，包括一四八六年於烏爾木（Ulm）印行的托勒密（Ptolemy）地圖集。

哥白尼徹底的研究終於獲得代價：他從少數幾位哲學家的作品中，找到地球會動的論點，但這些前輩並沒有對地球的運行提出正確的解釋。哥白尼了解，徒有如此具有革命性的理論卻沒有證據，是毫無意義的，所以他著手進行支持這理論的論證；他利用當時手邊可得的最佳技術，以最新發展出來的透視法，將觀察星球運行的結果，製成鉅細靡遺的觀測圖表。他畢生的成就都總結於一五三〇年完成的《天體運行論》。但是哥白尼又等了十三年之久，才出版這鉅作。

他膽大至此；
心智鍛練得無堅不摧，
有足夠的智慧導引勇氣，
全身而退。

——莎士比亞，《馬克白》

## 深謀遠慮的革命份子

讀者不妨想像一下，哥白尼的新發現會帶來多大的震撼。他的理論對世人的認知來說無疑是天馬行空；即使在現代，雖然明知地球循軌道繞著太陽運轉，我們仍習慣用「日升、日落」的說法。這正表示了直到今日，仍根深蒂固在我們腦中的「地心說」餘威不減。反觀中古世紀與文藝復興時代的教宗，卻不甚歡迎如此具有革命性的學說，藉著打壓煽動性思想與嚴懲公開此類論點的個人，來展現他們的威權。

在這樣的情況下，可以想見哥白尼遲遲不願公開他的發現的顧慮——無法接受如此思想的人，可能會在接下來的許多年裡，輕則加以嘲諷，重則對他施以不堪設想的懲罰。推動他研究理論的絕佳勇氣，與他保護理論的深謀遠慮，形成了絕佳的組合。現代史學家曾經表示，雖然他的理論等於是「朝巨大的天文機器丟了顆最大的炸彈……

但他盡可能讓大家都以爲，他只是在幫生鏽的零件上上油罷了」。哥白尼以拉丁文寫作，如此一來只有少數科學家與幾位經過他篩選的學者可以閱讀他的理論。多年來，他不斷婉拒友人與其他少數幸運讀者的出版邀約。直到一五三九年，經過一位遠自德國來到波蘭並投入他門下的年輕學者百般勸說，他才點頭同意，開始準備讓作品付梓。一五四三年五月二十四日，第一份印刷好的成書終於送到他的手中。哥白尼就在同一天辭世，永遠都不知道這些充滿震撼力觀念的命運，也不知道他先前的保護功夫是成是敗。

但是，他臨終之前的確知道，如果世人能接受他的理論，就要重新檢討世界觀，而教會很可能會排斥如此巨大的改變。雖然如此，哥白尼相信，出版《天體運行論》的目的並非要挑戰宗教信仰，而是爲宗教信仰生色，因爲此書可以修正教會使用的曆法。他希望能夠藉由教宗的影響力與判斷力，給予這本書支持，所以他在《天體運行論》的序中註明，將此書獻給教皇保羅三世。雖然有少數惡意批評人士譏稱，如果哥白尼的理論正確，那地球上有些地方的人和動物勢必要掉落至地球以外；但大體來說，由於這本書的讀者大多是學有專精的科學家，因此他成功避免了大部分的爭議。《天體運行論》印製了幾千本，讀者多半都是數學家與天文學家。他們將這本書多方運用，把認識宇宙的新方法流傳開來。

觸怒教會是在哥白尼的理論廣爲流傳之後。當時最偉大的思想家接受了他的論點，但由宗教法庭（Inquisition）領導的傳統保守份子，卻無法接受如此劇烈的典範轉移。羅馬宗教法庭先是認可《天體運行論》在準確計算教會年曆上的貢獻，接著建議修正書中的某些論點，後來卻在一六一六年，將《天體運行論》列入教廷的「絕對禁書目錄」（Index Librorum Prohibitorum）。

在當時天主教教會眼中，哥白尼學說的中心思想日心論，嚴重威脅現存的世界秩序，因此即使在哥白尼去世後，教會仍用盡各種辦法，打壓他的理論。在此同時，哥白尼的知識傳人，包括最著名的克卜勒與伽利略等人，卻也努力不懈地利用哥白尼時代尚未出世的新一代望遠鏡和其他儀器，去收集更有權威性的證據，爲的就是要讓哥白尼的理論打入主流思想。哥白尼已然過世，克卜勒與伽利略便成了宗教法庭各種打壓的對象；由於支持哥白尼宇宙學說，伽利略在一六三二年遭到羅馬宗教法庭的審判與判刑。後來，一如我們所知，哥白尼的學說終究傳揚開來，但是自《天體運行論》出版以來，天主教會遲至四百五十多年後，才正式承認哥白尼學說的正確性。

## 浴火鳳凰

哥白尼的學說震撼了世界，「地球並非萬物中心」的說法，在某些社群造成了所謂「後哥白尼蕭條」的現象，也就是世人的信仰危機，與面對巨大典範轉移時，意圖找尋意義的焦慮。

英國詩人鄧恩（John Donne）一六一一年詩作〈世界的解剖圖〉（"The Anatomy of the World"）的其中一段，可以貼切表達哥白尼學說對個人態度的革命性影響：

新的哲學讓一切再度成疑，
火的元素差不多也被打熄；
太陽不見，不論是地球，還是人的才智
都無能引領他安然搜尋。
眾人大膽承認世界蕩然無存，
在眾星與穹蒼之間

他們尋找諸多新星；看到這一切
又全部粉碎還原成微物。
直到全部化爲碎片，所有條理消逝；
所有正當的供給與所有倫理關係：
王子、臣民、聖父、聖子，全然遺忘，
因各人自覺理當
化爲鳳凰，如此才可
擺脱出身，自在由己。

爲鄧恩帶來靈感的「新哲學」重要人物就是哥白尼。克卜勒、伽利略，乃至後來的牛頓，就是站在這位偉大巨人的肩膀上開拓出一番成就。伽利略稱哥白尼爲近代科學之父，讚揚他「讓理性戰勝了感覺，不顧感覺的抵抗，理性遂成了信仰的情婦」。

哥白尼的推論在當時造成了失去確定感的惶恐，但是對後世科學、文化，藝術和世界觀的影響，足可與後來達爾文的《物種源始》及愛因斯坦的相對論相提並論。人必須具備理性、懂得反省，還要有足夠彈性的心靈，才能接受哥白尼、達爾文或愛因斯坦挑戰人類在宇宙中位置的革命性思想，尤其是這些理論與傳統觀念有所衝突時。

## 克卜勒與伽利略：跟隨哥白尼的腳步

**克卜勒**（Johannes Kepler, 1571-1630）

哥白尼認爲星球的運行軌道是個完美的圓形，但克卜勒在一五九六年出版的《宇宙之謎》（*Mysterium Cosmographicum*）中證明，其實星球運轉軌道呈橢圓形，進而修正了這個概念。《宇宙之謎》同時也是自哥白尼逝世後，第一篇公開出版支持「日心說」的論文。四年後，克卜勒應舉世最著名的丹麥天文學家第谷・布拉赫（Tycho Brahe, 1546-1601）的邀請，到布拉格宮廷擔任他的助手。第谷・布拉赫過世後，克卜勒奉命接掌他於神聖羅馬帝國的宮廷數學家、天文學家與星象學家的職位。克卜勒的主要成就《新天文學》（*Astronomia Nova*）出版於一六〇九年。他後來又在一六一九年出版的《世界諧和論》（*The Harmony of the World*）中，發展出關於幾何學、音樂、天文學與星象學各領域的和諧理論。

《世界和諧論》包括了「音樂的音階與音程皆反映於終極的星球運行」、「六大星球間的和諧就像普通音樂的對位法般存在」等主題的篇章，正是克卜勒在和諧樂音與天文科學測量之間做的神奇比較。就像布魯內雷斯基的作品激發了杜菲的音樂，音樂的和諧與精準的科學測量其實本質上相差不遠。

**伽利略**（Galileo Galilei, 1564-1642）

雖然哥白尼生在伽利略之前，但是伽利略卻被當代天才霍金（**Stephen Hawking**）和許多人視爲近代科學之父。伽利略年僅二十五歲時便已成爲家鄉比薩大學的數學教授。他在比薩斜塔以革命性的實驗示範證明，物體的重量雖然不同，落地的速度卻是相同，粉碎了長久以來亞里斯多德學派認爲重量越重掉得越快的看法。

一五九二年，伽利略接受帕杜亞大學的教職，轉至帕杜亞發展他在天文學方面的興趣。一般據信他早在一五九五年便接觸到哥白尼的理念；不久後他又接到一本克卜勒的《宇宙之謎》，及一本一五九六年於巴塞爾（Basel，今瑞士）印刷的哥白尼《天體運行論》第二版，他在上面寫滿了註解。

伽利略還親自設計更精良的望遠鏡，也是第一個確認銀河由千百萬顆星星組成的人。一六一〇年，他發現了太陽黑子與木星的衛星。雖然他的成就廣受眾人尊敬，宗教法庭卻在一六一六年下令禁止他繼續教授哥白尼的宇宙學說。伽利略遵命照辦，之後亦與教會相安無事，直到一六三二年出版了《關於托勒密和哥白尼兩大世界體系之對話》（*Dialogue Concerning the Two Chief Systems of the World, Ptolemaic and Copernican*），才嚴重觸怒了教會。

《兩大世界體系之對話》沿續了柏拉圖「對話錄」的結構。伽利略在書中並不刻意安撫宗教法庭，反而在書中的辯論部分，安排由蠢人表達耶穌會教士所持的地心論。宗教法庭威脅他，除非他願意撤回他的理論，否則要對他加以嚴懲，並以違反「一六一六年禁令」的罪名審判他。結果伽利略的確收回他的主張，但是他還是落得被宗教法庭軟禁的下場。雖說如此，後來他雖然失明了，依然滿懷熱情地繼續追求他的興趣，發展他的理論。

直到一七三七年，伽利略的家屬才終於獲得天主教當局的准許，爲伽利略舉行基督教的葬禮，與馬基維利及米開朗基羅等人一同安息在佛羅倫斯的聖十字教堂（Church of Saint Croce）。兩百五十多年後，西元一九九二年，天主教廷終於正式承認，伽利略並未冒犯天主教的信仰。

## 成就總結

▲天文學家托勒密的宇宙觀傳延了近一千五百多年，直到哥白尼靠著獨立的心靈，跳脫傳統思考，提出不同的宇宙學觀點。

▲雖然哥白尼在當時完成的觀測尚不足證明一切，但他可說是在完全不假外力幫助的情況下，隻身蒐集證據，證明他的構想是合理的。

▲哥白尼說服了當時歐洲主要的天文學家，讓他們相信的確有創新宇宙論的必要。

▲待望遠鏡經過改良、天文學家進行了更精準的觀測後，證實哥白尼的立論無誤，日心說終於被接受。自此他被視爲近代天文學之父。

▲哥白尼提出的創新理論，也代表年與月的長度可以計算得更爲精確。

## 哥白尼與你

人都會採納某套適合自己的典範，讓自身經驗產生意義，並藉此定義自我意識。個人成長的過程還包含學會放棄過去或許有用、但現在已經失去效用的模型。《人類的可能性》（*The Possible Human*）作者休斯頓女士（Jean Houston）對此的解釋是，通往健全完善之路需要「先在一個故事或神話中死去，以求在更偉大的故事中重生……發展需要放棄小處的思量，才能喚醒更偉大的思考」。

哥白尼示範了如何打開心靈去面對更偉大的思考。他啓發世人去擁抱生命中的新觀念與新事實，即使如此會改變過去相信的一切。他也讓我們看見偉大的思想有時萌生於微枝末節，或許光是已知典範中的一個小小疑惑，就足以引導我們去發掘全新的理論。

有時候人類選擇改變典範，有時典範爲了人類而改變，而伽利略與克卜勒讓我們認識到，與其抵抗或否認變化，不如加以詳細分析，反而可以產生更大的影響。對於生在這充滿改變、轉型與刺激的時代的我們，他們具體推翻之前宇宙觀的能力，跨越了時空，給我們帶來莫大的啓發。

讀者可以從接下來的練習裡，對自己的典範與信念更加清楚，你可從中試著挑戰、甚至改變自己的典範與信念。讓我們從深思以下的自我評量問題開始。

【自我評量表】

# 你有多哥白尼？

□我的心靈開放，能接受新想法。

□我清楚自己對萬物天性所抱持的核心信念與假設。

□我願意去質疑自己的假設與信念。

□當我向其他人提出自己的想法時，我會顧及他人的感受。

□我凡事都要追求眞相。

□我用理智與邏輯去解決問題。

□我培養自己的記憶力。

□我能欣然接受改變。

□我能在改變的過程中扮演領導的角色。

【天才練習】

# 顛覆你的世界觀

## 顛覆的思考

要如何才能徹底顛覆你的世界觀？如果從另一個星系來的外星人與地球建立了溝通，會對你的典範造成什麼樣的影響？要是有天早上一醒來，你在報紙上看到「中文成為全球官方語言」或是「救世主現身！」之類的頭條，你作何感想？

在你的札記本裡寫下一些想法，或者與你的朋友討論一下，哪些新發現、創新、事件或世界的重大變化，可能會徹底改變你的世界觀。把目標放在你認為真的有可能發生的事件，接著再想一些看起來不大可能發生的事。設想這些革命性的發展會怎樣影響你的世界？

目前已經有三個典範正在改變，也已經開始影響我們的生活：新經濟的進展、生物科技的發展和真正具有智慧（intelligence）的機器興起。讓我們對這三點分別討論一下。

### 遺傳與生物工程

《科學》期刊最近報導，費雪博士（Dr. Alain Fischer）和他的研究夥伴單單藉由基因療法，成功地治癒兩名罹患重症複合免疫不全症（Severe Combined Immuno-deficiency disorder ，簡稱SCID）兒童。《時代雜誌》評論：「這些『泡泡兒』終於可以脫離無菌的塑膠氣泡生活。」差不多就在同一時期，科學家將人類基因體

（genome）解碼成功，完成的時間較原先計劃的時程提前了十年。現代人即將面對一個重大的醫療革命，在不久的將來，人的壽命可望延長，許多疾病也銷聲匿跡。這個突破讓人有能力去更動我們的遺傳組合；用「程式」規劃自己，獲得希望得到的優點。除此之外，雖然現在複製動物的新聞已經變成稀鬆平常的舊聞，但是當第一個複製人誕生時，必定會讓我們對人類身份的觀點造成深遠的影響。如此超乎尋常的發展對我們的倫理、政治以及社會等方面隱含著怎樣的意義？你對能夠活到一百五十歲的看法如何？如果你能夠藉由遺傳工程，讓你的子女變得更強壯、更高、更聰明，你會這樣做嗎？

## 新經濟

《數位化經濟時代》（*The Digital Economy*）作者泰普史考特（Don Tapscott）指出：「世人正目睹人類歷史上另一個重大革命初始的混亂期。人類溝通的新媒介正在興起，這對經濟與社會生活所帶來的影響，可能會超越先前變革造成的震撼。互動式多媒體和所謂的『資訊高速公路』及其範本，網際網路，促成了依據人類智慧網絡建立起來的新經濟體系。」

請你花點時間想想，隨著新經濟的演進，這個世界會如何改變。如果幾十億的中國人與印度人都能上網，都追求美國式的生活標準，那會帶來怎樣的變化？在溝通變得更快、更便宜時，會對我們的語言、價值觀及文化帶來什麼效應？在這個新興的通訊世界裡，什麼樣的技能最為搶手？你要如何充分運用讓自己成功、完成夢想的機會？

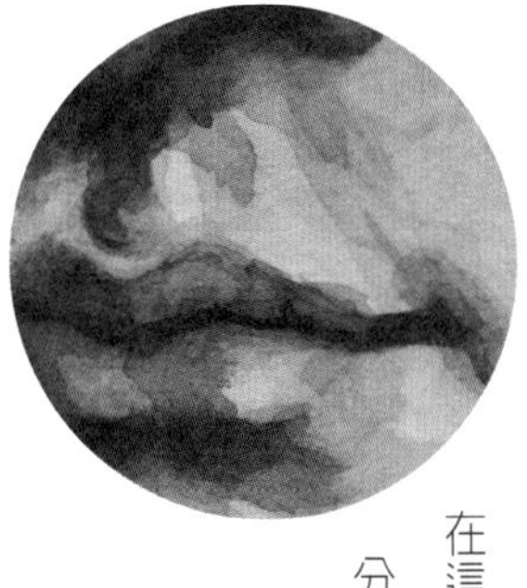

## 有意識、有靈魂的電腦？

如果有朝一日電腦思考運算的速度、複雜性與微妙度都與人腦相當，甚至超越人腦，那麼我們是否該將電腦當作有意識的個體？科茲威爾指出：「這個問題其實可以回溯到柏拉圖的時代。」他也表示這個問題在目前來說更不容忽視，因爲這個假設可能很快就會成眞。

### 聰明的機器

科茲威爾（Ray Kurzweil）於《心靈機器時代——當電腦超越人腦》（*The Age of Spiritual Machines*）所預告的概念，或許可算是最具哥白尼精神的典範轉移。克茲維爾是資訊時代語音辨識軟體的先驅。他認為，主張電腦計算速度每十八個月增加一倍的「摩爾定律」（Moore's Law）已經過時了。到了他的書發行時，電腦的速度已經變成每十二個月就快上一倍。換句話說，科茲威爾預計：「指數成長的速度本身就是以指數的速度在成長。這個趨勢會繼續下去，到了西元二〇二〇年左右，電腦的記憶容量與計算速度將可與人腦比擬。」

他又表示：「二十一世紀初期，新的智慧型態會在地球興起，最後終將能與人腦智慧一較長短，大幅度超越人腦。那將會是史上前所未有的重大發展，較其他重大歷史事件的重要性有過之而無不及。」要是科茲威爾真的說對了呢？這對我們的工作、人腦的學習、政府、戰略、藝術和對自我的觀感，有什麼樣的衝擊？

## 揚棄自我設限的想法

一如哥白尼的理論刷新了人類的世界觀，你也可以藉由揚棄自我設限的想法，全面更新學習的方法，因為個人的想法常常預設什麼做得到、什麼做不到；自我設限的觀念縮小了個人的天地與眼界。哥白尼的思考超越了當時的常規，你也可以藉由這個練習讓思考超越襲用的準則。

請找出一個會讓你自我設限的想法。所謂自我設限的想法，就是讓你在追求目標時懷疑自己的能力而卻步的看法或態度。這樣的想法包括「我沒有創意」、「我不會唱歌」、「我數學不好」、「我無法墜入愛河」、「我四肢不協調」……等等。

找出這樣的觀念後，請你試著進入客觀的思考狀態，把以下問題的答案寫下來：

▲這個自我設限的想法是什麼時候形成的？

▲我為什麼以為這想法是對的？

▲這想法對我的行為有何影響？

▲如果我能揚棄這個自我設限的想法，我的生活會有怎樣的改變？

接下來，規劃出改變的策略，用「更遠大的想法」去代替原先自我設限的想法。

## 記憶力與太陽系的行星

哥白尼和我們所討論的各位天才人物一樣，花了心思去培養極佳的記憶力。這個練習不僅會引導你去加強記憶力，同時也為你自己在宇宙中尋得一片天地。

請用六十秒的時間，在筆記本或一張紙上列出太陽系的行星，按照離太陽的距離遠近依序排出。（這是一個長期記憶的練習，因為當年在學校時，老師應該考過這道題。）

你的成果如何？大多數人只能寫出幾個行星的名字來，不過每個人大概都記得「地球」！當年還在讀書時，為了應付考試，你可能複誦了很多次，才記住太陽系行星的名字和位置……但考完了，也就忘了。

或許你之所以能夠記住各大行星的名字與順序，是因為你發展出特別的口訣幫助記憶，例如，只要記住英文「My very eager mother just served us nine pizzas.」這句話，根據每個字的頭一個字母去回想，即可想出對應的水星（Mercury）、金星（Venus）、地球（Earth）、火星（Mars）、木星（Jupiter）、土星（Saturn）、天王星（Uranus）、海王星（Neptune）和冥王星（Pluto）。

另外一種更有效的記憶秘訣在於想像力、創意思考和記憶力三者並用。請你也來試試看。首先想像太陽能散發出多大的熱力。假想你慢慢地飄浮到太陽上空，把一枝大溫度計插進太陽的核心。溫度計受熱後溫度直線上升爆裂，灑出滿天晶亮的水銀（Mercury，水星）。這時一位美麗動人的女神穿著閃閃發亮的薄紗長袍，穿過太空走來，伸手捉住一滴發亮的液體，她，就是羅馬神話裡的維納斯（Venus，金星）。她握著晶亮的液體，降落在你家後院，一鬆手，晶亮的液體就墜落在地上（Earth，地球）。這些變化把你的鄰居吵得很不高興，他氣得滿臉通紅，氣沖沖地往你家衝來，要找你吵架，因為他是羅馬神話裡戰神（Mars，火星）的化身。眼看著鄰居就要衝到你面前的這個千鈞一髮之際，眾神之王朱比特（Jupiter，木星）穿戴閃耀著萬丈光芒的盔冑，氣度高貴地從街上走來拯救了你。他的盔冑胸口繡著SUN三個紫色字母。S表土星（Saturn），U代表天王星（Uranus），N代表海王星（Neptune）。在朱比特的右肩上站著狄士尼卡通的小狗布魯托（Pluto，冥王星）。如果你認真地按步驟練習，在心中創造出鮮活的影像，相信你會發覺，做完練習後這些星球讓你想忘也忘不掉。

## 探索天空

在一天之中，你想抬頭看看天空的機會有幾次？覺察天體宇宙的存在，可以革新你日常生活的眼界、擴大整體的覺察。每晚花個幾分鐘，觀察月亮的圓缺，從新月到滿月的一整個週期。把你的觀察與感想都記在札記本裡。

你不妨做個小小投資，去買一副輕盈可攜式望遠鏡，觀察星空，如此一來，你可以親自體驗哥白尼獲得新發現的興奮。如果你住在光害嚴重的城市，那不妨帶著望遠鏡到郊外走走。在札記本裡用素描的方式畫下你所看到的星群，群星的散佈位置和其

### 惠特曼的一首詩

當我聆聽博學的天文學家講課，
一項項證明、數字排列眼前，
還展示了統計圖表，加減換算。
當我坐在大講堂裡，
傾聽那大天文學家講課，
聽眾鼓掌叫好，
而我沒一會兒，就無來由地厭了倦了，
直到我起了身，步出了課堂，
隻身在神祕夜晚溼潤的空氣裡遊蕩，
不時趁著完全的靜謐，抬頭仰望天上星斗。

### 用哥白尼的眼睛欣賞日落

多虧了哥白尼，我們才知道太陽並不會下山，但是傍晚時向天際望去，太陽看起來的確像是要沒入地平線下。所以爲了大幅改變你的宇宙觀，試著想像你把太陽「釘」在天空中。當你用想像力把太陽固定在一處不動後，再想像地平線逐漸升高，接近太陽。想像地球上你所在的那一點逐漸遠離陽光，進入黑暗（這其實也就是眞實的情況）。而你住在另一半球的朋友卻在此時見到逐漸增強的日光。

他的觀察心得。一如惠特曼的詩句所表達，最重要的是打開心胸，去體驗群星散發出的純淨神奇力量。

九〇年代中期，業餘天文學家曾觀察到一串「異常明亮的鑽石」（譯註：二十一顆慧核）劇烈衝撞太陽系中最大的木星。這就是當時職業天文學家完全沒注意到的舒瑪赫-李維九號彗星（Schumacher-Levy comet 9），因為他們根本沒料到會有這樣的情況發生，但是業餘天文學家擦亮了眼睛，用心觀察，就有了重大的發現。

## 試著用哥白尼的方法，轉化老舊的程序

哥白尼可說是將老舊流程與程序加以轉化的絕佳模範。請利用以下練習革新你的工作與家庭環境：

- ▲找出一個你認為可以改進的常用流程或系統。
- ▲蒐集足夠的資料以正確了解目前運作系統的功能。
- ▲列出目前的系統或程序中幾個較弱的環節。

▲著重其中可能會對功能或效率造成重大影響的負面環節。

▲列出整個系統中最強的環節，特別是那些最常用的項目。

▲利用這些資訊，去發展新流程或系統，以求改善先前找出的弱點。

▲測試新的系統表現如何。要確定在系統弱點改進時，原先的優勢不可偏廢。如果結果不能令人滿意，繼續修正或是再找其他的新方法，直到新系統的表現與結果明顯優於目前的系統。

▲讓公司的工作伙伴認識你的新系統，記得學學哥白尼，在提出創新觀念時，要記得顧慮對方的感受。

德州農工大學（Texas A&M University）電腦科學系終身榮譽教授愛勒吉博士（Dr. Roy Ellzey）是電腦教育領域的先鋒。他也是哥白尼的崇拜者之一。他提到運用哥白尼的方法轉化老舊流程時，指出：「七〇年代初期，我注意到各大學、學院開設的電腦科學系課程，並不足以帶給學生足夠的知識與訓練，讓他們準備好在畢業後，面對這領域裡快速增加的人力需求，而當時的電腦教育卻專注於教授學生認識各種硬體和硬體理論。」

愛勒吉博士採取的作法是設計一整套新課程，編寫新的教科書，把內容重點放在應用電腦技術，解決現實世界的問題。

他表示：「就像哥白尼一樣，我徹底研究了現有的模型，蒐集了大量的資訊與資料，以開發另一個可行的模型。接著我測試模型，加以修正，再把概念提交高級主管，最後成功執行。」

愛勒吉博士指出，他的創新是由資訊時代企業不斷演進的新典範推動而來，但是創新本身意味著將不足以解決新興問題的模型加以調整。套用他的話來說：「毫無疑問，哥白尼對科學和人類宇宙觀的重要貢獻，說得上是一級強度的典範轉移。然而，他為宇宙發展出新架構的研究方法，值得所有人學習，同時也可以應用在許多一般的問題上，都能獲得良好的成果。」

## 你的工作與哥白尼

技術的進步導致全球競爭日益激烈，促使組織與機構革新其典範。當年美國馬貝爾公司已走入歷史，IBM在過去幾年裡歷經了幾次重整，而「美國郵局」（United States Post Office）也更名為「美國郵政服務局」（United States Postal Services）。我在過去二十年裡與大型組織合作的工作內容包括了，引導組織開發新企業文化，並將新的典範化為可實際獲利的商業模式。自一九八八年起，我就參與了美國石油公司（Amoco）轉型的努力，直到前幾年美國石油公司與英國石油公司購併才停止合作。在購併終於塵埃落定後，我又應邀為新成立的「英美聯邦石油全球金融集團」（BP Amoco Global Finance Group）舉辦一系列「創新小組」研討會。

在我們頭一次的研討會中，這個小組當場體驗了哥白尼式的革新精神。英國石油購併了美國石油，並且重新將公司改頭換面成為一個注重環境保護的全球能源服務公司；新設計的商標徹底展現了公司的企圖：明亮的綠色（象徵「永續發展」）和黃色的太陽（象徵「能源」）。大家都同意，新商標精確傳達了公司的理想。但是，大家接著又想起兩家公司各自的舊商標，美國石油公司的「火炬」與英國石油公司的「盾牌」，兩者都是中古時期的標準象徵，卻也代表了舊式交易的典範。這時問題就來了：「我們要如何把盾牌和火炬轉型為發光發熱的能源？」

第二次的小組聚會由公司的副總裁海沃（Tony Hayward）發起。他表示，執行「日心式」革新的最大挑戰之一，就是過去「盾牌與火炬」式的績效管理。他指出：「我們在北海的油井一天出產三千桶原油，我們所有『節能效益保證工程統包合約』（performance contract）的目標都是達到這個產量。但是我們的工程師認為，經過實驗，某些油井甚至可以達到每天一萬兩千桶原油的產量。顯然我們必須想辦法，把這些創新的目標也寫進我們的統包合約中，並且讓合約支持我們進行審慎且保護環境的實驗。」

英國石油公司的金融創新小組，努力帶頭引領工作流程的革新，並且讓新的典範成真。創新小組的領導人波德斯塔（Tim Podesta）表示：「我們企圖達到兩位數的成長率，這表示我們需要新的思考與工作方式。我們必須挑戰現有的典範，就像當年哥白尼利用技術上和知識上的專業，去挑戰地心說的既有觀念一樣。」

## 音樂中的哥白尼精神：星空傳來的樂音

史特勞斯（Richard Strauss）的交響詩《查拉圖斯特如是說》（*Also Sprach Zarathustra*）被選作電影《二〇〇一年太空漫遊》（*2001:A Space Odyssey*）的配樂。這是一首高潮迭起、張力十足的樂曲，也充分詮釋了哥白尼「顛覆世界觀」的主題。史特勞斯受到天才哲學大師尼采（Friedrich Nietzsche）的感召，寫下這首曲子。尼采的作品，旨在探討人面對舊典範死亡而造成的空虛時，追求意義的過程。

另一首能夠充分表達哥白尼願景的曲子是霍爾斯特（Gustav Holst）的《行星組曲》（*The Planets*）。哥白尼把自己的作品比喻成研究天體的「芭蕾舞」。《行星組曲》可說是讚頌宇宙間行星運行的神奇舞碼的絕佳伴奏。霍爾斯特在樂曲中表達了每個行星帶給他的感覺：金星的「夢幻飄渺」、火星的「火爆好戰」和木星的「樂觀幽默」。天文學家和音樂家都了解，創造顯露於循環而有韻律的模式。當你聆聽這天籟般的樂曲時，注意你四周與你內心的自然循環。在協調呼吸的流暢與心跳速度的同時，靜享夜空之美和月亮的盈虧。

## 培養承受疑惑的耐力

到了這個階段，你如果按部就班做了天才練習，你大概會覺得有點不知所措，就像是在手中沒有地圖的情況下，被丟到一個陌生的城市。如此不協調的情況其實代表你嘗試的努力有所進展，表示你欣然接受新的資訊，也肯讓你的心靈接觸不熟悉、甚至與目前的信念相衝突的觀念。當你繼續思考這些新想法，加強你「承受疑惑的耐力」，你就會在發掘自己天才特質的努力上跨出一大步。

我們所討論的各位天才都具有擁抱未知的能力。說實在的，能夠接受未知數，不怕模糊，樂於接觸弔詭、矛盾的能力，正是這些最優秀心靈所具備的寶貴特質之一。

## 認識伊莉莎白一世

家父家母最近剛舉行了一個盛大的晚宴，慶祝金婚，美好的晚宴中洋溢著喜悅與愛意。但是，能有這麼的一天，其實是家母與家父經歷了一次哥白尼式的家庭革命，顛覆了兩人各自的世界後才換來的成果。家母在大學時代中途輟學與家父結婚，從此在家撫養我和兩個弟弟。家父在外工作，她則負責張羅家中大小事，還煮得一手義大利好菜。他們倆人根據一套傳統觀念，各自扮演好社會認可的夫妻角色。曾幾何時，傳統的觀念被史上最偉大的社會革命顛覆，新觀念興起，帶給女性平等的權利與機會。家母回到校園中，完成大學學位，接著取得碩士學位，畢業後，在心理機構擔任心理治療師的工作。家父則學會了下廚。這樣的轉變對全家來說都是個衝擊，所幸大家都能夠順利地適應新的「家庭秩序」。

我們接下來要認識的天才人物，伊莉莎白一世，就是讓世人對女性能力改觀的模範，她的成就最後促成了現代女性運動的誕生。要巧妙運用權力，並且維持平衡的陽性與陰性特質，伊莉莎白正是再好不過的榜樣。

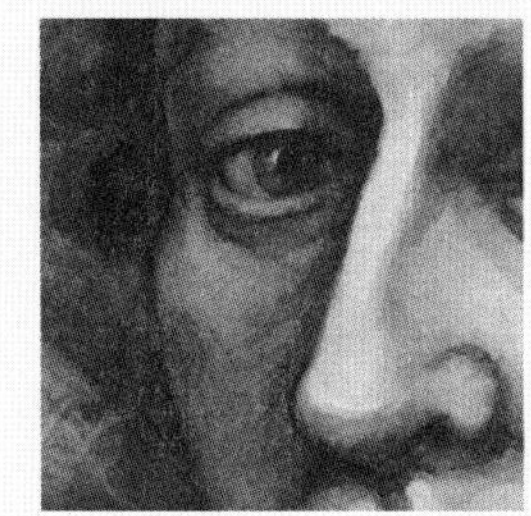

揉合女性與男性的領導

# 伊莉莎白一世

（Queen Elizabeth I, 1533-1603）

## 平衡並有效地善用你的權力

伊莉莎白……要讓人又愛又畏。

同伴讚美她：敵人則如待收割的穀穗顫抖，垂頭滿懷哀傷。

「善」與她同成長。

在她的統治下，人人安享自食其力之果實，歡唱和平之歌，鄰里相聞。

——莎士比亞

【畫家的話】

我必須承認，呈現一個擁有權力與智慧卻不失女人味的伊莉莎白，讓同為女性的我格外有興趣。起先我以為華麗的衣領和脖子上的珍珠項鍊，只能用來彰顯她的皇家血統與她的時代。但我很快就發現，它們的效用不僅止於此，所以我決定用衣領來代表伊莉莎白散發的才智與權力，她頭上的珍珠則化身為智慧之珠，頭上的捲髮則把以上各種女性形象結合起來。

請你花幾分鐘想想平衡與權力。你能想像在哪些情況下，你最好夠大膽、果決、甚至非常積極地表達己見？又在哪些不同的情況下，你反而該擇善固執，審慎行事，多等一下，耐心一點，聽之而後動？你如何分辨以上兩種狀況的差異？

根據史丹佛大學的托倫斯教授（E.P. Torrance，譯註：心理學教授，編有「托倫斯創意測驗」，Torrance Test of Creative Thinking，簡稱TTCT）的著名研究發現，在能夠同時將較女性化的「敏感」與偏男性的「果斷」兩種特質平衡得很好的人身上，通常創造力（creativity）與一般平均智能（general intellectual functioning）有最爲出色的表現。這個時代的變動令人興奮，傳統的模式正歷經深層的轉變，該是所有人，不分男女，都去尋找適度使用權力的新模範的時候了。

當然，你或許已經注意到，本書介紹的十位天才人物中，有九位都是男性；我自己也注意到了，也有許多人深怕我沒注意到而提醒我好幾次！我並沒有任何「男人比女人能幹」的意思。只不過在過去的兩千年裡，十位留下偉大成就的天才人物的生長環境，比較支持、也比較適合男性去培養和表達他們的天份，他們所獲得的成就也比較容易受到認同。我相信從現在算起的兩千年後，「天才夢幻隊伍」的成員性別比例，一定比較能反映兩性之間的平衡。就目前的情況看來，至少以性別問題來說，這支夢幻隊伍成員的性別比例的確失衡，但如果把他們生長的時空因素考慮進去，那麼這個結果也不令人意外。

所以說起來，這支夢幻隊伍中獨一無二的女性天才人物，更有資格教我們平衡的道理。伊莉莎白一世的確是第一個在男性政治國度中眞正獨立又成功的女性，她是英國最偉大的統治者，在她的領導下，不論是在國內或是在全球各地，英國文化都驚人地蓬勃興盛；伊莉莎白時期文學、軍事、科學與探險活動各方面的成就，造就了今天英語成爲全世界通行語言的結果。伊莉莎白登基觸怒了保守的父權思想家，因爲他們認爲女人無法聰明或有效地善用權力。

伊莉莎白一世輝煌成功的統治，永遠讓世人改變了對女性能力的看法，爲日後最來勢洶洶的人權運動——婦女增權運動——撒下了種子。

就整體而言，在改正男女之間權力不平衡的問題上，伊莉莎白一世率先跨出了一大步。而就個人層面來說，伊莉莎白一世因爲巧妙地做到兩者並用，而達到了成就的高峰，也教我們藉由重視平衡的功夫，將自身的權力最大化。

感謝上帝賜予我如此特質，
即使我只穿著裡衣被驅逐出境，
我依然能安然存活於信基督之國度。

——伊莉莎白一世

## 權利與權力

伊莉莎白一世克服了極大的困難，才獲得她與生俱來的權利。伊莉莎白三歲不到，她的父親英國國王亨利八世下令將第二任王后，也就是伊莉莎白的母親安・博琳（Anee Boleyn）以莫須有的叛國罪名處死。國會通過法令宣佈，伊莉莎白的公主頭銜因此不再有效。難關還不僅只於此；劍橋大學歷史學家史塔基（David Starkey）在《伊莉莎白》（*Elizabeth*）一書中指出：「伊莉莎白從一五三三年出生至一五五八年即位，她經歷了優渥舒適的繁華，也嚐遍各種苦頭。她是英國的公主和王位繼承人，但也曾被貶爲庶子，繼而被剝奪王位繼承權；她曾被封爲王位的順位繼承人，卻一度被控叛國，幾乎難逃被處決的命運；她應享有國土與皇宮，卻被囚禁於倫敦塔。」

雖然如此，伊莉莎白仍然在當時受柏拉圖教育理念薰陶的頂尖人文學者門下，接受教育；她所受到的教育非常完整，也頗有成效，她把所吸收的知識發揮得如此淋漓盡致，可謂實現柏拉圖理想「哲學家皇后」的第一人選。根據伊莉莎白的家教、英國當時的著名學者阿斯坎（Roger Ascham）描述，她一天的學習課程，由閱讀希臘原文版的《新約聖經》開始，接著選讀經典作品以「爲她提供最精粹的修辭用語訓練，爲她的心靈提供最傑出的教誨，爲她崇高的地位提供財富所能賦予的最有力保護」。或許正因如此，伊莉莎白很快地就因爲談話高雅又不失機智風趣，加上能以包括兩種古語在內的六種語言交談而聞名。

英王亨利八世臨終前，指定伊莉莎白爲第三順位的王位繼承人，排名列於她的皇弟愛德華王子與皇姐瑪麗公主之後。但是愛德華六世繼位後不顧先王遺命，於一五三三年早逝之前，轉而指定他的堂妹格雷夫人（Lady Jane Grey）繼位。但是年輕的格雷夫人根本不是野心強大的瑪麗・都鐸（Mary Tudor）的對手。而瑪麗雖然沒有任何不利於伊莉莎白的證據，仍然強行把她送到倫敦塔囚禁；對伊莉莎白來說，倫敦塔充滿恐怖的記憶，那是她母親處決的所在，而且將格雷夫人斬首的斷頭台，還放在塔中未曾收起。後來瑪麗女王將伊莉莎白由監禁改爲軟禁，但是不准她接觸任何紙張或筆墨，但伊莉莎白還是用鑽石在窗上刻下大膽的詩句，表達她被人懷疑叛國的不平：

> 枉受人深疑
> 卻無證無據
>
> ——困囚，伊莉莎白留

瑪麗女王於西元一五五八年十一月十七日逝世，伊莉莎白在被軟禁的居所接獲她即將繼位的消息，她用拉丁文引了《聖經．詩篇，第一一八篇》說：「這是耶和華所做的，在我們眼中看爲稀奇。」伊莉莎白認爲，是上帝的意旨選中她繼位，並自認爲是都鐸王朝的正統繼承人。

伊莉莎白奇蹟般的安然度過劫難，繼承了王位，但是眼前還有嚴格考驗她才智的挑戰要面對。內政方面，英格蘭歷經愛德華與瑪麗的不當統治，已然面臨財務危機，而此時在外卻有更富裕、更強大的法國與西班牙虎視眈眈。

信奉新教的伊莉莎白一世與她統治的英國，對同樣是天主教國家的法國與西班牙來說，有如芒刺在背。此外，伊莉莎白也意圖重新統一因爲天主教徒與新教徒長期陷入對抗而分裂的國家。信仰新教的伊莉莎白相信，以新教一統英國的目標可以逐漸達成，不需要迫害國內信奉天主教的子民。然而教皇庇護五世（Pope Pius V）仍在一五七〇年將伊莉莎白逐出教會，理論上來說，這等於是在天主教信徒面前將她罷黜。往後多年，羅馬教廷屢次發出教令，希望能推翻她的統治。一五八〇年，教廷甚至對伊莉莎白發出「格殺令」。當時的教皇書記表示：「凡虔誠爲主，使伊莉莎白離世者，所爲並非違反神旨，反當是獲得榮耀。」

另一個使伊莉莎白招致巨大反對聲浪的原因，純粹是因爲她是女人。蘇格蘭宗教改革家諾克斯（**John Knox**）在《反對女人荒謬執政的第一聲號角》（***The First Blast of the Trumpet Against the Monstrous Regiment [Government] of Women***）裡，指稱女性統治者乃「悖逆上帝的旨意」。書中又寫：「上帝已經揭示，女人凌越男性執政，是邪惡的作爲。」

伊莉莎白的政治生命兩度斷送在她最愛的兩個男人手上，頭一次是她的父親亨利八世，第二次則是她的弟弟愛德華六世。就此看來，也難怪她後來立志要獨力治國。伊莉莎白的顧問催促她藉由聯姻的方式取得策略聯盟，以解決她的政治問題。的確，在她剛即位時，幕僚和國會都難以相信伊莉莎白竟然會遲遲不肯允婚，每當國會提出這個問題，伊莉莎白總是以迷人、但堅定的態度巧妙答辯。雖然伊莉莎白有眾多權勢驚人又迷人的追求者，但是她堅持依循自己的直覺，終身不婚，所以後來人稱她爲「處女女王」（Virgin Queen）。伊莉莎白十分清楚一旦她結了婚，就會失去行動的獨立性。她以「嫁給國家」的姿態，更進一步地拉近了她與子民的距離。此外，在拉攏國內天主教子民的忠誠度方面，絕對不可小看處女女王與聖母瑪麗亞的聯想所產生的效用。

## 女兒身，王者心

伊莉莎白藉由不斷在「男性」與「女性」特性中尋求平衡的方式，巧妙運用她得來不易的權力。她很明顯表現出史丹佛大學托倫斯教授歸類於女性化的「敏感」傳統特質，包括同理心、憐憫心、耐心、願意聽取忠告。但是在男性化特質方面，伊莉莎白也表現出了果斷的特點，她有王者的大膽、果決、無情和遠見。

伊莉莎白藉由培養這兩部分的領導才能，不僅讓軍火庫的武器倍增，更讓對手永遠摸不清她下一步要採取什麼樣的行動。她常常刻意模糊傳統性別的角色，自稱爲「王」或「王子」。一五八八年，伊莉莎白率領英軍迎戰西班牙無敵艦隊時，把這個特點發揮得淋漓盡致。當時她破天荒穿戴上男人專屬的護胸甲與頭盔，向集結於提百瑞（Tilbury）準備應戰的英軍演說。她向軍隊表示：「我知道我有嬌弱的女兒身，但是我有王者的心胸，有英格蘭王的胸懷。」後來英軍大勝，擊潰進侵的西班牙艦隊，成爲英國史上最關鍵的軍事勝利之一。

雖然伊莉莎白一世把男性特質發揮得非常好，但在必要時，她也不忌諱使用充滿溫情的言詞去展現女性柔弱的特點，增加優勢。好比說，在伊莉莎白執政晚期，有次她意圖向國會更正一個小問題，她向國會議員道歉，並且提醒他們，她的權力有賴於他們的滿足：「雖然上帝帶我登上王位，但我王位的榮耀來自你們的愛戴。」伊莉莎白不僅期待受到她的子民的愛戴，更滿懷愛護臣民的心意，爲他們終身不婚，只嫁給她的國家和她的子民。

平衡可說是伊莉莎白的成就的關鍵字。舉例來說，傳記作家尼爾（J. E. Neale）指出，在財務管理方面，「伊莉莎白有與生俱來加上後天養成的經濟觀……她相信有多少錢花多少錢，欠債就要還錢」。伊莉莎白的兩位手足先後執政，留下了龐大的財政赤字，但是伊莉莎白還是有辦法在「不妨礙政府效率，或不致使國家與王室尊嚴所仰仗的宮廷富裕生活陷入貧窮疑雲的情況下」，節省開支，償還債務。

伊莉莎白一世的另一個長處在於時機的掌握，這是平衡行動與耐心的表現。伊莉莎白有絕佳的天份，知道該採取行動的適當時機，有些臣子和後來的男性史學家卻誤以爲這是優柔寡斷的表現。舉例來說，有幕僚認爲，伊莉莎白剷除有法國支持、意圖登上英格蘭王位的堂姐蘇格蘭女王瑪麗．史都華（Mary Stuart）這位最大政敵，動作太慢。爲了消弭這個威脅，伊莉莎白起先嘗試了溝通的方式，未達成效後，接著又下令小規模進攻法國與蘇格蘭，迫使蘇格蘭女王於一五六七年退位。

伊莉莎白將瑪麗軟禁在英格蘭，但是往後的二十年中仍維持她舒適的生活，不願遵照眾臣的請求將她的堂姐處死。直到後來瑪麗另一次意圖推翻伊莉莎白的企圖曝光，伊莉莎白才於一五八七年簽下蘇格蘭瑪麗女王的處死令。這是個令伊莉莎白相當痛苦的決定，但是她終於明白，除非她去除這心頭大患，否則她無法有效地統治這個國家。伊莉莎白一世當年饒瑪麗一命，並且在軟禁期間優待她，無疑避免了支持瑪麗的天主教徒作亂，但是伊莉莎白很快地就解決了這個問題，轉而專心應付來年的另一大挑戰，西班牙無敵艦隊。

伊莉莎白不愧是掌握政治時機的高手，在一五八〇年寫給仰慕者之一阿藍松公爵（Duke of Alençon）的信中可見一斑：「我善用了時間；通常『時間』成事的效果比『說理』來得大，一時未能深思，輕舉妄動，以致到頭來後悔莫及的例子，我看得太多。」

## 包容與無情

伊莉莎白處理蘇格蘭女王事件的方式，再一次展現她能夠平衡運用分屬兩性的特質，也就是傳統認爲屬於女性的包容與屬於男性的無情。在那個時常發生兇殘宗教戰爭的年代裡，伊莉莎白的包容力超越了當時的一般人。信奉新教的伊莉莎白的任務，是讓先前由信奉天主教的瑪麗女王所統治的英格蘭再度成爲新教國家。伊莉莎白傾向讓時間和溫和的行動來完成這個目的，而不願意靠迫害來達成目標。英國哲學家培根（Francis Bacon）後來在作品中指出：「除非那些人糾集聚眾，行爲公然觸犯她立下的律法……否則伊莉莎白無意窺探人的內心與秘密的思想。」

伊莉莎白能夠容許人民追求個人靈魂選擇的信仰，所以她用睜一隻眼、閉一隻眼的態度，去面對子民的天主教信仰。但她的主要目標是透過大家同是英國同胞的號召，使天主教徒與新教徒團結起來。她曾表示：「即使用最動聽的言詞，發表最動人的演說，也無法表達我爲了統治這片最偉大疆土所付出的心血。」伊莉莎白花了極大的心思，經由共同抵禦法國與西班牙的目標，讓民心一致對抗外侮。傳記作家尼爾強調，在伊莉莎白的統治下，「包容的善良觀念誕生了」。

雖說如此，伊莉莎白在必要時還是能硬起心腸，爲了保護她的國家而展現大膽與無情的一面。一五六九年，北方的天主教貴族聯合醞釀叛變，無疑是對她的容忍力的嚴格考驗，一心捍衛王位的伊莉莎白毅然決定大義滅親，下令處死挑起「北方叛亂」（Northern Rebellion）的諾福克公爵（Duke of Norfolk）。一五八八年西班牙無敵艦隊之役後，英國的天主教徒又在歐洲權勢最盛的天主教統治者、西班牙國王菲力普二世的策動下，試圖推翻伊莉莎白的政權。一五九〇年代，伊莉莎白毫不留情地處死在家窩藏反政府教士的民眾。

發生在十六、十七世紀交替之際、由艾塞克斯伯爵（Earl of Essex）策動的政變，或許最能展現伊莉莎白在必要時決不心軟的魄力。年輕的艾塞克斯伯爵原本甚得伊莉莎白寵信，他策動政變失敗後，還想訴諸感性，贏回女王的歡心。根據傳記家尼爾的記載：「伊莉莎白的至高目標，就是去除政治家與宮廷大臣對她存有的性別偏見，她執政初期的一、二十年，歷經痛苦的奮鬥，達成了這個目標，沒想到在她晚年，又要再一次說服年輕的新一代臣民。艾塞克斯低估了伊莉莎白，以為她只是個性乖戾的老女人。」伊莉莎白假意虛應艾塞克斯的討好，逼真得讓艾塞克斯錯以為那是伊莉莎白漸趨軟弱的徵兆。事實上，她以此誘出了一個潛在的叛徒。政變失敗後，艾塞克斯把伊莉莎白過去賞賜給他的戒指送進宮中給她，希望以如此浪漫的手段贏回她的寵信。但是伊莉莎白並未因此讓他重回寵臣之列，反而將艾塞克斯和他的心腹全部處死。

我有男人的心智，女人的才幹。

——《凱薩大帝》，莎士比亞

## 威嚴與溫和

在執政期間，伊莉莎白一世使出了各種技巧去培養和維持廣大的人際網絡，從中獲得許多好處，這能力或許就是她成功的秘密。伊莉莎白不愧是優秀的政治人物，正如同她在其他方面的表現，她在複雜的人際關係中，同樣表現了善用平衡的能力。

伊莉莎白對於分佈在不同階層的線民各有一套相應的策略，小心斟酌該謹慎，還是予以信任，該親密，還是保持權威，該開放，還是循規蹈矩。

這套方法對她的統治和決策有直接的影響；伊莉莎白多方徵詢顧問與朝臣的意見，但她會等到審慎地全盤考量政策的好壞後，才採取行動。諾頓爵士（Sir Robert Naunton）在一六四一年出版的《皇家軼事》（*Fragmenta Regalia*）讚美伊莉莎白平衡了宮廷的各個派系：「她的統治特色就是根據派系與政團的考量施政，她按照自己的明智判斷，支持或削弱與她交好的派系與政黨。」

伊莉莎白一世在位的四十五年中，一直保持慧眼識英雄的能力，而且有一群審慎挑選出的謀士輔佐她的施政。當時最聰明的政治人物西塞爾（Sir William Cecil）與華星漢（Sir Francis Walsingham）是她最倚重的顧問。傳記作家尼爾指出：「最能表現伊莉莎白的包容力、精明與權威天性的事蹟，莫過於她選擇了華星漢等人作幕僚。」她看中他們的能力、他們的誠實和他們無可動搖的忠誠。即使在最艱難的時刻，他們依然是伊莉莎白統治下的英格蘭最佳的產物，倘若把他們比喻爲純種、難以駕馭的名駒，那她就是最完美的女騎師。」

伊莉莎白把崇高的心靈、不撓的精神、生氣蓬勃的魅力及非比尋常的閱人能力結合在一起。根據一位宮廷觀察家描述：「這位女王最富有贏得人心的天份或作風……她結合了溫和與威嚴……她的官能全部發揮作用，而且看起來全都經過考量；她的眼睛注視一個人，耳朵聆聽另一人說話，心中估量著第三個人，還同時和第四個人說話；她一心多用，卻讓人看起來總是全神灌注，做什麼像什麼。」

伊莉莎白利用歷來甚少在王室統治者身上看到的貼心，展現了威嚴王者溫和的另一面：她寫信給宮廷重臣時，署名「愛護你的君主」；她在貴族有難、生病或死亡時，親訪貴族的領地；她也爲主要朝臣取「小名」：以華特・雷萊爵士（Sir Walter Raleigh）名字諧音叫他「水」（water）；稱萊斯特伯爵（Earl of Leicester）是她的「眼睛」；又因哈頓爵士（Sir Christopher Hatton）名字的緣故，管他叫「帽子」。伊莉莎白對於子民也表達了同樣平易近人的風範。有次她參加一個地方爲她舉辦的宴會，不等保護女王安全的試吃者先嚐過桌上的食物，她就把食物送進口中，還要求主辦人把食物送到她的行宮，傳記作家尼爾表示，這對當地民眾無疑是「無可超越」的讚美。

在外交謀略方面，法國大使表示：「她是生存遊戲的能手。」伊莉莎白運用她的人際魅力，成爲英格蘭、甚或全歐洲消息最靈通人士。她的顧問西塞爾形容她是「前所未見最明智的女人，因爲她熟知現今各國王公貴族的興趣與氣質，又對自己的國境瞭若指掌，沒有幕僚還能告訴她任何她不知道的事。」

伊莉莎白與影響力舉足輕重的人物培養了良好的關係，善用透過人際網絡所獲得的情報，去印證她所接到的建言是否正確適當。哈頓爵士的評論最能爲她的表現做總結：「女王要釣取的是人的靈魂，她撒的餌如此甜美，無人能夠抵抗。」

Video et taceo.（我用心看但不多言。）

——伊莉莎白一世的座右銘

相對地，她得到了人民衷心的愛戴，特別是在她執政的晚期。很多人將英軍大勝西班牙無敵艦隊解讀爲神的旨意，戰役後的數年，可謂伊莉莎白執政最輝煌的年代。英國前首相邱吉爾表示：「英國擊退無敵艦隊後，成爲新興的一等強權。伊莉莎白一世的人民意識到他們的偉大，在伊莉莎白執政晚期，全國更是掀起一股對女王權柄與榮耀的狂熱。」

目前收藏於哈特費爾德莊園（Hatfield House）的〈彩虹〉肖像，將「女王的權柄與榮耀」這個主題發揮得淋漓盡致，畫中，她手中握著太陽照射下形成的彩虹。畫上的拉丁標語寫著Non sine sole iris（沒有太陽就沒有彩虹）。伊莉莎白很在意她在民眾心目中的形象，堅持留下她年輕時的畫像，以強調皇家勢力的永垂不朽。一五九〇年代，伊莉莎白一世命令樞密院（Privy Council，譯註：英王的私人顧問機關，也是代表王權的最高行政機關），銷毀所有呈現她老態的肖像畫；一六〇一年，伊莉莎白女王已經六十多歲，但當年完成的〈彩虹〉描繪的是她年輕的樣貌。

文學作家對伊莉莎白也是頌讚有加。詩人史賓塞（Edmund Spenser）出版於一五九〇年的寓言史詩《仙后》（*Faerie Queen*）的靈感就是來自伊莉莎白與政敵的糾葛對抗。素有「伊莉莎白黃金時代的維吉爾」（Virgil，譯註：古羅馬詩人，其詩作對歐洲文藝復興和古典主義文學有巨大影響）之稱的史賓塞，細數了伊莉莎白在位期間的光榮；伊莉莎白在詩中化身爲榮耀女神葛羅莉亞娜（Gloriana），雍容華麗的光芒有如耀眼太陽：

> 她榮耀揚立四海，
> 如曦日光耀四展，
> 遍照廣袤每一角。

伊莉莎白一世在短暫臥病後，於西元一六〇三年三月二十四日病逝。

伊莉莎白的葬禮是舉國盛事，給了她的臣民最後一次瞻仰她無敵形象的機會。歷史學家史濤（John Stow）不久之後寫道：「他們望著在她蓋著皇袍的棺木上方的鑄像與畫像，嘆息、呻吟與啜泣聲在四周響起，史上無人能超越她所獲得的愛戴。」

伊莉莎白過世時在場的某人士描述：「最絢爛奪目的太陽終於沒入西方。」

## 成就總結

▲伊莉莎白開始英人至新大陸殖民的活動。維吉尼亞州（Virginia）就是紀念「處女女王」伊莉莎白一世而得名。

▲經過愛德華六世（1547-1553年在位）與瑪麗一世（1553-1558年在位）十一年的動盪與流血紛爭後，伊莉莎白統一了英國。

▲伊莉莎白於一五五九年建立了聖公會（Anglican Church）。

▲伊莉莎白接二連三擊退當時兩大強權法國與西班牙的進襲。

▲西元一五八八年英國大勝西班牙無敵艦隊，著名的〈無敵艦隊〉一畫裡，伊莉莎白一手掌握著地球，捕捉了她在位期間最大軍事勝利的光彩。

▲伊莉莎白執政期間舉國散發出的活力，鼓勵了文藝的蓬勃發展，也爲未來的大英帝國打下了基礎。

▲伊莉莎白是史上在位時間最久、施政也最成功的君王之一，她啓發了朝臣與子民對她長達四十五年的忠誠、愛戴與奉獻。

▲伊莉莎白的執政，爲日後世人對婦女能力改觀的典範轉移，埋下了種子。（見下頁說明）

## 伊莉莎白與婦女解放

伊莉莎白是解放女權的原型。她的執政在世人心目中，爲婦女的能力與可能性埋下了種子，而後在現代女權運動中達到極點。伊莉莎白女王過世後沒多久，英國人民將她執政的時代稱視爲黃金時代，她的成就持續影響後代的觀念。

莎士比亞相當欣賞伊莉莎白的天才特質所造成的影響。無疑地，莎翁在創造有力又個性鮮活的女性角色時，自他的君王身上獲得了不少靈感。伊莉莎白的模範也影響了鈕卡索公爵夫人瑪格麗特（Margaret, Duchess of Newcastle）等女性作家。鈕卡索公爵夫人是首先發掘出莎士比亞能夠精準刻畫女性的評論家之一，她表示兩性生而具有平等的權力，只是女性權力向來都被男性「僭取」了。她的想法後來由女政治哲學家與教育家艾絲蝶兒（Mary Astell, 1668-1731）女士進一步發揚光大，她認爲女性明顯的劣勢並非天生，而是後天形成，根源於當時年輕女性所接受的刻板教育。她認爲，讓女性接受更自由開通的教育，能夠解放婦女。

後來，十八世紀偉大的德國作家席勒（Friedrich Schiller）在他的劇作《瑪麗．史都華》中，進一步延伸這個女性的概念。這齣戲裡有兩個女主角：蘇格蘭女王瑪麗．史都華與英格蘭女王伊莉莎白一世。本劇的重點是伊莉莎白爲了捍衛王位，最後終於決定剷除宿敵時痛苦掙扎的內心戲。這是有史以來第一齣百分之百以女性角色主導全劇的戲劇。

隨著十九世紀到來，寫作益發成爲適合女性從事的職業，女性小說家在此時期佔了重要的地位。舉例來說，珍奧斯汀（Jane Austin）的《傲慢與偏見》（*Pride and Prejudice*）讓世人認識了她的經典女主角，伊莉莎白・班內特（Elizabeth Bennet）。奧斯汀女士透過伊莉莎白的內涵、思考的廣度與獨立思考，充分表達了她的能力。

除了奧斯汀以外，當時還有以下幾位頗獲好評的女性新秀作家：

▲瑪麗・雪萊（Mary Shelley，譯註：著有《科學怪人》，1797-1851）。

▲法蘭西斯・伯尼（Frances Burney，譯註：英國小說家，1752-1840）。

▲喬治・艾略特（George Eliot，女作家瑪麗・安・艾文絲〔Mary Ann Evans〕的筆名，1819-1880）。

▲瑪麗・沃史東克萊福特（Mary Wollstonecraft, 1759-1797。譯註：女權運動先驅，即瑪麗・雪萊的母親，曾發表〈女權的辯護〉〔"A Vindication of the Rights of Woman"〕）。

▲卡絲蓋夫人（Mrs. Gaskell，譯註：英國小說家，1810-1865），以及方妮・特洛普（Fanny Trollope）。

這幾位作家的小說作品將女性刻畫成聰明又有權力的角色，而她們的作品也反映了當時爭取女性權利的呼聲逐漸增強的時代背景。鼓吹女性投票權的團體首先在十九世紀前半期於英國、法國與美國成立，「女性主義者」（feminist）也首度被收入詞庫中。

伊莉莎白一世所開啓的典範轉移獲得更大的持續動力，後代女性的傑出表現與貢獻，不容忽視——人道主義者佛萊女士（Elizabeth Fry）、白衣天使南丁格爾（Florence Nightingale）、社會改革家涂魯絲（Sojourner Truth）、俄國通神學家柏拉瓦茲姬（Helena Blavatsky）、教育家蒙特梭立夫人（Maria Montessori）、居禮夫人（Marie Curie）、藝術家卡莎特（Mary Cassatt）、舞蹈家瑪莎・葛蘭姆（Martha Graham）、人類學家米德教授（Margaret Mead）、以色列政治家歌達・麥爾女士（Golda Meier）、羅斯福總統夫人（Eleanor Roosevelt）、前英國首相柴契爾夫人（Margaret Thatcher）等人。

自從女性在英國、美國，以及其他各國贏得投票權之後，下一波的女性增權運動在二次世界大戰接近尾聲時展開，由西蒙・波娃（Simone de Beauvoir）具開拓性的《第二性》（*The Second Sex*）與傅瑞丹（Betty Friedan）的《女性迷思：女性自覺大躍進》（*The Feminine Mystique*, 1963）傳達了訊息，對於社會賦予女性的附屬角色做了犀利尖銳的分析。但眞正完成伊莉莎白所啓發的性別革命，是澳洲女性主義者葛莉爾（Germaine Greer）。身爲英國文學教授的葛莉爾，她的第一本作品《女太監》（*The Female Eunuch*, 1970）抨擊在男性主導的社會中，女性所受到的曲解，她專攻伊莉莎白時期文學的學術背景，更加鞏固了她在性別意識方面的論述。

## 伊莉莎白與你

權力在你的生活中扮演什麼樣的角色？你對於發號令的領導身分感到自在嗎？你與權力的關係如何影響了你的私人關係？你想不想要獲得更多的權力？如果你能有更多的權力，你有自信能明智地加以運用嗎？

不論你要尋求更多的權力，或只是想更有效地運用現有的權力，也不管這影響的範圍是在家庭，還是職場上，你的權力都取決於你的自信和處理人際關係的技巧上。

對於任何想要善用權力的人來說，伊莉莎白都是絕佳的模範人物。她打破了世人以爲女性領導人不依原則與意志、只靠善變情緒行事的刻板印象，但她同時又將她的包容性、同理心與耐心發揮到極致。伊莉莎白整合了傳統觀念中「男性」與「女性的不同力量，讓我們看到在人際互動關係中維持平衡的益處。雖然眞正實現女權解放是幾世紀以後的事，但伊莉莎白一世仍然是女性權力解放的原型。事實上，解放女權的運動仍在進行中，隨著時間的演進，情形益發明顯的是，男性與女性原則的結合，不僅僅是個人創造力與成就感的關鍵；此結合更是社會上與文化上的必要項目。思想文化史學家塔那斯博士（Dr. Richard Tarnas）在《西方心靈的激情》（*The Passion of the Western Mind*）一書的結論是，我們即將面臨前所未見的劃時代轉變：「一個輝煌又能化解紛爭的大和解，來自於針鋒相對的雙方統一了兩個極端。是長期具有支配優勢、但如今卻被疏遠的男性意識，與長久以來飽受壓迫、但如今逐漸抬頭的女性意識的神聖結合。」

讀者可以藉由學習伊莉莎白的行事以增加個人的力量，讓自己做好面對轉型的準備。以下的練習會引領你以平衡的方式，發展和擴張你的主動性和敏感度。但在開始做天才練習之前，請你先花點時間想想以下的自我評量問題。

【自我評量表】

## 你有多伊莉莎白？

□我能自在地善用權力。

□我能自立自強，而且緊守重要的資訊不外洩。

□我能耐心等候適當的時機。

□我能包容他人不同的觀點。

□我在危機中能保持冷靜。

□我不輕易受人脅迫。

□我有耐心。

□我盡量每天吸收一點新知。

□我知道如何在職場、在家裡把工作得體地交付他人。

□我知道如何回報支援我的工作夥伴。

□我是個妥善管理財務的人。

□我有強烈的目的感。

□我清楚自己的權力何在，也懂得顧及我的權力對他人造成的影響。

【天才練習】

# 平衡並有效地善用你的權力

## 創造自己的徽章

伊莉莎白知道符號與形象的力量，也懂得善用符號與形象去影響她的子民，並激勵自己。具有神秘色彩的鳳凰就是她個人最喜愛的象徵之一。就像鳳凰的傳說一樣，她認為自己從毀滅與困境的火焰中重生。

在伊莉莎白時期，徽章是權力與受到皇家寵愛的象徵。只有少數人得蒙恩准，可以創造自己的徽紋象徵（例如，王室原本不准莎士比亞的父親登記自己的徽章，直到莎士比亞成名，財富累積增加，才讓負責登記徽紋的官吏改變主意）。

現在我們可以創造屬於自己的象徵，驕傲地使用它。企業體用圖案商標去強化公司在市場上的特質與影響力，你也可以創造個人的圖形去展現自己的特質，說不定你創造的個人圖形會進一步演化成屬於你自己的徽章。

先從塗鴉開始練習表達自己。你可以使用筆記本裡一、二頁的空間，隨手畫畫能啓發你的圖形。別想在第一次下手就畫出成品。最好在第一次嘗試塗鴉後，讓這個圖形的靈感在心裡沈澱個一、兩天。打開你的眼睛、理智、心靈去接觸週遭的世界，去尋找一些影像，可抓住你的想像力、反映出引起你內心共鳴的美好事物。這時再塗塗鴉。這一次，在練習近尾聲時，把最有力的圖形化成徽章的初稿。接下來繼續觀察和塗鴉的練習。不停地醞釀、實驗、修正你的象徵圖形，直到你覺得滿意為止。你一看到你的圖形，就感到令人振奮的激盪心情，讓你想起你的理想、目標和潛力時，你的徽章圖形就算大功告成了。

## 傾聽的藝術

伊莉莎白是個非常好的聽衆。她身邊環繞著知識淵博的顧問，而她也成功運用了他們的建議。在培養有效領導才能的必要技巧中，傾聽大概算是最重要的一項。你可以藉由以下的練習去加強「伊莉莎白式傾聽法」。

你有哪些不良的傾聽習慣？先列出你在一週中可能觀察到的不良傾聽習慣，其中可能包括：

- ▲帶著存疑的表情。
- ▲搶話說。
- ▲過度肯定地發出「嗯哼，嗯哼，嗯哼」。
- ▲流於刻板印象的評論——「這是典型的（女性、男性、行銷、財務、自由派、保守派等等）的觀點」。
- ▲邊聽話邊看錶。
- ▲邊聽話邊講電話。
- ▲坐立不安。
- ▲打斷別人的話。
- ▲改變話題。
- ▲不停地引用自己的經驗。（「對呀，我也常碰到這種事」，或是最常聽到的「好啦，別光說你了，你覺得我怎麼樣，我想聽聽你的意見？」）

▲提供對方並不需要的意見。

▲不敢直視對方。

▲眼神交會時，過度甜蜜、具侵犯性或假裝真誠。

▲中途離開——「請繼續說下去，我馬上就回來。」

▲睡著。

在列出你所觀察到的不良傾聽習慣後，再找個人來一起做練習。準備告訴你的夥伴一段真實、有意義、你願意與他分享的人生經驗。他的職責則是盡可能表現出種種不良的聽話習慣。而你自己負責在這樣的情況下，想辦法把故事說完。一分鐘左右後，兩人對調角色。

這個練習如果是在課堂上演練，效果往往非常驚人。很快地，緊張的氣氛就充滿了教室，最後引起近乎歇斯底里的大笑。雖然大家都知道這只是個練習遊戲，但若不叫停，再繼續個兩、三分鐘的話，一定會引起真正的衝突。

很顯然地，大家都不喜歡自己說話時，聽眾表現出不良的聽話習慣。

這個「不良聽話習慣」的練習是培養傾聽藝術練習的第一階段，為我們鋪排對傾聽的更進一步思考。在完成這項練習，也就是在你和你的夥伴都可以平心靜氣地傾聽與述說之前，先做做以下的小練習。

▲在筆記本裡寫下最近和你交談過的一個朋友、一位親人和一個同事的名字。

▲接著再問自己：「交談中誰說的話比較多？」把答案寫在筆記本裡。

▲大略估計一下在每一段談話中兩人之間聽話與說話的比例。

▲大致上來說，你說話的比例有沒有超過一半以上？

如果有的話，那就練習多聽點，也少說點。

把「培養傾聽的藝術」當作是一整星期的練習重點，觀察自己每天的日常會話。反省以下的問題，讓聽話的技巧有長足的進步。

▲當別人在說話時，你投入了多少精力與注意力去準備你的回應？

▲你對於談話中的停頓感到自在嗎？

▲你比較專心聽對方說話，還是把注意力放在你接下來要說的話？

▲你傾聽時是否真有打算了解對方談話的內容？

▲你的肢體語言是否表達出你真的在聽對方說話？

▲你是否認真思考自己有沒有聽懂對方的話，有沒有抓住話中真正的意義？

▲你能夠吸收對方傳達的事實，同時也能捕捉其中蘊含的情感嗎？

▲你是否同樣用心去傾聽交誼性質的談話與真正嚴肅的交談？

▲你是否會花功夫去引導害羞或不擅言詞的人加入談話？

▲你是否會在發表自己的經驗前，先認可他人提出的經歷或想法？

## 放膽接受權力！

伊莉莎白的自信與內在的力量，在她一五六七年對國會議員代表說的一番話表露無遺：「感謝上帝賜予我如此特質，即使我只穿著裡衣被驅逐出境，我依然能安然處存活於信基督之國度。」

伊莉莎白早在即位之前，就已意識到個人的力量。雖然她自幼喪母，又被剝奪繼承權，受到監禁，但她從小就信賴自己的直覺，也對自己頗具信心。她利用淵博的知識為自己增加力量，學習多種語言，發展超乎尋常的「人際技巧」，專心朝目標前進，這些都是現代成功的要素。伊莉莎白培養出非比尋常的人際處理能力秘訣之一就是她強大的目的感：她自認為是國家的守護者，這個終極目的在她面臨反對與困境時，為她帶來了莫大的力量。

你是否有超越個人的目的感或是目標？

你可以藉由釐清自己的目的感，大幅增加你的個人力量。其他各章的天才練習鼓勵你去反省並認清你的目的，因為伴隨目的而來的熱情，是天才特質最突出的元素之一。下一個練習專門幫助你進一步釐清自己的目的，以產生更大的力量。請用五分鐘不到的時間，用二十五字以內的話，寫出人生的目的。流暢、精準的快速寫作可以直接接觸到指引人生方向與原則的精髓。

反覆練習，直到你覺得自己已經找到有力、又能自我激勵的「目的宣言」。

## 清點個人的權力

身為統治者的伊莉莎白一世擁有至高無上的權力，而她也善用莫大智慧去運用她的權力。然而，伊莉莎白的非凡成就，建立於她登基時就已發展成熟的個人權力感。她一直很清楚，要能有效推動政務要靠許多朝臣、軍事領袖、政治人物、外交官和平民一同完成；她相信自己的能力，所以她能以絕對的信心去承繼王位、治國大權和權力的象徵，又同時顧及為她效命的子民。伊莉莎白早在執政之前，就讓自己具備了領導必要的知識與力量。你是否正在努力增加自己的能力，好吸收更大的權力呢？

*「勇氣，就是站出來大聲表達意見的必要元素；勇氣，也是人做下來好好聽話的要素。」*

——邱吉爾

你是否清楚自己的權力有多少，以及你對他人的影響？你是否能夠確實掌握自己的權力，還能讓身邊的人也增加權力？你是否能對自己的權力完全負責？許多家長、老闆、教師和教練，都低估了他們的權力對子女、對員工、對學生和對球員具有的影響。

請你用一天的時間，做一次個人權力的清點。換句話說，試著去評量你用來幫助自己達成目標、獲得自己想要的事物、讓自己滿足需要和影響他人的權力。特別是當你可能低估了自己造成的影響時。

當然，清點個人權力的效用之一，就是讓你對於必須服從他人權力的情境與關係更為敏感。把其中受到的最大挑戰記下來，再問自己：「伊莉莎白會建議我如何解決？」

任職於康乃迪克州一家律師事務所，剛升任合夥人的亞莉珊卓說，一直以來，她多少都有點害怕自己的能力。在清點個人權力的過程中，她在札記裡寫著：「我一直認為握權的女人很嚴厲，盛氣凌人，而且不僅如此，我覺得有權似乎就要連帶承擔重責大任。看了伊莉莎白的例子，讓我對權力有了全新的想法。她啓發我去重新思考我的信念。

「我用更客觀的心態去觀察權力的運用，特別是能更敏銳地發現哪些人運用權力去圖一己之利，而不是善用權力去造福整個組織。我現在把重心放在自己的權力運用上。作為新的合夥律師，我漸漸領悟到，我可以在無損自己優勢的情況下，依然顧及他人。我更坦然面對自己的職位與權力，也努力讓自己善用這份權力。」

## 讓自己免於威脅

你是否曾經感受到威脅？在和那些看起來受過比較好的教育、更善於言詞或是更有成就的人相處時，你是否還能保持你的自信？當你必須面對一群比你資深的人發言時，你是否曾經感到自己的權力一點一點地消失？當你走進一家高級餐廳，或是走進某個充滿俊男美女、眾人衣冠楚楚的場合，你會不會覺得有點不安呢？

大多數人都承認，自己至少碰過上述情況中的一種。大家可以用伊莉莎白的例子來啓發自己，去面對會挫減個人權力感的情況。伊莉莎白自小就是個不輕易認輸的人，怎樣的情況都無法讓她感到受了脅迫。有一次她受到威脅時，反擊道：「我不在乎死亡；所有人都難逃一死，雖然我是個女人，但我有勇氣……就像我父王一樣……我永遠不會受暴力迫害而行事。」

此外，伊莉莎白相信她是上帝擇定的統治者，無疑地，這個信念對啓發她的自信有相當大的幫助。雖說如此，就算沒有皇家的血統，我們依然可以藉由接受責任的權杖，讓自己免於威脅，去接觸自己個人的權力。換言之，千萬要記得你可以自由選擇面對任何情況的反應，而且「我們可以教別人如何對待我們」。

## 和女王一起吃

伊莉莎白時期的食譜書讀起來甚是有趣，其中有一份烤豬肉食譜，頭一個步驟竟然是「先抓隻適合的豬，砍掉他的頭」！在伊莉莎白時代，乳酪、雞蛋，各式新鮮沙拉、青菜和水果，都是廣受大衆喜愛的食物，還有肉餡餅和水果派等料理也是。

馬鈴薯在當時並不常見，被視為珍饈，還有助情春膳之名！當時麵包就是充分提供碳水化合物的來源，通常會浸在各種不同的醬汁中食用，也用來增加湯、燉肉和各種醬汁或甜點的濃稠度，在宴客時則用磨碎的杏仁來取代。

你也可以在下一次宴客時，摻雜點伊莉莎白時代文藝復興的風格。在餐桌上撒下代表伊莉莎白時代的紫羅蘭和玫瑰花瓣。為客人奉上用茴香子（aniseed）和葛縷子（caraway）烘焙的麵包，空氣中噴灑一點玫瑰水。請大家打扮成伊莉莎白時代的宮廷人物或是平民，或也可以扮成他們最喜歡的莎劇人物。請客人各自準備一段他們最喜歡的伊莉莎白時代文學作品，在餐會中朗誦。

> 「晶瑩透明的糖漿，撒滿肉桂；滿載嗎哪和椰棗的大商船，從費茲啟航，帶回香料珍饈，讓人人……」
>
> ——濟慈

在此提供來自道森（Thomas Dawson）所著的《賢妻良母之寶》（*The Good Huswifes Jewell*）的幾道菜餚供讀者參考。

**1. 烹燒鮭魚**

這道菜餚的食譜原文是這樣開頭的：「把鮭魚放進滾水中，與迷迭香（rosemary）和百里香（thyme）同煮；水滾後加入一夸特（譯註：約九百四十六ＣＣ）的強勁麥酒繼續滾煮，直到鮭魚熟透。把鮭魚取出，放在一旁冷卻。把鮭魚放在陶鍋或木碗中，加入足夠的高湯淹過鮭魚，再加入大量的醋，這樣鮭魚才會入味帶酸。」

**＊現代改良版的作法：**

用錫箔紙盛著鮭魚塊或鮭魚片，再放入烤盤。我們可以不要直接把鮭魚放進水裡煮，而改用結合了烹煮與燒烤的「烹燒法」來調理鮭魚。先將鮭魚抹上新鮮香料、粗鹽和胡椒粒，倒入麥酒（用白酒取代亦可），再把烤盤放進烤箱中。如此一來，鮭魚就在烤箱高溫中同時燒烤和烹煮（所以稱之為烹燒）。當魚塊中央呈粉紅色時即可把烤盤取出，把鮭魚移至餐盤，以新鮮香草裝飾，淋上特級橄欖油和幾滴義大利陳年酒醋（balsamic vinegar）。這道菜可以搭配接下來介紹的「春意洋芋泥」。

## 2.春意洋芋泥（八人份）

**材料：**
▲四磅烘焙用馬鈴薯。
▲1／2杯全脂牛奶。
▲3／4杯酸奶。
▲二湯匙新鮮蝦夷蔥（chive）末。
▲一湯匙松露油（truffle oil）。
▲鹽少許。
▲胡椒少許。
▲一把磨碎的杏仁。

**做法：**

把馬鈴薯洗淨去皮。切成一吋見方小塊。將馬鈴薯塊放進加鹽的滾水中煮軟，約十五分鐘，水必須淹過馬鈴薯。把水瀝乾後再把馬鈴薯倒回鍋中。把馬鈴薯壓碎。拌入其他材料。用粗鹽與胡椒調味，即可上桌。

## 你的工作與伊莉莎白

哈佛商學院科特教授（John Kotter）及其他許多人都不斷強調，在職場上在領導技巧與管理技巧之間取得平衡的重要。

科特教授表示，領導者引導改變的過程，可讓其他人增權，以達成重要的目標，打造邁向成功的策略，培養組織的願景與文化；而管理者則將焦點放在監控表現，執行計劃，設定預算和控制成本。根據科特教授的研究，奇異公司前總裁威爾契（Jack Welch）和玫琳凱公司（Mary Kay）的玫琳．凱．艾施女士（Mary Kay Ash）等偉大執行長的成功，要歸功於他們能夠整合領導與管理兩方面的能力。

對於在職場上位處高層或是志在主管位階的人而言，伊莉莎白是絕佳的典範。她結合了領導與管理的最佳要素。華倫．班尼斯曾經在《成為領導者》（*On Becoming a Leader*）中表示：「經理人把事情做對，領導人做對的事情。」伊莉莎白就有天份能夠既做對的事情，也能把事情做對。

伊莉莎白也是個能夠啓發下屬的領導者，當她的子民面臨艱難的挑戰時，她召集民眾振奮他們的精神。她身穿全套盔冑，騎著白色駿馬，在提百瑞對英軍發表的動人演說，就是個振奮人心的例子：

「讓暴君畏懼：我在上帝注視下謹言慎行，把最主要的力量和個人的安全，都交付於我子民的忠誠與善意。我之所以在此時來到你們之間……是因為我決意在這場戰爭當中，與你們共存亡，我願意將我的榮耀與血肉，交給我的主、我的王國和我的子民。」當她結束這篇高貴熱誠的演說時，她的兵士發出了如雷的歡呼。

伊莉莎白能在提百瑞結集龐大軍隊誓師，更和她接下來的講話脫不了關係：「你們理應得到獎勵與賞賜。我在此保證，以我君王的身分擔保，我絕對不會虧待各位。」

伊莉莎白治國成功的要素之一就是，她能夠在她具有遠見和啓發人心的領導統御與對健全財政管理的持續重視之間取得平衡。她的「獎勵與補償計劃」就是經過精心的策劃，而後審慎地施行。她堅持政府的每一分錢都要花得值得，花錢要花得謹慎小心，卻又不流於小氣吝嗇。

伊莉莎白也深知居高位、掌權責者絕不可忘記：她的一舉一動都有人在注意，所以時時都謹言慎行。她曾經告訴國會：「我們這些皇子被推至世界舞台的中心；在這個位置上，衣袍上有了污點馬上受到注意，一有錯誤立即被人指出。」

她曾經對另一位女王說：「如果你的子民看到你一派口蜜腹劍的作風，他們會作何感想？」

當然，伊莉莎白的兩大管理工具，將罪人驅逐至倫敦塔或是處斬，並不是現代企業人力資源部門能夠接受的管理方式。但其實現代許多企業環境，還處處可見伊莉莎白時期王室的作風。讓伊莉莎白一世的例子提醒你，別忘了在獲得更多權力的同時，讓自己保持言行一致的風格，有效、從容不迫地去運用你的權力。

康柏電腦（Compaq）的業務行銷副總唐南女士（Debbie Dunnam）談到她的模範伊莉莎白一世：

「身為領導者的我，每天都試著把伊莉莎白深知她的行為會影響『員工』的洞見銘記在心。她對於『言行一致』的犀利評論對現代更是再適合不過。做為企業高層的女主管，伊莉莎白最讓我感動的是，她平衡了敏感度與力量。我很明白，如果伊莉莎白過於善感，她就保不住王位。但倘若她太過無情，那也無法領導她的國家向前大步邁進，獲得如此成就。我身處的工作環境步調快速，像這樣的平衡是非常必要的。我常常必須在瞬間做出決定，立刻果決地採取行動。但我向伊莉莎白學習，磨練自己的耐性，這或許是最困難、但也最有裨益的技巧，對於我的領導地位相當重要。她的例子提醒我，有時候停下腳步，多方考慮各種選擇，是比較好的作法，也讓我不致忘記，有時候時間會提供最好、最有創意的解決方法。」

## 音樂中的伊莉莎白精神：權力之音的兩面

伊莉莎白喜愛音樂，她也會彈奏一種名為「維金娜爾琴」（virginal）的古鋼琴。一位宮廷音樂評論家曾經表示：「以一個女王來說，她的琴藝還算不錯。」

據說伊莉莎白一世的父親，亨利八世，就是廣受世人喜愛的〈綠袖子〉（"Greensleeves"）的作曲者。撇開這傳言的真實性不談，這首令人愉悅的曲子的確能夠充分表達亨利八世女兒統治下的黃金時代。〈綠袖子〉清純天真的旋律、祥和的意境，以及田園般的莊嚴，反映了英國輝煌時期的精神。

如果〈綠袖子〉代表了伊莉莎白時代較通俗、較個人的面貌，那麼普塞爾（Henry Purcell）完成於伊莉莎白駕崩不久後的〈D大調管風琴儀式終始曲」（*Voluntary in D Major*），則捕捉了她統治下的英國較正式、也較莊嚴的一面。這首曲子傳達了皇室行進間的神聖、莊嚴，也表達了處女女王的盛大排場與威權。伊莉莎白女王二世與菲力普親王就選擇了這首曲子作為當年大婚的主題音樂。

## 認識莎士比亞

伊莉莎白女王熱愛藝術，尤其對戲劇情有獨鍾。在電影《莎翁情史》（*Shakespeare In Love*）中，茱蒂・丹契（Judi Dench）扮演的伊莉莎白一世，是當時年輕劇場新秀兼劇作家「威爾」（Will，即莎翁小名）的熱烈擁護者。根據莎士比亞的傳記作家荷南（Park Honan）表示，伊莉莎白一世「喜愛劇場，幾乎全面瓦解了那些禁止戲劇在週日演出的提議……很多人和她一樣熱衷於觀賞戲劇演出，但她是最致力於執政期間推廣戲劇的君王。」

我們要感謝伊莉莎白孕育出讓莎士比亞可以盡情發展、表現絕佳才情的環境。伊莉莎白即位那年，莎士比亞年僅四歲。由歷史可知，在伊莉莎白一世統治的四十五年中，她治國成功的秘訣之一，就在於不斷自我充實過人的知識，外加上她能與朝臣、顧問與平民間保持良好的溝通。「自我充實」與「人際技巧」相結合後，便形成了情緒智商（Emotional Intelligence，即EQ）。人要如何發展情緒智商？莎士比亞的作品和他的人生經驗，提供我們無限的資源，去發掘這項重要而深遠的天才特質。

寫出人生的每個角色

# 莎士比亞

（William Shakespeare, 1564-1616）

## 培養你的ＥＱ

你已經……
默默忍氣吞聲
接受命運玩弄擺佈……告訴我有誰
不做感情的奴隸，我將牢記他
於我心坎，是的，緊繫於心底
一如我對你一般……

——《哈姆雷特》，莎士比亞

**【畫家的話】**

各家對於莎士比亞的看法大相歧異，讓我再次有自由的詮釋空間。在我心裡，沒有人比莎士比亞還要了解人性。我希望筆下的莎士比亞能夠非常有人性；所以他的唇看似即將開口說話，眼眸像是在回看某人。畫作完成後，好幾個朋友看了都說莎士比亞看起來好性感！說起來，莎士比亞對男人與女人的情緒智商和人際之間互動關係的了解的確無人能比。

他們說，年輕人虛擲青春；在我看來，莎士比亞也是如此被浪費了。倘若你和我想法相似，那麼你大概在高中與大學時，也想不通到底人生有什麼值得莎士比亞如此大書特書的。年少時，能夠看穿拗口的文言文和刻板的文體，去欣賞字裡行間所蘊藏的貪婪、陰謀、熱情和幽默的人算是不得了。當然，待年紀稍長，我們了解他的文字裡蘊含了豐富人性，如果我們夠聰明，自然會再給莎士比亞一次機會，重讀他的作品。但不少人都需要點幫助才能體會到，其實莎士比亞筆下鮮活人物帶來的人生經歷，其實與我們試圖掌控的人生重要技巧EQ，也就是情緒智商，有著很大的關聯。

自柏拉圖以降，哲人向來將自我掌握和能夠承受不饒人命運所帶來的情感風暴視爲美德，將淪爲「激情的奴隸」視爲大忌。古希臘文中的sophrosyne一字，正表達了「對生活所抱持的關懷與明智中庸的平衡與智慧」。這也就是後來經由高曼（Daniel Goleman）引介，廣爲人知的「情緒智商」或是EQ。就像任何形式的智商一樣，情緒智商可以學習、練習、培養；我們也可藉此爲日常生活帶來直接的好處。情緒智商讓我們不再把行爲或「交際手腕」看做是模糊、無法計量，或是超出自

> **「人性試煉中，只要是愛能哀悼的或是悲哀已知的，不管是快樂的滿足，還是悲傷的否定，沒有一樣能夠超越莎士比亞寫實的描繪。」**
>
> ——懷特（William White）

> **「莎士比亞三度風靡全國，他所溫暖的胸懷更加歡樂。衆位時尚與奇想之子啊，他所繪正是閣下，請齊聚讚美他吧。」**
>
> ——賈瑞克
> （David Garrick, 1717-1779）
> 英國著名演員

己能力的控制。事實上，如果能把情緒智商看作是「內省智商」（intrapersonal intelligence，如何自處的能力）與「人際智商」（interpersonal intelligence，與他人相處的能力）兩種不同智力的結合，就可以進一步解開情緒智商的神祕。

莎士比亞的作品讓我們懂得向內探索自覺，去培養內省智商，也教我們藉由豐富對他人的了解，去培育人際智商。莎士比亞對複雜人性的入微觀察讓他的作品成爲研究情緒智商的無盡寶藏。

《哈姆雷特》劇中人物波洛尼厄斯（Polonius）告誡其子雷特斯（Laertes）：「要忠於自己。」這句話表達了莎士比亞對自我知識發展計畫的精髓。但是這個計畫其實一點也不單純，因爲它研究了各種令人眼花撩亂的自我、自欺欺人、虛榮和驕傲等種種性格上的短處。莎翁作品中多元的人物、角色和關係，引導我們走過人性交互作用下五光十色的宇宙。光是他筆下創造出來的人物總數就高達一千兩百多人，讓他和其他作家立分高下。文學研究家卜倫（Harold Bloom）於《莎士比亞與人性的發明》（*Shakespeare: The Invention of the Human*）中指出：「在莎士比亞之前或之後，都沒有人能夠創造出這麼多各個獨立的自我。」更值得一提的是，他創造眾多角色的功力，無可比擬，對於人性無限潛力的特質，展現了過人的敏感度，也同時將這個特點反映出，讓觀眾或讀者了解。「莎士比亞讓我們對人性之所以爲人性理解更深刻，並且繼續以他的文字解釋人類，從某個角度來說，他『發明』了我們。」對於想要追尋眞實人生的人來說，莎士比亞看待「發明」自我的方式可說是無價的。

# 人生如戲

莎士比亞於一六〇九年發表了一百五十四首十四行詩，和《維納斯與阿多尼斯》（*Venus and Adonis*）與《魯克莉絲受辱記》（*The Rape of Lucrece*）兩首敘事詩，再加上他死後選輯的三十六個劇作，集結成了著名的「第一對開本」（First folio edition），於一六二三年出版，珍藏了莎士比亞留下的寶貴遺產。

莎翁戲劇分成四大類：悲劇如《馬克白》、《李爾王》及《羅密歐與茱麗葉》；喜劇如《仲夏夜之夢》、《錯誤的喜劇》和《第十二夜》；傳奇劇如《冬天的故事》和《暴風雨》；歷史劇像《凱撒大帝》與《脫愛勒斯與克萊西達》等古典歷史，以及始自《理查二世》終至《亨利八世》等一系列有關玫瑰戰爭等英國近代歷史的戲劇。

一六二三年，也就是莎士比亞逝世七年後，演員海明斯（John Hemings）與康代爾（Henry Condell）將莎士比亞的劇作集結出版成著名的第一對開本。根據編者指出，在此之前的出版品與記錄都是盜版，嚴重毀損了莎士比亞優美的詞句。他們的第一對開本才是真正權威性原著。在引言中，兩位編者寫道：「莎士比亞沈醉於模仿自然，也用最溫和的態度詮釋。他的心手合一，文思泉湧，下筆如行雲流水……他的才思不會受到埋沒，但是作品卻有可能失落。所以請多讀他的作品，一讀再讀。」

伊莉莎白一世是當今世界首要語言英語的啓動者，而莎士比亞的作品對於英語的形成與創造，頗有推波助瀾之效。莎士比亞的作品總共動用了兩萬多個不同的字，其中有兩千多字從未在之前的典籍中出現。莎翁的作品被翻譯成各國五十多種語言的文字，不僅影響了戲劇傳統的發展，更對詩、散文、小

***「人際智商是了解他人的能力：激勵他們的動力是什麼？他們如何工作？如何和他們合作？成功的業務人員、政客、教師、醫師和宗教領袖大多都是具有高度人際智商的人物。內省智商……則是一種向內在伸展，與人際智商相對應的能力。那是種能夠形成正確的……個人模型並有效將此模型運用在實際生活中的能力。」***

——迦納教授

（Howard Gardner，哈佛大學教授曾提出多元智慧理論）

說和歌劇、電影與芭蕾等其他型態的藝術，都有深遠的影響。

由於莎士比亞的魅力無遠弗屆，不受時空的限制，因此也有人以不同的方式詮釋他的作品：例如音樂劇《西城故事》以二十世紀的紐約爲背景，重現《羅密歐與茱麗葉》的愛情故事；英國演員伊恩・麥凱倫（Ian McKellen）主演的電影《理查三世》中則將法西斯政權納入；伊森・霍克（Ethan Hawke）主演的二千年新片《哈姆雷特》（*The Denmark Corporation*）則是現代最新的企業詮釋版本。浪漫、背叛、愛情、幫派鬥爭的恐懼和殘忍暴政，吸引了過去與現在的觀眾，不分時地。莎士比亞的作品頌揚的正是芸芸眾生的人生經歷。

## 全面的自我

莎士比亞是文藝復興時代文藝成就的極致，就像達文西之於《人體結構之研究》（*Canon of Proportion*）一樣，莎士比亞知道「人是萬物的度量」。達文西的典範超越了文藝復興時代，永留後世，莎士比亞也是一樣。詩人強森（Ben Johnson）曾經指出，莎士比亞「並非一時，而是永遠」。

根據作家卜倫指出，詩人強森「率先看出莎士比亞的不朽，在於其戲劇角色的多樣性」。莎士比亞觀察內在自我的深度與廣度，令人嘆爲觀止。他筆下的角色並非因爲宗教的派別，亦非因爲國籍而鮮活，而是因爲他們代表了人類意識的各種雛形。

莎士比亞之所以能夠如此深刻地向觀眾傳達角色的性格，是因爲他顯現的自我是普遍存在且眞實的。他的戲劇淺顯易懂，大眾都能欣賞，不分國界。但是他的作品又讓學者不斷深入研究其中的複雜度，此外還有許多可學習之處，尤其是當中蘊含的情緒智商。如果你厭倦了莎士比亞，那你大概就像詩人強森所言，也厭倦了人生。

就連以科學化態度研究情緒的宗師佛洛伊德，也承認莎士比亞功不可沒，因爲他從莎士比亞的作品中，汲取了許多個案的範例。（舉例來說，佛洛伊德認爲，《哈姆雷特》一劇的關鍵，在於哈姆雷特對他母親葛楚（Gertrude）的戀母情節，他認爲先前各家對該劇的詮釋是「彼此相左又矛盾的」。）事實上，莎士比亞忠實地呈現了人生如戲的種種面貌，預告了後來心理分析之父佛洛伊德對人類心理的剖析。早在佛洛伊德發表研究的三百年前，莎劇著名角色馬克白提出的問題就與佛洛伊德精神分析學派研究的前題十分相似：

> 能否棄生病心靈於不顧；
> 能否不拔除深植記憶深處的憂鬱；
> 能否不抹去刻印腦海的煩慮；
> 能否不用甜蜜的遺忘藥劑，
> 洗淨那重壓鬱悶心胸的
> 危險衝動？
>
> ——《馬克白》

莎士比亞爲了解情緒內在的交戰提供了重要的指引。他知道心靈的恐懼會讓人停滯不前，他管這疑慮叫「叛徒」。在《馬克白》中著名的夢遊場景，馬克白夫人揭示了內心的罪惡感，宣稱「良知讓所有人皆成懦夫」。另外，透過莎士比亞筆下女扮男裝的角色，例如《第十二夜》的維奧拉（Viola）和《皆大歡喜》的羅莎琳（Rosalind），我們看到了身分認同感與外在形象間的張力。莎士比亞也對如何克服內心的自我設限提出了看法。他寫道：「事情是好是壞沒有絕對，只有想法決定了事情的好壞。」同樣地，屋大維（Octavius Caesar）也建議受擒的克莉奧帕特拉（Cleopatra）：「別讓妳的想法監禁了自己。」對於母親葛楚內心的交戰，哈姆雷特提供了相當有用的建議，說中了徹底改變身心習慣的精義：

葛楚：喔，哈姆雷特，你將我心剖爲兩半。
哈姆雷特：喔，且把最糟的那半拋棄，
用另一半心過純潔的生活。
晚安。但別上我王叔的床。
就算已無貞操可言，旦且假裝一下
……今晚節制，
將讓你稍易，
接受明夜的節制，讓後天更加容易；
因習慣幾可改變人之天性，
讓惡魔留駐內心，或使出魄力，
將之摒除在外。

——《哈姆雷特》

## 觀察情緒：平衡與調和

莎士比亞無疑是個敏銳、易感，但是不魯莽的觀察者，靜觀人的舉動與情感。他的天才特質，存在於充分觀察人類各類經驗與情緒的能力，又能訴諸最有說服力的方式，去表達他的觀察結果。

對於莎士比亞有力的觀察技巧，嘗試分析莎劇廣大吸引力的評論家之一，鈕卡索公爵夫人瑪格莉特・卡文蒂許（Margaret Cavendish，Dutchess of Newcastle）曾經表示，莎士比亞能夠進入任何角色的心靈，不分性別。她在一六六四年寫道：「他對芸芸眾生的描寫是如此生動。就算說他搖身一變成了女人，也沒有人會懷疑，因為還有誰能把克莉奧帕特拉和其他女性角色描寫得更入微？」

莎士比亞的戲劇涵蓋了人生的喜怒悲歡各種情緒，唯有對個人與他人情緒的細心觀察，才能有如此精準的書寫。也正因此，他能夠捕捉人類最溫柔的情感，例如父母對子女的慈愛；觀眾也能在他的血腥悲劇中看到最兇殘的情緒。

莎士比亞對於複雜人心的著迷程度，並沒有年齡的限制。在《皆大歡喜》中，賈克（Jacques）高談闊論，說明「人生的七個時期」：在襁褓中「號哭與吐奶」的嬰兒，後來成了「背著書包，面色紅潤，走路慢如蝸牛、不情願上學，愛撒嬌的少年」，再變成「嘆息如暖爐風箱」的情人，繼而是「愛惜名譽，衝動好鬥」的軍人，「滿嘴格言」的法官，再成為「見多視廣」的老叟，最後衰老讓人「返老還童」。這七個時期全都在莎翁的作品中經過驗證，他寫的悲劇，特別深入探討其中的幾個時期。哈姆雷特代表少年，奧賽羅代表情人，馬克白是軍人與政客，李爾王則是老叟。

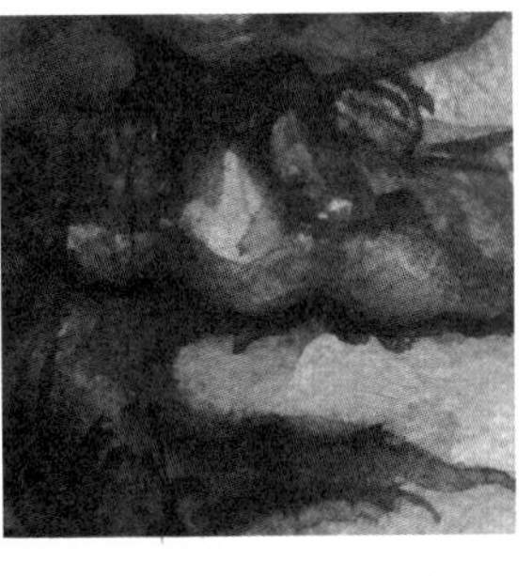

透過在個人生活中欠缺平衡、洞察力與調和的劇中人，莎士比亞讓我們知道，人為何因自我的脆弱而必須面對哀傷。以哈姆雷特來說，分析問題時面面俱到的能力遭到扭曲後，反招致意志逐漸癱瘓，以致無法果決地行動。奧賽羅則是因為愛得太深，進而由愛生妒。而馬克白原來只是想成為領導者的單純志願，卻轉化成赤裸裸的權力野心。李爾王的政績的確值得驕傲，但是一不小心，驕傲自信便成了暴躁易怒的脾氣，最後終於變成自憐的叫囂怒罵。莎士比亞讓我們看見，唯有摒棄自大的態度，決意追求平衡，我們才能解決生活中的衝突。這個主題在莎士比亞的晚期戲劇《暴風雨》、《冬天的故事》和《辛白林》（*Cymbeline*）中格外明顯，許多評論家都將這幾齣以大團圓結局的劇作視爲莎士比亞最傑出、最有深度的作品。

莎士比亞汲取他對人性靈魂敏銳的觀察，爲一齣齣人生之戲帶來了新意，並呈現了我們對人生的反應——從愛與寬恕的天性，到政治角力與男女關係，到人生終究難免的死亡：

唉，但一死，
魂魄不知遊向何方；
……最疲倦和最厭倦的俗世生活——
生命中所能經歷的
年老、病痛、貧窮和監禁，
相較於我們所畏懼的死亡，
宛若天堂。

——《惡有惡報》

此外，還有《哈姆雷特》中的一段：

死亡，入睡……
入睡：抑或入夢：唉，難就難在這兒；
死亡的長眠中如何能有夢來？

當我們擺脫了這身臭皮囊，
死亡必令我們躊躇。

——《哈姆雷特》

一如他喚醒了對死亡的冰冷畏懼，莎士比亞也用他的妙筆盡情頌揚愛戀的複雜與美妙。愛，在他的筆下，是孤寂汪洋中永恆的潮汐；如果不曾多少了解愛在我們生命中所掌握的救贖力量，是無法眞正了解莎翁作品的精義。莎士比亞把愛描寫成轉型的終極力量，像是與伊莉莎白同時代的魯米（**Jalal ud-din Rumi**，譯註：十三世紀波斯蘇菲派詩人）一樣，專注於人生榮枯沉浮的經歷。在《錯誤的喜劇》裡，安地福勒斯（**Antipholus**）對露西安娜（**Luciana**）的態度像是把她當作愛神一般，他說：

教我，親愛的美人，開啓我平庸心靈，
我乃膚淺懦弱的凡夫下士，弄不懂妳話中微言奧義。
我一片眞心坦蕩無愧，
妳爲何定要推我墮入迷雲？
難道妳是神祇？可願將我改頭換面？
我願悉聽遵命，拜倒在妳魅力之下。

## 靈魂的學生

愛、自知之明、人際相處之道……等等，都不是牛津或劍橋大學教授的科目名稱，即使牛津、劍橋早在莎士比亞時代就是知名學府了。莎士比亞的眞跡並未保存下來，但顯然他從不曾進入這兩大學府就讀。英語語系歷來最偉大的文學作品集並非偉大正統教育的產物。莎士比亞的教育背景毫無正統可言，這對於學院派以外、想要讀莎翁作品的讀者來說，確實是好消息，也益發提醒我們，並非只有接受最正統的教育，才能讓我們在歷史上留名。莎士比亞所經歷的課堂，其實就和許多人一樣，就是生活本身，也是練習掌控錯綜複雜的情緒智商的好方法。

**「如果我是伊莉莎白時期的人，而我想用愛情打動你的心，我不會送你花朵。我會來到你腳下，爲你朗誦一首專爲你寫的十四行詩……不管詩寫得有多糟。伊莉莎白治下的英國，是個以語言歡唱、交談與呼吸的世界。」**

——英國演員蘇赫特（David Suchet），出自《親切的莎士比亞》（*The Friendly Shakespeare*）

但莎士比亞是如何發展語言方面的造詣，以表達他對人性的精妙見解？我們知道莎士比亞曾經在當時的中學受過一定程度的教育。當時新的教育重點強調人文方面的學習，爲他在古典神話、歷史和拉丁文方面打下基礎。而他所生長的時代對於語言的敏感度又比現今還要更講究。不過他在學校的表現可能並不傑出；如果他的表現優異，師長必定會鼓勵他繼續進入大學深造，而他的詩友強森也說，莎士比亞只懂「些許拉丁文，希臘文會得更少」。

莎翁權威傳記作家荷南（Park Honan）讓我們得窺莎士比亞的生平，了解他成爲作家和靈魂學生的心路歷程。年輕的莎士比亞在荷南的敘述中，是個「聰明又熱心的小夥子，不墨守成規，但懂得珍惜他所學到的知識」，而且還懂得「用過人的心靈」去活用所學。莎士比亞家住在瘟疫盛行的史特來福（Stratford），莎士比亞之前的兩名手足都不幸夭折，所以莎士比亞的母親瑪麗特別費心照顧、愛護幼小的威廉。很可能正因爲如此，才讓莎士比亞對於微妙的情感分外敏感，也明顯沒有同時期文人馬洛（Marlowe）與強森那樣深具男子氣概的自大，反而顯出發自內心的善解人意。根據荷南所作的傳記，史特來福地區的年輕人有機會接觸到當時許多一流劇團的循迴公演，包括萊斯特（Leicester）、瓦沃克（Warwick）、柏克萊（Berkeley）和愛賽克斯（Essex）

等地貴族所贊助的劇團，年輕的莎士比亞於是有了戲劇方面的啟蒙。

雖然根據荷南的記載，莎士比亞對「書本與學習感到飢渴」，但是他主要仍追求從生活經驗才可獲得的知識。莎士比亞在年僅十八歲時，與一名較他年長的女子結婚，其中部分原因就是出自「想汲取經驗的衝動」。到了二十歲時，莎士比亞可能「已經比一般四十歲男人還清楚家庭的複雜與責任，還更懂得激烈的情感生活」。

## 誰是莎士比亞

不過，由於莎士比亞的作品是如此具有洞察力，如此偉大，一直以來都不斷有各家學者爭論，到底教育程度和背景尚可的莎士比亞，是否眞是這些作品的原作者？學者提出了至少四個可能的幕後眞正作者人選：牛津伯爵（Edward de Vere，1550-1604）、培根（Sir Francis Bacon，1561-1626）、馬洛（Christopher Marlowe，1564-1593）和伊莉莎白一世。「莎士比亞另有他人」的理論出現於莎士比亞過世的幾年後，爭論的緣由是因爲大家對莎士比亞的私生活與教育背景所知甚少，而現代的研究則認爲已知的資料不足以支持他成就的可靠性。

但我們的確知道莎士比亞一生中重要的大事，包括他一五六四年四月二十六日在史特來福出生、受洗；於一五八二年與安・海瑟薇（Anne Hathaway）結婚，生有女兒蘇珊娜（Susanna）和孿生子女漢內特（Hamnett）與茱迪絲（Judith）；我們也知道，莎士比亞逝世於一六一六年四月二十三日。我們還知道，莎士比亞的父親約翰曾經一度有不錯的成就，擔任過史特來福的民政官，但是後來遭受打擊一蹶不振。其他的資料顯示，莎士比亞曾經受到官司纏身，也顯示他後來慢慢在老家與在倫敦置下大量的房產。

## 製造手套的藝術

莎士比亞作品中時常提到他的老家沃瓦克郡鄉間的細節，也常提到他父親製造手套的手藝。在眾多提及手套的對白中，最著名的應該是羅密歐充滿狂喜的一句：「喔，我願是那玉手上的手套」。

我們也從當時其他作家的文字了解，莎士比亞對於情緒智商微妙的精準掌握不僅限於他的作品當中，更延伸到了他與別人的交往。從一五九五年起，他成了「宮廷大臣劇團」（Lord Chamberlain's Men）股東，並且參加劇團演出，這個劇團後來在詹姆士一世（James I）繼位後，改名為「國王供奉劇團」（King's Men）。莎士比亞是當時唯一與同一劇團演員保持如此長久關係的劇作家。莎士比亞也與劇作家佛來徹（John Fletcher）攜手合作，據悉佛來徹參與了《亨利八世》與《兩個高貴的親戚》（*Two Noble Kinsmen*）以及現已失傳的《Cardenio》的創作。另外莎士比亞也曾和其他四位作家共同合作，在一五九〇年代創作出《湯瑪士・摩爾爵士》（*Sir Thomas More*）這齣句。

佛洛伊德認為，生平記載較詳盡的人士之所以被認為是莎翁作品的幕後作者，其實是因為人「需要與這樣的人產生熟悉的關係，讓他們能成為我們熟知、曾影響我們的角色，如父親、老師和模範人物，希望這些人士的性格能像我們所珍藏的作品一般美好、一般令人仰慕。」另有一種說法是，儘管學術機構向來不被認為是培養情緒智商的好地方，卻需要把莎士比亞納入經典陣營中。此舉不幸地讓一般大眾忽略了莎士比亞作品與他們生活的關連性。

關於莎士比亞作品的作者是否另有其人的問題，從來就不是重點：就像貓王已死，奧斯華暗殺了甘迺迪，莎士比亞作品的作者就叫作莎士比亞。

但是他的天才特質依然神祕如故。作家愛普斯坦（Norrie Epstein）在《親切的莎士比亞》（*The Friendly Shakespeare*）於一五六四年四月二十六日的史特來福表示：「他不像敏感又受肺痨之苦的濟慈，也不是海明威那樣『男人中的男人』，莎士比亞並沒有刻意讓自己去創造浪漫神話。在他的複雜深度中，他就像是他自己創造的模糊曖昧人物之一。」

莎士比亞天才特質的神祕是如此深不可測，就像他妙筆下的人生祕密一樣。就他本身而言，他的戲劇才是關鍵。正如後來的英國詩人普柏（Alexander Pope）指出，莎士比亞「是個變色龍般的人物，是全人類經驗的縮影……」

卜倫曾經總結：「閱讀莎士比亞的作品，我可以猜想他不喜歡律師，好酒不好食，而且對兩性都有興趣。但我卻不知道他到底偏向新教或是天主教，我也不知道他是否信奉上帝或是否相信耶穌復活。我捕捉不到他的政治觀與宗教觀，但我想或許他謹慎得不願人知。」

## 成就總結

▲莎士比亞是歷來最偉大的作家。唯有希臘詩人荷馬能夠拿來相比，但荷馬的作品產量較莎士比亞少得多，主題也不似莎士比亞來得廣。莎士比亞憑著作品主題的寬廣與普遍性，超越了但丁、珍・奧斯汀、阿根廷小說家波赫士、波斯詩人魯米、古羅馬詩人維吉爾、法國劇作家拉辛、英國詩人彌爾頓、德國詩人與劇作家席勒以及德國作家歌德。

▲莎士比亞是個文字名家，展現了令人驚訝的豐富字彙，又創造了成千的新字、詞彙和概念，成爲英語的主流。就英語的語言表達來源而言，莎士比亞的作品超越了聖經的地位。當今有許多被我們當作陳腔濫調的說法，其實在當時都是莎翁筆下新創的詞彙。

▲莎士比亞戲劇與詩作蘊含的豐沛情感，爲現代心理分析鋪下發展的道路。佛洛伊德時常引用莎士比亞的作品作爲理論的例證和探討的依據。

▲莎士比亞對世界諸多文化有舉足輕重的長遠影響，即使在二十一世紀與未來也會長存。

▲莎士比亞出身平凡，又沒有受過大學教育，依然建立起自己在文學與社會上的地位。

▲莎士比亞的歷史劇共有九齣，從《理查二世》起至《亨利八世》止，是英國王朝的精華史詩，可與希臘古詩人荷馬、羅馬詩人維吉爾以及義大利詩人但丁媲美。

# 莎士比亞與你

世界即舞台，
男男女女不過是演員；
各有各的出場與退場；
人常同時扮演眾多角色……

——《皆大歡喜》，莎士比亞

發展個人情緒智商的價值毋須贅言，有關於此，莎士比亞已經提供了相當有力的指引。情緒智商的重要性不容低估；如，傳統測量智力的標準，也就是一般通稱的IQ，其實只佔了「人生成功要素的百分之二十，其他百分之八十則是受到其他要素影響」。但他也指出，其他的百分之八十並非完全交由機遇決定：「情緒生活和數學或閱讀一樣，有技巧高低之分，需要一套獨特的能力標準。」

現今大多數人多功能、多形態的生活中，莎士比亞幫助我們扮演不同的角色。生活不斷加快的腳步需要臨機應變的心靈配合，優雅地去調整面目，以面對不同的「場景」或「舞台」。我們都是自我劇場中的演員，需要懂得根據當時的觀眾，去調派內心劇團中最合適的角色出場。如果精神分裂症（schizophrenia）是「內心劇團」的分裂與斷連，那麼休士頓女士提出的「多重心靈」（polyphrenia），意指人內心

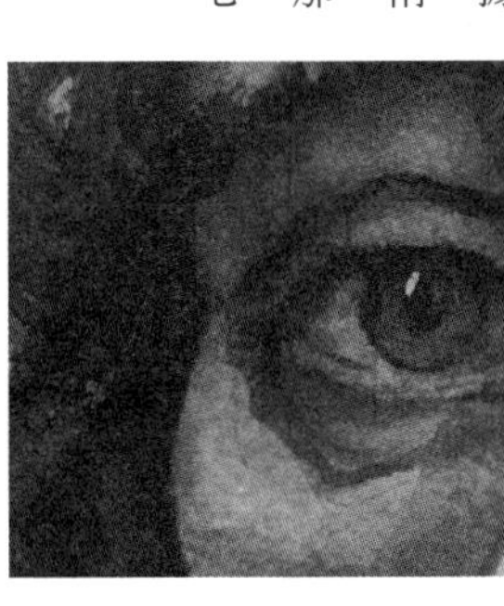

多種面貌的統合表現，正可以顯示出內省智商。

莎士比亞的《暴風雨》中有幾句話可以讓我們銘記心頭，切莫忘記，向天才前輩學習的工作是沒有時間性的：

令尊長眠五尋下；
骨骼化成珊瑚；
溫潤珍珠成雙眼；
身軀仍然完整，
但受海水改頭換面，
化作奇珍瑰寶。

劇中的父親，是位英年早逝的天才，咸信遭大海吞沒。他並沒有因死亡而消逝，而是化作不爲人知的「奇珍」，像珊瑚與珍珠那樣的「瑰寶」。在改變既深且遠的時代裡，「過去」並不會就此消失。相反地，過去反而會轉化成具有新價值與新意的「瑰寶」，以及人不熟悉、不知道或無法辨認的「奇珍」。

我們探索這些帶來革命性改變的天才人物，就等於在挖掘「過去的珍珠與珊瑚」，以打開自己轉型的能力，指引讀者安然經歷自己的汪洋所帶來的轉變。轉型是奇特的，若不讓自己經歷些陌生的事物，是無法經歷深遠的改變。打個比方來看，你讓熟悉的自我「消失」，以創造新的自我，準備去面對前面等著你的未來。

【自我評量表】

# 你有多莎士比亞？

□我了解自己的情緒，也清楚情緒如何影響我的行爲。

□我能敏感察覺他人的情緒，也了解他們的行爲如何受到經驗的影響。

□我能分析自己的疑惑與恐懼，而且以智慧去克服疑惑與恐懼。

□我喜歡語言的豐富。

□我撥出時間讓自己的想像力發揮。

□我喜歡讀詩和聽人朗誦詩歌。

□日常生活的戲劇化和從中所獲得的經驗，讓我興奮。

□與異性互動時，我懂得顧及對方的反應，爲對方設想。

□我把自己看作「進行中的計畫」，仍須努力。

□我很清楚自己扮演的不同角色。

□我有團隊精神；我能夠與小組打成一片，激發出大家最好的表現。

□幾乎在任何情況下，我都能自我解嘲。

【天才練習】

## 培養你的EQ

達文西的〈蒙娜麗莎〉實在是太出名了，讓人很難去完全欣賞並了解她神祕的美麗與永恆的魅力。當然，其中的祕密就是要先擺脫預設的觀念，用全新的眼光去看畫開始。

本章的練習用意在於引導讀者用全新的眼光，去欣賞莎士比亞如何生動地描繪人類心靈的神祕之美與永恆魅力。透過學習莎士比亞的天才特質去培育情緒智商的最佳方法，就是讓自己沉浸於他的作品中，讓莎士比亞與你直接對話。

### 閱讀莎劇／觀賞舞台劇／看電影

在莎士比亞的年代，很多人都有每個月讀聖經一書的習慣，以此作為以宗教方式改進自我的方法（這仍是個好方法）。你也可以用同樣的方式去認識莎翁的作品，每個月閱讀一齣莎劇。如同著名的莎士比亞「第一對開本」的編輯所建議：「多讀他的作品，一讀再讀。」

卜倫解釋，莎士比亞作品的影響力遠勝其他人的作品，僅次於聖經。他稱莎翁作品集是「真實之書」（Book of Reality），並且指出，在人的意識中，哈姆雷特是僅次於耶穌的知名人物。不過卜倫保證，「沒有人向哈姆雷特禱告，但也沒有人能夠逃脫他面臨的問題太久」。

每齣莎劇都是一堂情緒智商與人性缺點的精采課程。請你在閱讀莎劇的同時，別

> 「……與其說是我讀劇本，還不如說是劇本讀我。」
>
> ——卜倫

忘了想想以下的問題：

▲這齣戲能帶給我什麼啓發，幫助我更認識自己？

▲這齣戲能帶給我什麼啓發，幫助我更了解他人？

（心中先設下你想了解的特定人選會更有幫助。）

讀者也可以藉由前往劇場觀賞經典莎劇，補充閱讀劇本的不足。現場演出在我來說一直是體驗莎士比亞的最好方法，但那也是風險最大的嘗試，因為每個劇團製作與表演的品質良莠不齊。雖說如此，即使是糟糕的莎劇演出也值得一看，而偉大的莎劇演出更是不容錯過。但別忘了，欣賞演出時要記得想想上述的兩個問題。

我最近偕同一位歷經離婚之痛、夫婿卻不願支付子女撫育費的好友，在倫敦巴比肯劇院（Barbican Theatre）欣賞了一場由皇家莎士比亞劇團演出的《亨利五世》。這位朋友是典型「愛得太多的女人」：仁慈、大方，而且注意他人的需要，卻常忽略了自己的需要。面對艱難的法律訴訟程序時，她畏怯退縮，而這種不願力爭的態度差點招致不公平的離婚協議。在《亨利五世》的第二幕第四景，一個宮廷幕僚說：「自愛，我的君王，尚不如自我忽視這個罪惡來得不堪。」聽到這句台詞時，我們對看一眼，心中都明白莎士比亞在對她說話了。接著亨利王在愛辛庫特之役（battle of Agincourt）前，向他的軍隊發表精采的演說。這時我們又互看彼此一眼：就在亨利王激勵士兵勇敢面對聲勢浩大的法軍時，我的朋友也感到心生一股要力爭奮戰的熱力。「再一次衝鋒陷陣」已經成了她的座右銘，而她不負責任的夫婿正好名叫「法蘭西」，這豈不正好成了人生與戲劇的巧合呼應？

當然，如果你正在讀《亨利五世》的劇本，你一定會想看劇場版的演出，但即使你所在的地方並沒有劇團公演這個戲碼，你還是可以從錄影帶出租店把《亨利五世》租回家看。許多莎劇都已搬上大銀幕，而且不只一次，如果你興致足夠，你可以把每個版本都租回家看，一邊欣賞一邊仔細做比較。

## 了解和享受莎士比亞：文字本身的精神

聽聽莎劇台詞的韻律去「感受」其中的意義。不需要了解戲中的每個字也能了解一句台詞，不必了解每句台詞也能看懂一個場景。當古魯塞斯特（Richard of Gloucester）說道「不駕裝了倒鉤的駿馬，去恫嚇可怖敵人的靈魂」（"Instead of mounting barbed steeds to fright the souls of fearful adversaries."），或是茱麗葉哭喊著「加速快跑，你這踏火烈馬！」（"Gallop apace, you fiery-footed steeds."）時，音節的速度與位置複製出馬兒的嘶鳴，也表達了劇中人物所感受的澎湃熱情。馬克白重複「明天，和明天，還有明天」（"Tomorrow and tomorrow and tomorrow."）時呆滯的速度與音調，表達了他的倦怠與空虛。就算聽不清女巫攪拌的湯水有哪些材料，她們的喃喃咒語也足夠讓觀眾明瞭其中的邪惡。

當然前往觀賞劇場演出前，先看看故事簡介是不錯的主意，讓自己熟悉主要的關鍵詞。你也可以在床邊放一本麥克．隆尼（Michael Macrones）的《引經據典說英文：莎士比亞篇》（*Brush Up Your Shakespeare*），每晚讀一、兩段，加深自己對莎翁作品的了解與欣賞程度。

## 一天一首十四行詩

莎士比亞的十四行詩是他的才華與鉅作的縮影，他的十四行詩讓他的戲劇主題與結構更為明確。如果將莎士比亞的主要劇作比為交響樂，那麼他的十四行詩就像是室內樂。

讀者可以在欣賞十四行詩的時候，用聲音提昇欣賞的經驗。市面上找得到許多完整收錄莎士比亞十四行詩朗誦版的CD或錄音帶。最近幾個月裡，我在車上一直放十四行詩的錄音帶聽。我一邊開車一邊反覆聆聽，發現這些詩句不僅減低了開車時暴躁易怒的心情，而且當詩句逐漸融入意識中，我對日常生活中語言與情感的微妙差異變得更加敏銳。

請你仔細注意每首十四行詩的韻律。莎士比亞運用了哪些意象和特別的語言效果？這些詩對你有什麼影響？刺激了什麼樣的情緒？每首詩與你的內心有什麼樣的交流？

## 為你愛的人選一首十四行詩

這是個和另一半一起進行的好練習。（如果你還在尋找另一半，那麼十四行詩會讓你的找尋過程更有依據。）點幾隻蠟燭，也可以點些香料，放點伊莉莎白文藝復興時代的音樂當背景，為心愛的對方特別挑選幾首十四行詩並輪流朗誦。用這些十四行詩去重新表達和探索親密關係中溝通的深度與喜悅。

## 熟記在心

當莎士比亞還在史特拉福就讀中學時，他花了許多功夫去熟背經典文學作品。每

## 靈魂的想像之眼

下面這首十四行詩提到「腦海之旅行」以及「靈魂想像的景象」，讓我們得窺莎士比亞動人想像力的作用。請你讀讀以下這首詩（最好多讀幾次），注意自己的反應。

勞苦疲憊，拖著身軀奔向床鋪，
因奔波而疲累的四肢獲得安歇；
但腦海之旅才開始，
在身體勞動得歇時，才讓我的心靈勞動：
此時我的思緒，早已遠離我的居所，
打算長途跋涉去瞻仰妳：
讓我垂下的眼皮又睜得大開，
望進唯有盲眼才看得清的黑暗：
還好我靈魂的想像之眼
將妳的陰影放進我漆黑的視野，
那，就像高掛夜空的珠寶，
讓黑夜美麗，讓她垂老臉龐一新。
由此，白天是我四肢，夜晚是我心靈，
不得寧靜，爲了妳也爲了我。

——莎士比亞十四行詩第二十七首

天回家的背書功課隔天到了學校要讓老師抽背驗收，而且「不准看書」。到了週末，莎士比亞和他的同學必須把這星期所學的功課「牢記在心，一字不漏」。

進入了戲劇的世界後，他早期的記憶訓練對他大有幫助。就像現代的演員一樣，莎士比亞必須把常演的戲碼台詞全都熟記腦中。除了幾個重要的角色外，他可能得在一季內串演上百個小角色。

雖然現代教育已經不時興背書，但這絕對是發展心智力量和加深理解的好辦法。將文字熟記在心的方式，可以讓你對莎士比亞的作品有更進一步、更完整的欣賞。

選擇你最喜歡的段落、獨白或是十四行詩，熟背起來。如此一來，你會大大地加深欣賞的樂趣。

## 語言與EQ：一體兩面

對莎翁來說，情緒智商和文字智商有如一體兩面。當然，人也有可能具有高度發展的語文能力，卻沒有良好的EQ。但不論如何，你會發現，只要你肯去培養情緒智商，而且你對語言的微妙加深了欣賞與喜好時，你也能更有效地表現你的情緒智商。

以下幾個練習會引導你進一步加深莎士比亞對文字樂趣的欣賞。

## 加深語文造詣

多虧了伊莉莎白與莎士比亞，英語成了當今通用的世界主要語言。英語是世界上最豐富的語言之一，因為英國人和許多不同的社會都有所接觸。兩千年前，英格蘭曾經遭羅馬人入侵，在其後的一千年中，又受到日爾曼民族的侵襲，與一〇六六年諾曼第人的侵佔。在這樣的歷史牽連之下，拉丁文、德文與法文字彙成了現代英語的特我的律師朋友翰藍三世（Forrest Hainline III）事業有成，是位合氣道高手，同時也是作家。他對於熟記在心的練習看法如下：

「當年在聖母大學（University of Notre Dame），我很喜歡分析詩詞，對這門學問也很在行。對我來說，表達『最高的善』（Summum Bonum）的最佳方法，就是去分析布朗寧（Browning）使用破折號的手法、莎士比亞的抑揚格，和喬艾思（James Joyce）一口氣寫下的兩百五十字長句。但那時的我不懂，這麼做只不過是見樹不見林。

「有一天，我的英詩教授在課堂上宣佈，這學期的大考是一百題的客觀測驗（譯註：即是非題或選擇題等不牽涉個人觀感、認知的題目）。大家眞的必須熟背所學過的所有英詩。我氣得半死。當時的我身上正不缺主修文學、成績優異學生常有的傲慢，我跑到教授的辦公室裡，激動地要他解釋這種荒謬反常的想法從何而來。他怎麼可以想出這種幼稚的考試方法？我的教授帶著微笑問我：『孩子，二十年、三十年或是四十年後，你覺得自己的靈魂、整個人生中還擁有不少詩詞比較好？還是根本記不得、想不起自己曾經下工夫分析、詮釋的幾行詩句比較好？』

「他的話一語驚醒夢中人，刺穿了我的衝動與自大。那是個充滿羞辱與啓發的時刻。我回去把整學期學過的英詩好好全吸收進腦海中。我大聲朗誦所學的詩句，再三反覆，值到它們成了我的一部分。到了考試成績揭曉，我的朋友氣得不得了，因爲我的成績太好，打亂了平均分數的分佈曲線。我到今天還記得當時背下的詩句。當然，我很清楚莎翁對我的職業有什麼樣的評語，但不論如何，我常常引用他的文字去說服法官和陪審團。」

色。英國後來在世界各地建立了殖民地，也自異國文化中吸收了豐富的語彙。英語所吸收的外來語如此豐富，以致於英語的同義辭比其他語言都多得多。

試著去探索你所使用的語言中詞彙的字根、歷史緣由與發展變化，這會讓你更深入體會你日常使用的語言的微妙。

接下來，我要介紹一個簡單又有趣的方法，能加深你對語言的體會。

## 列出十個你最喜歡的字彙

你最喜歡這十個單字的理由是什麼？是聲音、是感覺、是意義，還是讓你聯想到一段甜美的回憶？查查字典，找出每個單字的典故、同義字和用法。（如果你去圖書館查共有二十二冊的《牛津英語辭典》完整版或光碟版，就可以找到額外的資訊，知道這些字在歷史上第一次使用是在何時以及使用的背景。你喜歡的單字是莎士比亞時期的字，還是現代的字？）

## 由聖潔到粗俗

列舉了你認為最美麗的字彙之後，再放膽列出十個最粗魯、最低俗、最下流的單字。就算是最粗俗的單字背後也有吸引人的典故。根據休斯（Geoffrey Hughes）的《咒罵：英語中粗話、詛咒和髒話的社會歷史》（*Swearing: A Social History of Foul Language, Oaths and Profanity in English*）指出，「放屁」（fart）這個字或許源自盎格魯-薩克遜族的語言，首次的文字記錄見於一二五〇年。休斯在書中轉述了十七世紀珍本古籍家奧柏瑞（John Aubrey）在《短暫人生》（*Brief Lives*）中提到關於牛津伯爵（Aubrey de Vere，即眾人臆測的「幕後莎士比亞」候選人之一）的故事，說他有次躬身向伊莉莎白一世行禮時「恰巧放了個屁」。牛津伯爵視此事為奇恥，遠赴海外遊蕩達七年之久，希望眾人能忘記這件事，但「當他回國女王去迎接他時，卻說：『好伯爵，我已忘了你放屁的事。』」

## 精通侮辱的藝術

除了下流的詞彙之外，你也可以藉由享受高明的侮辱技巧去增加對英語的欣賞。雖然運用情緒智商和逐漸精進的語言造詣，去培養和諧的人際互動，是件再好不過的事，但是具備一點罵人不帶髒字的敏銳反擊能力以備不時之需，也不為過。當然，莎士比亞在這方面也是大行家。

## 十大莎士比亞羞辱法

1. 去吧你，在地獄裡再填個空位。
2. 你這滿腦黏土的頑固佬，你這腦筋打結的蠢人，你這無賴下流油腔滑調的狡詐小人。
3. 你是你那肥胖母親的子宮之恥！你汙辱了你父親的「鳥」！
4. 你就像蠟燭一樣，好的部分都燒掉了。
5. 滾，你這發青又令人作噁的腐屍！滾，你這婊子！
6. 真是一碟沒營養的東西……
7. 你這長滿惡魔胎記、發育不全的拱土野豬！
8. 他的腦子還沒耳屎多。
9. 你髒得讓人口水無法朝你吐下去。

10. 奧斯華：你對我了解有多少？

肯特：惡棍、流氓、撿雜碎的混混，一個下賤卻自命不凡，膚淺又貧窮，穿著下人服，肥胖臃腫，穿著骯髒臭襪的惡棍；懦弱、好打小報告，無賴、自戀又極度卑躬屈膝、矯揉造作的流氓，卑下的奴隸；不成材，最多只能當皮條，集惡棍、流氓、懦夫、皮條客於一身的孽種；你不過就是個膽敢否認以上這些稱呼，就被我打得滿地討饒的傢伙。

## 變成詞彙家

所謂「鑄字師」Logodaedalus就是發明新字和新詞的人。Logos在希臘文中是「字」的意思，而Daedalus則是希臘神話中著名的工匠戴達勒斯，他曾為他的兒子伊卡勒斯（Icarus）打造蠟作的翅膀。莎士比亞就是個卓越的「鑄字師」或「倉頡」。他發明了許多至今沿用的新字，例如porpentine一字意指豪豬（porcupine），較原字更加傳神。還有「害人反害己」（hoist with his own petard），直譯為被自己的炸彈炸到，而傳自法文「炸彈」（petard）一詞，字根即「放屁」）也是經典名句。

作家布萊森（Bill Bryson）在《母語：英語》（*The Mother Tongue: The English Language*）一書中指出，就發明新字與創造新詞句的表現來說，莎士比亞的成就無人能及：「他的發明包括，『一下子』（one fell swoop，原意為『兇猛地俯衝兒下』），『在頭腦想像中』（in my mind's eye），『哀傷多於憤怒』（more in sorrow than in anger），『身處困境』（in a pickle），『一股腦兒全部』（bag and baggage），『化為泡影』（vanish into thin air），『人類的惻隱之心』（the milk of human kindness），『追

> 「咒罵在文藝復興時代豐富且複雜，結合了不拘的創意和克制。」
>
> ——休斯（Geoffrey Hughes）
> 《從咒罵看：社會歷史》
> （*Swearing : A Social History*）

「我正在重讀莎士比亞所有的劇作，而且樂在其中；旁邊還放一本卜倫的《莎士比亞》，作爲最佳導讀。」

——九十二歲的彼得・杜拉克（Peter Drucker）談到如何保持他身爲世界頂尖管理權威的敏銳度

憶過往雲煙』（remembrance of things past），『癡人狂喧』（the sound and the fury），『對自我要真實』（to thine own self be true），『死後是活，還是死，還是不活下去』（to be or not to be），『無濟於事的安慰』（cold comfort），『非筆墨所能形容』（to beggar all description），『年少輕狂』（salad days），『親骨肉』（flesh and blood），『奸詐暴行』（foul play），『中流砥柱』（tower of strength），『先殘忍才能仁慈』（to be cruel to be kind），以及其他許多辭彙，不可勝數。」

## 清楚你的各種「角色」，好好發揮演技

透過《皆大歡喜》中達觀而遊手好閒的賈克，莎士比亞說：

世界即舞台，
男男女女不過是演員；
各有各的出場與退場，
人常同時扮演眾多角色。

你在每天的生活中扮演哪些角色？你的演技有多好？用簡單的幾句話，在筆記本裡描述你所扮演的每個角色：再想想你每個角色扮演的如何。你最成功的角色是哪一個？你最不拿手的角色又是哪一個？想想人生如戲的本質，還有與你同台演出的演員。人生就是劇場：但這個劇場是好還是壞？

聲樂家佛西瑟（Stacy Forsythe）是位語言學家兼「文藝復興人」，她也是位極有天份的聲音、肢體動作和戲劇指導者。她把她個人天才札記中關於這個練習的想法與大家分享：

「我在生活中扮演的角色包括妻子、阿姨、教師、學生、藝術家、女兒、姊妹和朋友。大部分的角色我扮演得都還不錯。但我想最稱職的應該是教師的角色……但我最大的挑戰，是在這許多角色之間維持平衡……就像導演為劇場演出準備，並打下根基一樣，我學會要設定選角的條件，發明一些特定的人生『戲碼』去配合我個人的『劇本』，以求一個成功的人生。我認為最為重要的是，我每天扮演的『角色』必須由情緒上或精神上的真實慾望驅動……要讓生活成為『好劇場』就得學會像個好演員一樣過日子，用眞實、眞誠和純粹受到啓發的方式，去界定自己的角色。」

## 你的工作與莎士比亞

在過去二十多年來與全球各地的公司合作的經驗中，我所遇到的最佳領導人，都充分展現了莎翁描述的完美內省智商與人際智商。

▲面對改變與危機時，不動如山，就如同莎士比亞筆下的凱撒大帝一樣，「如北極星般恆常不變，穹蒼中再也找不到可相比擬的堅定不移與穩定特質。」

▲為自己和他人「增權」。正如莎士比亞所說：「人生的解藥就在自身，根源於天命」。

▲提供靈感。他告訴我們：「堅強的理由帶來有力的行動。」

▲面對困境依然保持韌性。在《雅典的泰門》（*Timon of Athens*）中，莎士比亞告訴我們，真正的勇士「能夠運用智慧承受最難聞的氣味，毫不在意地接受他的冤屈，彷彿那只是外衣。」

▲敏銳把握時機，才思便捷，如莎翁所言：「人事中有股潮流，一窩蜂衝向財富；少了這個，他們的人生之旅就逃脫不了擱淺與悲慘的命運。」

偉大的領袖還能夠把敏感度和同理心，與強硬態度及行動力結合在一起。不管是盛大聚會，還是在一對一的交談中，他們都能有力地表達意願。莎翁作品裡眾多的領袖中，《亨利五世》是集結這些現代領導特質於一身的代表人物。

亨利王是莎士比亞筆下溝通的行家。在劇中第一幕，坎特伯里主教稱讚亨利五世高超的演說技巧，讚揚他說話後「依然餘音繚繞」。根據專攻莎士比亞文學的貝文騰（David Bevington）教授指出，亨利王修辭的造詣，足以應用在王者各種必要的才能上：他可以「神聖說理」，「辯論大眾民生事務」，「討論戰事」，處理「各種政策問題」，而且依然「甜言蜜語」。

不論是親密的個人對話，或是在大庭廣眾下演說，亨利王都一樣在行。在敵我軍隊規模極度懸殊的愛辛庫特之役前夕，亨利王親自巡繞一個個軍營，安慰他的士兵，「退卻冰冷的恐懼」。英軍總數雖然只有法軍的十分之一，但是在隔天的戰役中，士氣高昂的英軍大勝法軍。試想，如果你的組織有這般的領導人，能夠達成什麼樣的成就。

我們也知道，莎士比亞個人在事業上也很成功。我們可以從文獻中找到他富裕的證據，以及他在同儕中所受到的敬重。莎士比亞個人的EQ是他能夠在伊莉莎白年代混亂的劇場中遊刃有餘的主要關鍵，也正是現代職場常忽略的成功關鍵。

**請看看以下個案，稍微思考：**

▲專門負責高級主管人才仲介的「億康先達國際顧問」（Egon Zehnder International）公司，曾經對五百多名資深高級主管進行研究，結論是「EQ比起『相關工作經驗』或『高智商』，是更好的成功預測指標」。

▲「美國運通理財諮詢」（American Express Financial Advisers）部門，讓三千五百多名員工接受「情緒能力」（emotional competencies）的課程訓練。據報告，超過百分之八十的學員因此在個人生活與專業領域獲得強勁的表現。

▲美國空軍發現，以情緒智商作為初步篩選募兵人選的標準，使得募兵成功率增加三倍，短期內即因此節省成本超過三百萬美元。

▲根據情緒智商表現而受僱於「歐萊雅」（L'Oreal）的業務員年度業績表現，比依循傳統考核依據而僱用的同事，多出將近十萬美元，而且在就職頭一年內的人事流動率比循傳統考核進公司的同事低了百分之六十幾。

## 音樂中的莎士比亞精神：音樂就是愛的糧食

史上最偉大的作曲家和音樂家，結合了高超純熟的技巧和過人的EQ。音樂用近乎神奇的方式觸動人心，表達人的喜怒哀樂。也難怪於一六一六年逝世的EQ大師莎士比亞的作品，數百年來持續為許多作曲家帶來新的靈感。曾經有份音樂目錄列出了兩萬一千多首以莎士比亞作品為創作靈感的曲子。西貝流士（Siblieus）的《暴風雨》、蕭士塔高維奇（Shostakovich）的《馬克白夫人》、柴可夫斯基動人的《羅密歐與茱麗葉》序曲，和孟德爾頌（Mendelssohn）奇妙的《仲夏夜之夢》（其中包括了眾所皆知的〈結婚進行曲〉）算是其中最廣為人知的佳作。

但另外還有兩首作品，堪稱為受莎翁作品啓發的創作中最偉大的曲子：威爾第（Giuseppe Verdi）的歌劇《奧賽羅》（*Othello*）以及普羅高菲夫（Serge Prokofiev）無人可比擬的芭蕾舞舞劇《羅密歐與茱麗葉》。莎士比亞同時掌握普世與個人情感的獨特功力，在這些經典樂曲中表露無遺。

# 認識傑佛遜

他天生溫和，百般優點
聚於一身，或許連老天都要站起來
告訴全世界「這是個人物」！

——《凱撒大帝》，莎士比亞

人是多麼神奇的作品！動機多麼高尚！
才能無可限量！外表、步伐多麼動人，
多令人激賞！一舉一動有如天使一般！
領悟力直比神明！眞是世上難得的美！
這萬物之靈！

——《哈姆雷特》，莎士比亞

我們接下來要認識的天才人物曾於一七八六年，造訪莎士比亞的出生地史特拉福，而如果莎翁在世，他應該也會同意這位天才人物的確符合以上描述的說法。甘迺迪曾經在一場諾貝爾獎得主餐會中調侃在座的得獎人：

「除了傑佛遜總統獨自進餐的情況之外，我想這大概是白宮歷來第一次，在場賓客加起來的智慧最高、才華最爲過人的餐會。」

個人自由的啓蒙者

# 傑佛遜

（Thomas Jefferson, 1743-1826）

## 在追求幸福中頌揚自由

全能的上帝創造了自由的心靈。

——傑佛遜

**【畫家的話】**

傑佛遜堅毅的臉龐與凝視，表現了他對生命與自由的不言自明的真理有強烈而清晰的憧憬，而他高深莫測的奇特笑容 則意味著對幸福的追求。

請問你爲何購買本書？是爲了增進地位？還是想讀點歷史？還是想爲自己的性靈旅程開發新的方向？大多數人都理所當然以爲，這幾項選擇在生活中隨時可得。但其實不然。截至目前爲止，我們所認識的天才人物，不管是生活與工作，都在以階級劃分社會地位的社會裡進行；在他們的年代裡，教育是少數人的特權，宗教信仰必須獲得政府的認可。

我們接下來要認識的天才人物，曾經說過一段簡單卻有力的話，一改上述種種情況：「我們相信這些眞理不辯自明，人生而平等，造物主賦予人不可剝奪的權利。人有生存、自由和追求幸福的權利。」本章即將介紹的革命性天才人物傑佛遜，把一種政治哲學的精義訴諸於文字，日後以人類前所未見的方式，捍衛身、心與精神的自由，完成偉大的創舉。藉由宣告與捍衛個人的權利，新的美國制度不僅代表了人類向文藝復興時代的理想個人邁了重要的一大步，也大大地釋放了人類創意的潛力。

生理、心理與精神的解放，源自美洲的英屬殖民地，後來蔓延全歐；提倡教育、鼓吹宗教自由的傑佛遜，正是這股風潮的象徵。雖然這不單是他一人的功勞，但是起草「獨立宣言」的傑佛遜，可說是人類歷史轉捩點的建築師，讓我們今日追求的許多目標成眞。他的精神到今天依然感動世人，他的文字也曾在同一天裡，被美國前總統柯林頓卸任致詞與新任總統小布希就職致詞時同時被引用。歷史學家布爾斯丁（Daniel

Boorstin）於著作中指出：「他的思想永遠能爲我們帶來啓發，而這個國家也隨時準備好要聆聽他的教誨。富蘭克林留給我們的形象，是古怪有趣又好說教的親民人物，喬治・華盛頓化爲高聳而冷冰冰的大理石紀念碑，但傑佛遜依然能夠在我們面臨國家危機與重大問題時，讓我們感到與他的距離相近。」傑佛遜留下了寬廣而長久的自由傳統，流傳後世，身體力行他所鼓吹的原則，他的思想至今仍然與我們個人的問題息息相關，引領著任何需要把握自由去「追求幸福」的人。

我在神的祭壇前矢志要永遠對抗，
任何壓迫人類心靈的暴政。

——傑佛遜

## 啓蒙時代的理想

美國第三任總統傑佛遜，是彼得與珍・傑佛遜（Peter and Jane Jefferson）的第三個孩子，於一七四三年四月十三日，生於維吉尼亞州的愛爾伯瑪郡（Albermarle County）。傑佛遜十四歲喪父，繼承了一筆爲數不小的遺產，幫助他打下日後在商業上與政治上的地位。一七六〇年，傑佛遜進入威廉與瑪麗學院（College of William and Mary）就讀，用希臘文讀柏拉圖，用拉丁文研讀西塞羅，用西班牙文讀賽凡提斯（Cervantes），用法文讀孟德斯鳩（Montesquieu）。在學期間，傑佛遜沉浸於莎士比亞、彌爾頓和但丁的作品，另外還拉小提琴，研讀哲學、科學、數學，後又攻讀法律。

傳記作家帕多佛（Saul Padover）生動描述了年輕的傑佛遜：「身高超過六呎……精瘦、粗削、寬肩，但儀態驚人得優雅……臉頰瘦削，下巴堅挺方正，寬鼻看起來有些許女人味和好奇。帶著嘲弄的棕色深邃眼眸，額頭兩側覆滿濃密頭髮。他的舞姿優雅，步伐有著經常在林野中行動者的輕盈。他的聲音……如此溫柔……就和他的眼睛一樣。」

傑佛遜過人的聰明與魅力，使他常常獲邀與州長及一群「文藝復興人」同進晚餐，這些人培育他的才華與思想，並鼓勵他做進一步的發展。他對知識的飢渴頗負盛名。當時曾有人記載：「我從沒見過有誰像傑佛遜那樣，問那麼多的問題。」

傑佛遜飽讀啓蒙時代的哲學思想，包括培根、牛頓和洛克等人的作品，他對於新興的人類共通權利與個人自由理念非常熟悉，無疑地，他也清楚在當時的情況下，那也只是個理想。十八世紀晚期，英國與法國仍然受君王統治，中國與日本則是「天子」或「天皇」治國，俄羅斯則有「沙皇」，土耳其則是由具有無比威權的「蘇丹」治理。雖然英國有一二一五年的著名「大憲章」（Magna Carta）和一六八九年的「權利法案」（Bill of Rights），但是舉世沒有任何國家充分保護人民的個人權利與自由。

傑佛遜天生的敏感個性，使他成了傳記作家口中「爲不平等而激動，爲迫害而憤慨」的人。傑佛遜於一七六四年聽了亨利（Patrick Henry）令人心激動的革命性演說後，開始把注意力放在往後一生奮鬥的中心主題——自由。在那個時候，傑佛遜擇定了他的座右銘：「抵抗暴君就是侍奉上帝。」

一七六七年至七四年間，傑佛遜的法律事業蒸蒸日上，並與小名佩西（Patsy）的

瑪莎（Martha）結婚，而且開始設計與建造位於蒙特伽婁的壯觀居所。雖然他對於維吉尼亞州鄉紳的生活相當滿意，但是他無法漠視英國統治殖民地的高壓手段。傑佛遜受到理想的鼓舞，加入了維吉尼亞州下議院，撰寫〈英屬美洲權利綜論〉（"A Summary View of the British America"），並且參與了於一七七四年召開的「第一次大陸會議」（First Continental Congress）。

傑佛遜於三十三歲時起草「獨立宣言」，隨後又到維吉尼亞州議會任公職，接著又從一七七九年至八一年間擔任維吉尼亞州州長。傑佛遜獨排眾議，通過了第一份容許宗教自由的法案，並且與華盛頓、亞當斯（John Adams）、漢彌爾頓（Alexander Hamilton）、富蘭克林，以及其他優秀人士共同奮鬥，推翻英國統治對殖民地的壓迫。

一七八一年，傑佛遜準備退出政壇，在蒙特伽婁莊園享受追求純淨眞理、美與幸福的生活。「家庭生活與文學寫作，是我最初也是最終的愛好，」他寫道：「是大環境，而非我的個人意願使我走上這條路。」當他的國家再度徵召他時，他放棄了家居生活，於一七八四年至八七年間出使歐洲王室，接著又在華盛頓總統任內，於一七九〇至九三年之間，擔任首任國務卿。在一七九七至一八〇一年間擔任亞當斯政府的副總統一職後，傑佛遜獲選爲第三任美國總統，兩任任期共八年，於一八〇九年卸任。

## 生存的自由

傑佛遜與其他開國元老創建的國家，更接近了人類平權的理想；天賦人權的說法，打破了數百年來君王統治與階級制度強加於社會上的控制，讓民眾能夠在世上自找安身之處。但是對於最冒犯人權、最不人道且殘酷凶暴的奴隸制度受害者來說，自

## 傑佛遜與美國的三位革命性天才人物

一七八七年的制憲會議，於費城訂定了美利堅和眾國的第一部憲法。當時諸位「開國元老」面臨了必須在個人自由平等及公民責任間尋求平衡的問題。這個挑戰，柏拉圖曾在《理想國》中提道戰；後來文藝復興時代由於古典政治思想重新被發掘，於是再次重視個人自由與增權。自此，政治制度不斷演化，逐漸支持個人的權利，但是直到美國獨立革命，文藝復興時代「發掘」個人特性的努力，才在一個國家的立國文獻中獲得珍視。

套用傑佛遜自己的話，聚集在費城的眾人是「一群神話英雄」。傑佛遜和亞當斯當時因出使海外（行程中包括於一七八六年造訪莎士比亞故鄉）而缺席，但是出席制憲會議的還有富蘭克林、麥迪遜（James Madison）、漢彌爾頓和華盛頓。他們不朽的努力，創造了歷來最強盛、也最重視自由的國家。

這群具有建設意義的天才人物聚集在前英國殖民地，可與柏拉圖位於雅典的「學園」，以及佛羅倫斯梅狄西家族的王室相比擬。雖然從現代觀點來看，傑佛遜具有最顯著、也最長久的影響，但他的成就畢竟是在革命夥伴醞釀出來的自由氛圍中實現。接下來，我們深入認識其中最重要的三位人物。

### 華盛頓

於美國獨立戰爭中領軍的華盛頓，於一七八九年成爲美國首任總統。

在華盛頓的領導下，美國陸軍結合了法國援軍的力量，於一七八一年約克城之役（Yorktown），迫使英軍將領康瓦利斯（Cornwallis）投降。一七八三年九月三日，美國與英國簽訂了和平條約，確保美國的獨立。艾利斯（Joseph Ellis）稱華盛頓爲「美國獨一無二、不可或缺的人物」。他說：「華盛頓是讓獨立戰爭維持作戰方向、不致成爲零星抗爭的核心，更是此次戰役能量形成的穩定中心。」艾利斯稱華盛頓爲融合宙斯與摩西特質的美國人，並引用當時普遍用來向美國首位總統敬酒的祝詞：「統合萬眾一心的功臣。」

華盛頓是軍事與政治領導的天才，也是正直的典範。有個故事說，他小時候承認砍倒櫻桃樹時道：「父親，我無法說謊。」這段故事的眞實性有待考證。不過在其他場合中，他的確說過類似的話。一七九六年他在卸任演說中向美國民眾表示：「務求讓你心中那名叫良知的神火不滅。」

## 亞當斯

傑佛遜稱亞當斯爲「獨立的偉人」。

的確，亞當斯遞交了請願書，進而讓傑佛遜起草的「獨立宣言」問世。曾任美國第二任總統的亞當斯是忠誠的愛國者，也是很好的政治家，更是促成美國獨立的關鍵人物。透過高明的外交手腕，亞當斯成功地在歐洲爲新成立的祖國取得重要的貸款，而且爲美國建立了與法國及其他國家合作的基礎。亞當斯同時也是華盛頓將軍手下忠誠的副總統，代表他的黨和他的總統投下三十一張打破同票僵局的選舉人票，這個紀錄至今仍無人打破。亞當斯素來以誠實、實事求是和火爆脾氣出名，但他與愛妻兩人溫柔又熱情的合作無間，也是極負盛名，稱他爲偉大的正統美國人，亞當斯當之無愧。

## 富蘭克林

富蘭克林和傑佛遜一樣，是位多才多藝的天才、記者、科學實驗家、發明家、外交官和啓蒙運動思想家。富蘭克林的種種成就實在驚人。他的家世平凡，所受的正統教育只到十歲而已，但他對自由、對學習，以及對人生的熱誠改變了整個世界。富蘭克林頭一份工作是印刷工人，但在一七二九年，年僅二十三歲時就買下《賓夕福尼亞報》（*Pennsylvania Gazette*）。富蘭克林受到強烈的創業精神與驚人的熱情驅使，成爲美國人成功的模範。他創辦和撰寫的《可憐理查的曆書》（*Poor Richard's Almanack*），經常對讀者提出成功的建議。他還做過一個關於電學的著名實驗，使他獲選爲倫敦皇家學會的會員。他的實驗證明閃電與電屬同一性質輸，並且展示正電與負電的差異。

富蘭克林也是雙焦點透鏡的發明者，還發明了一種有效率的爐子和避雷針。他還記錄了北美洲風暴的路線，和墨西哥灣洋流的流向。

富蘭克林在巴黎居住多年，在當地受到相當的崇敬，他爭取到法國對美國獨立戰爭的支持，同時也宣揚了自由與大愛等平等主義思想；從「自由、平等、博愛」這個法國大革命口號即可見一斑，也引導了法國人民於一七八九年推翻了他們的獨裁政權。後來傑佛遜拜訪法國外交大臣維爾仁伯爵（Count Vergennes），伯爵問他是不是來取代「富蘭克林博士」。傑佛遜答說：「先生，沒有人能取代他。我只是來接替他的工作。」

《開國元老》（*Founding Brothers*）一書中，艾利斯指出：「富蘭克林之於美國一如伏爾泰之於法國，他是人類成功演進至現代的象徵。」艾利斯對富蘭克林的評價是：「最偉大的美國科學家，最熟練的外交官，最有成就的散文作家，最饒富機智的才子，富蘭克林用傑出的表現和若無其事的優雅態度，挑戰了每一個項目。」

由又有多大的意義？沒有人能否認，奴隸制度是這個國家的災難，是讓自由的理想蒙羞數十年的悲劇。傑佛遜蓄奴的行爲令人難以將之與他鼓吹的理念連在一起。但不管他的人格與生活方式受到何等抨擊，我們仍不能否認：傑佛遜是爲最後終於廢除的奴役制度打下基礎的角色。

傑佛遜因岳父過世而繼承了三十五名奴隸。傑佛遜並未像華盛頓還奴隸自由，反而在有生之年一直保留他所繼承的奴隸，只在過世後讓其中五名奴隸重獲自由。說實在，傑佛遜對他的奴隸都非常仁慈，他的奴隸也都很敬仰他，但是他知道奴隸制度是不對的，他自己也因這個道德毒瘤百般掙扎。位於華盛頓特區的傑佛遜紀念堂的第三隻柱子上刻著：「當我想到上帝的正義不會永遠沉睡，我的確爲我國家顫抖。奴隸與主人之間的交易是種暴政。這些人命中註定要拿回他們的自由。」

傑佛遜眞心反對奴隸制度，不過他承認，雖然他不甘心，但還奴隸自由身的時機尚未來到。一八一四年寫給柯爾斯（Edward Coles）的信中他說：「解放的時刻逐漸接

## 蒙特伽婁的智者

傳記作家帕多佛告訴我們：「長期的抗爭與動亂讓傑佛遜凝聚了莫大的道德力量。時間就像火一樣，淨化了他性格中軟弱的成分，他能夠用同樣的沉靜去面對同儕的意見與歷史的評斷。中古世紀距現在時間久遠，他算是人類中少見、兼具平衡與和諧的人，能夠用抽離的同情心與高貴的智慧去看這個世界。歷史上少有人能夠像傑佛遜退出政壇後的生活一樣，達到如此平衡的人生觀與精神的和諧。」

近，踏著時間行進。解放終會到來……很高興目前沒有人提出好方法，因爲如眞有人提出來了，進行到後來必定失敗。」他在其他文件中也不時表達對此的沮喪：「我願意犧牲任何東西，來換取一個廢除這個在道德與政治墮落行徑的可行計劃。」

在傑佛遜的第二任總統任期內，他最偉大的成就之一就是禁止奴隸交易擴張。但是，當時的美國必須再等上半個世紀，才能看到奴隸制度終於在林肯的任內徹底廢除，而且要再等一個世紀後，才有馬丁・路德・金恩與強森總統（Lyndon Baines Johnson）賦予所有黑人完整的民權。雖然傑佛遜本身蓄奴，他依然爲日後林肯、強森和金恩的成就奠定基礎。正如林肯在發布「奴隸解放宣言」（Emancipation Proclamation）前所說：「全部榮耀歸於傑佛遜！」

## 學習的自由

早在獨立戰爭之前，傑佛遜所接受的教育，就已成爲他思想革新的磐石，他也一直認爲教育爲美國立國長久的關鍵。他領先爲所有民眾提供免費的公立學校教育，他也相信終身學習是幸福人生不可或缺的關鍵。他曾表示：「啓蒙大眾，便可將身心所受的暴政與壓迫驅離，一如邪靈在黎明時刻消逝一般。」

傑佛遜創辦的維吉尼亞大學，是美國第一所不隸屬於教會系統的高等學府，也是徹底表達傑佛遜畢生獻身教育的例子。傑佛遜希望能創造出一個教育中心，專事培養法官、立法者、科學家、建築師與政治家等「爲大眾打造群體繁榮與個人幸福」的人物。他提出的課程內容廣泛，包括解剖學、天文學、古典與現代語言、植物學、化學、倫理學、美術、地理學、政府學、文法、歷史、

> ***「他們創造了美利堅和眾國，又靠著屹立不搖帶領這個國家渡過建國早期的動盪與脆弱，直到國家的運作穩定生根……，他們的領導讓我們邁向長遠之路。」***
>
> ——《開國元老》艾利斯

法律、數學、修辭學與動物學。

爲傑佛遜著傳的傳記作家帕多佛解釋，從一八一八年起，傑佛遜「生活中的重心只有維吉尼亞大學。他期望這個學府能夠成爲他畢生的榮耀，對這所學校投注了他所有的精力、才華與希望。他一人身兼多職，包辦了營建、建築事務、教授學徒和規劃委員會等各項工作。他凡事都事必躬親：負責籌措經費；負責畫建築設計圖；負責招攬工作人員，包括聘請義大利雕刻師來美工作；還準備了所有營建的細部工作。由於當時技術純熟的工人短缺，他還教泥水匠如何砌磚，教木匠如何丈量。」

傑佛遜畢生熱愛閱讀與學習，他將自己近萬本的藏書視爲最寶貴的財產。他在寫給麥迪遜的信上表示：「書就是資本。圖書館的藏書壽命與房子相當，都有數百年之久。書並不只是消耗，而是資本，對專業人士來說，書常是他們唯一的資本。」英軍在一八一二年戰爭中縱火燒毀華盛頓特區的國家圖書館，傑佛遜便將他的藏書賣給國家，形成了今天堪稱舉世最偉大圖書館「美國國會圖書館」的核心館藏。

我無書不能活。

——傑佛遜

## 情人傑佛遜

傑佛遜在妻子一七八二年逝世後的感情生活，引起了頗多的非議。但是要了解他的性靈與他的人格，得先了解他有多麼關愛傾慕結褵十年的夫人。

傑佛遜與愛妻佩西緣定於對音樂的共同喜好，傑佛遜夫妻鶼鰈情深，一共有六名子女，不過其中有三人都比傑佛遜夫人早逝。留下的三名子女中有人描述母親臨終前父親對她的照護：「就看護來說，沒有女性能比他還要更溫柔、更希望她趕快康復。他護育可憐的母親……她纏綿病榻四個月，而他在這期間從不出訪……」傑佛遜為了愛妻之死悲慟莫名，週遭的親友都擔心極度哀傷的他，再也無法從喪妻之痛中平復過來。

雖然傑佛遜喪妻時年紀尚輕，他又頗具吸引女性的魅力，但他一直信守在妻子臨終前所做的承諾，永不再娶。然而後來當他出使歐洲時，與具有盎格魯-薩克斯及義大利血統、端莊美麗的藝術家兼音樂家柯思薇（Maria Cosway）墜入愛河。兩人來往的情書，表達了深摯的情意與極富詩意的愛。傑佛遜在寫給她的信中表示：

「我希望他們能讓我們成為空中飛鳥，任意飛翔……但即使我有讓自己隨心所欲來去的力量，我大概也只會用它一次。我會希望自己能夠與妳同在，永不離開。」

當然，傑佛遜最引人非議與臆測的，就是在蒙特伽婁莊園與一名女奴發生的感情關係。非洲裔的海明絲（Sally Hemings）生得十分美麗，在傑佛遜家擔任褓母的工作。根據DNA測驗顯示，傑佛遜可能就是她兒子的生父。在《傑佛遜的子女：一個美國家庭的故事》（*Jefferson's Children: The Story of One American Family*）中，作者蘭尼爾（Shannon Lanier）提出他為傑佛遜與海明絲後代的各種事例。

## 信仰的自由

或許在今日難以想像，但蒙特伽婁莊園在傑佛遜過世後陷入蕭條的絕境。要不是為了紀念傑佛遜鼓吹宗教自由的猶太裔美國人李維（Uriah Levy）於一八三四年買下了莊園，把莊園重新整頓，這座國家古蹟可能就這樣破敗而消逝無蹤。今天的蒙特伽婁莊園正是最能紀念我們能夠自由選擇宗教的歷史性建築。

「全能的上帝創造了自由的心靈。」傑佛遜寫道。這是他熱心鼓吹的基本信念，認爲政府或外力不應將宗教信仰強迫加諸於人民。對傑佛遜來說，信仰自由是基本的人權，在經過十年的大力倡導後，於一七八六年在維吉尼亞州通過實行的「宗教自由法案」（Bill for Religious Freedom）是他的得意傑作。

這個法案起草於一七七七年，距離美國脫離幾世紀來爲了宗教信仰流下無數寶貴鮮血的大英帝國統治，只有一年的時間，傑佛遜的第一份「建立宗教自由法案」（Bill for Establishing Religious Freedom）如是宣稱：

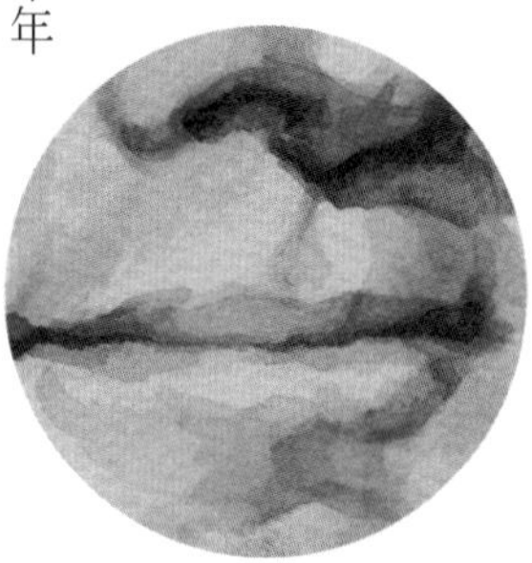

> 我等維吉尼亞州議會議員，規定吾人不應受迫參與或支持任何宗教禮拜、聚會所，或各種教會，其身體或財產也不應因爲宗教意見或信仰而受迫、受限制、蹂躪、拖累，也不應受到其他形式的苦難；所有人都應該有表白個人信仰的自由，而且有權藉由辯論去陳述宗教方面的意見，同樣地其公民義務權利也不因此而縮小、擴大或受任何影響。

在傑佛遜首開先例的努力前，政教合一，人民如果不臣服於當權的宗教組織，就會受到官方的歧視。傑佛遜認爲由宗教組織支配社會，是另一種壓迫人心的暴政。他稱自己是「眞正的基督徒，也就是，基督教條的門徒」。他認爲：「耶穌自己傳揚的教訓，是人所聽過最純淨、最慈善，也最神聖的福音。」

然而，他對人傳達耶穌誡條的能力沒有太大的信心；他認爲宗教組織傾向將神聖的教誨化爲背道而馳的原則。一八一六年傑佛遜寫信給湯普遜（Charles Thompson），他在信中表示：「他們從異邦人的祕法，創造出一個令人無法理解的制度，如果耶穌再世，也認不出其中的任何特徵。」對傑佛遜而言，自由是上帝的禮物，實際的行爲比教條更能衡量善的表現。他在一八一六年寫信給史密斯夫人（Mrs. Samuel H. Smith）：「信仰必須身體力行，而不是光靠言語表達。」

傑佛遜於一八二六年七月四日午後過世，距離「獨立宣言」簽署日正好五十週年。在此同時，「開國元老」中僅存的亞當斯，在麻州昆西市（Quincy）處於彌留狀態。亞當斯當然不知道他遠在維吉尼亞州的戰友，已經先他嚥下了最後一口氣。臨終前的亞當斯說：「傑佛遜仍在人世。」

的確，傑佛遜雖然頗受爭議，他的影響至今仍存在。獲得普立茲獎的傳記作家艾利斯和其他學者，稱傑佛遜是「浪漫版歷史的主要受惠者」。批評者特別指出，傑佛遜容易陷入自我幻想與不實際的理想主義。艾利斯稱他爲「美國的人面獅身像」，強調在他理想化的記憶背後，他的人格藏有許多矛盾與不連貫之處。傑佛遜與其他天才人物一樣，並非全然完美，他也會犯下重大錯誤。但正如傑佛遜自己所說：「生命之網就

## 傑佛遜的宗教信仰

「敬拜上帝。崇敬和珍惜雙親。愛鄰如愛己，愛國家更勝愛自己。公平。眞誠。別只爲了上帝的神佑而喃喃祝禱，別放過任何能表達感恩、慷慨、慈善、人性、眞誠、公正、堅毅、順從、勇敢和同情的機會。練習思考這類行爲，會加強你的道德能力，增加你的個人價值……實行最純淨的美德，可確保你在生命中的每一刻，以及死亡前，都獲得最莊嚴的安慰。」

是由錯誤交織而成：活得最長久、最有智慧之人，只會編織出更多的錯誤。」

傑佛遜的一生，承受了重大的心碎與悲劇；他不僅承受了喪妻之痛，而且也比自己六個孩子的其中五人早離開人世。但常有人說他散發出富同情心與無條件的愛。在他臨終前的幾小時裡，傑佛遜向唯一仍在世的女兒瑪莎告別。他把一個棺材狀的小盒子交給瑪莎，盒子裡藏著以下的詩句，其文字只能說是一個心胸開朗的人所留下的話語：

**傑佛遜臨終向瑪莎告別**

生命之眼即將消逝，夢想不再；
我心中親愛的朋友，爲何淚盈盈？
我將與聖父接近：滿心歡迎那將
加冕我所有希望，或埋葬我所有懸念的海岸。
再會，親愛的，我心愛的女兒，永別！
人生最後之痛即將與你分別！
守衛上帝的兩位熾天使帶著屍衣等著我面對死亡；
最後一口氣中我要把你的愛帶給他們。

## 成就總結

▲傑佛遜起草了史上最強調人類權利的「獨立宣言」。

▲傑佛遜協助訂定維吉尼亞州憲法，並於一七七九年至八一年間擔任州長。

▲一七八三年，傑佛遜在國會中，確定了採用十進位貨幣制。

▲傑佛遜於一八〇一年當選美國總統。

▲藉由麥迪遜的協助，傑佛遜起草「維吉尼亞宗教自由法」（Virginia Statute on Religious Freedom），於一七八六年通過，法令至今依然有效。該法成爲美國憲法第一修正案關於宗教自由條文的範例，但是在政教分離的主張上用詞更爲強烈。

▲傑佛遜主導禁止奴隸交易擴張的禁令。

▲傑佛遜談成了史上最大的土地買賣「路易斯安那州交易案」（The Louisiana Purchase），使得初建國的美國國土擴張兩倍，也有效終止了外國於美國國土統治的可能性。

▲傑佛遜爲南卡羅萊納州農民引進較優良的稻米品種，並率先引進橄欖油與通心麵、帕瑪桑乳酪、葡萄乾、香草和香醇葡萄酒，成爲美國飲食的一部分。

## 傑佛遜與你

不論何時何地，練習讓自己有好的幽默感；
這對社會來說是最可親、也最受歡迎的人類特質。

——傑佛遜

傑佛遜對任何想望生存、追求自由與幸福的人，是絕佳的榜樣。他曾說：「我的夢或許只是烏托邦式的夢想；但純眞的我以爲可以沉浸其中，直到抵達夢的國度，與過去及未來的夢想家一同安眠。」傑佛遜努力朝夢想前進，與內心的惡魔奮戰，他的方式至今仍然照亮了通往個人眞正自由的途徑。

對愛國者與政治家傑佛遜而言，幸福的追求必須從給予眾人自由與機會開始。但是工作並不是傑佛遜唯一的重點。在義大利，講究的是 la dolce vita，甜美有靈性的生活；在法國，人們注重的是 joie de vivre，愉悅的生活藝術；但是現代美國的生活呢？「啤酒時間」聽起來就是無法與「甜美」、「有靈性」、「愉悅」畫上等號。對於有興趣過更豐富、更充實、更美妙人生的任何人來說，被視爲「當時最講究飲食與生活藝術鑑賞者之一」的傑佛遜足可稱爲典範。在個人的層面來說，他追求幸福的方法，包括培養親情及友情、閱讀、欣賞音樂、園藝、散步和朋友分享美食與醇酒。

接下來的天才練習，要帶大家探索在追求幸福中頌揚自由的傑佛遜主張。

【自我評量表】

# 你有多傑佛遜？

□我很清楚、也很重視我在社會中享有的各項自由。

□我了解也樂意承擔伴隨自由而來的責任。

□我主動保護他人的權利與自由。

□我珍惜並支持知識上的自由。

□我認爲教育是基本人權。

□我認爲宗教自由是基本人權。

□我努力克服不好的習慣和改進我的性格。

□我呵護友誼。

□我每一天充分體會生活的樂趣。

【天才練習】

## 在追求幸福中頌揚自由

盡量發展所有良善的氣質，
時時利用機會加以運用，
堅信熟能生巧，
就像運動可強身，
也要相信習慣會成自然。

——傑佛遜

傑佛遜相信應該要培養內在和外在自由。他和富蘭克林合力開啓了美國「自助」的傳統。以下介紹傑佛遜的一些想法，並加以解說，希望能激發你自己追求自由的動力。請你讀一讀，加以反省，再把你的心得寫下來。

### 傑佛遜個人的十點修養計劃

1. 今日事今日畢。（傑佛遜每天日出前即起，好在繁忙的一天有個好的開始。）

2. 能自己解決的絕不假手他人。（傑佛遜相信不論是個人還是政治的獨立精神，都要從自行解決問題的能力開始。）

3. 決不濫花還沒進帳的錢。（傑佛遜自己一再枉顧這個忠告，自食苦果多次，才學到這個慘痛的教訓。）

4. 決不因價格便宜而買下不想要的東西；這樣東西才有價值。（傑佛遜喜愛生命，認為物質是體驗的工具，而不是體驗本身。）

5. 驕傲的代價比飢渴與寒冷來得高。（位於權力中心多年，傑佛遜見識到自大以及利用當權人士出名的慘烈下場。）

6. 人從不後悔自己吃得太少。（傑佛遜過人的活力，部分來自健康的飲食與堅持吃八分飽。）

7. 心甘情願去做的事就不麻煩。（傑佛遜是天生的樂觀主義者，不管是什麼狀況，他總能選擇去看人生最好的一面。這是他所謂的「要得到你選擇的東西，就要選擇你已有的東西」。）

8. 杞人憂天為我們帶來了太多的痛苦。（傑佛遜提醒我們憂慮是無意義的。他的樂觀讓他不為未來煩憂。）

9. 處理事情，要找對竅門。（優雅的傑佛遜，總是有辦法找到阻力最少的途徑行事。）

10. 生氣時，在開口說話前先默數到十；如果非常生氣，在心中先默數到一百。（身為啟蒙運動者，傑佛遜倡導理性的聲音，他也了解文字的偉大力量，能成事，也能壞事。）

## 從事要用腦的活動

傑佛遜與富蘭克林兩人都是西洋棋愛好者，富蘭克林還著有並出版了美國第一本棋譜。他曾經將西洋棋與人生相比：「玩西洋棋不僅是娛樂；許多在人生道路上頗有用處的寶貴心靈策略，也可由棋局中獲得或加強，進而從容面對各種狀況。人生就像一盤棋……」

如果你本來就會玩西洋棋，你就知道富蘭克林這話的意思。如果你不會玩棋，那不妨買副棋子，再買本初學者的下棋指南（或電腦軟體），開始玩玩看。玩棋能夠發展邏輯思考過程和策略與謀略思慮技巧，還能在年紀大時，增強記憶力。

# 傑佛遜擁有健康與幸福的祕訣

## 建立整體的健康觀

雖然家庭成員中有多人受疾病纏身之苦，但傑佛遜本人一生都很幸運，總是活力充沛，身體健康。他發展出一套保持健康與養身的祕訣。維吉尼亞大學薛爾登教授（Garrett Ward Sheldon）指出：「傑佛遜和十八世紀的百姓一樣，不太信任醫生，他常取笑說，要是有醫師出診，兀鷹就會立即群聚在那人家附近等候。」對傑佛遜而言，古希臘醫生、醫學之父希波克拉底（Hippocrates）的行醫準繩「首先不可傷害病人」是醫學最重要的要素。他相信身體自然痊癒的能力，他曾寫道：「自然與溫和的照護」是治療大部分病症的最佳處方。傑佛遜指出，戶外生活和陽光是他的「好醫生」。薛爾登教授強調：「傑佛遜相信的，就是現代所謂將生理與情緒及精神結合的『整體醫學』（holistic medicine）。」

傑佛遜強調，預防是保持良好健康的關鍵，他的預防保健之道，包括運動、注意飲食、休息、培養友誼和與自然調和。在進一步探索這些保健要素之前，請先花點時間思考目前生活符合整體醫學觀念的程度。想想以下的問題，把心得寫在筆記本裡：

▲目前有什麼心理或身體習慣，可能會在日後對健康造成影響？

▲我對健康與養生抱持什麼態度？我是樂觀的人，還是悲觀的人？如何能夠對自己的健康，培養出更樂觀的態度？

▲我能養成什麼習慣、從事什麼活動，或是戒除什麼習慣或活動，好為自己的健康狀況帶來最大的好處？

## 長時間的散步

走路是歷來最偉大天才所偏好的運動，傑佛遜更是最熱烈倡導散步的人士之一。當他住在心愛的蒙特伽婁莊園時，每天會花上一、二小時在附近的維吉尼亞鄉間散步。即使出使巴黎，或是遠在費城或紐約，他也會每天撥出時間四處走走。傑佛遜認為散步能夠強化整個身體，讓心靈變得敏銳；他也力行「漫步解決法」（*solvitas perambulatorum*）的古人智慧，也就是在身體運動的過程中，解決問題。

要是下次你苦思問題、百般不得其解，或是遇上了創意的挑戰，不妨試試傑佛遜的漫步解決法，最好能花點時間，到鄉間或都市公園散個步，看看問題是否能自然迎刃而解。長時間的散步，也是和另一半或是同事一起解決問題的好方法。曾經有一群杜邦公司的化學工程師，固定在午餐後繞著辦公大樓散步，把這當作是小組解決問題的方法。即使無法透過散步解決你所面對的重大問題，你還是可以因此讓自己保持體態，強化身心。

所有的運動中，
散步最好……
在尚未嘗試前，
沒有人知道散步的習慣是多容易養成……
我認識一些勤於散步的人……
從沒聽說其中有哪個人不是身體健康又長壽。

——傑佛遜

**健康的飲食**

飲食健康是傑佛遜保持活力和健康的另一祕訣。他鼓吹盡量攝取蔬菜和全穀類食物，而認為肉類不過是調味料而已。傑佛遜推行低脂、高纖飲食，他認為葡萄酒是促進消化的必要成份。傑佛遜要是看到今日流行的垃圾食物，必定會大驚失色，絕對是現代天然食品的擁護者。他也相信，烈酒和菸草會毒害身體，建議大家要戒絕菸酒。

請你在筆記裡記錄一下往後幾天吃的東西。接著再想想以下的問題。

▲你的飲食完整均衡嗎？

▲在你的飲食中，天然食品、加工食品或冷凍食品的比例各是多少？

▲如果你能減少或去除目前飲食中的一種食物，以增進健康，你會選擇什麼食物？

▲如果你能在目前飲食中加入或增加一種食物，以增進健康，你會選擇什麼食物？

## 放個長假

如果你在八月時造訪法國或義大利，你會注意到當地居民幾乎都出外渡假去了。從出使歐洲的經驗中，傑佛遜吸取了當地的有趣習俗之一——懂得放個長假，讓自己遠離生活中的壓力。薛爾登教授解釋，傑佛遜「在總統任內，堅持要在夏季放兩個月的長假，到維吉尼亞州的山林中，擺脫政務壓力，和華盛頓特區不健康的高溫與溼度」。當然，大多數人都沒本事去休兩個月的長假，但是我們也承擔不起長年不定期休假的後果。

請你和朋友或家人一起做做以下的練習。

找一張大紙，在紙張的中間畫出以「理想假期」主題的圖象，這或許是海浪與沙灘，或者是白雪皚皚的山峰，甚或是艾菲爾鐵塔，總之就由信手「創意塗鴉」開始，畫出你想去的地方。接著想像自己有三個星期的假期，還有無限的資金可以運用去渡假。想想以下這些構成夢想假期要素的問題與答案。

▲你想去哪裡？

▲你想與誰同行？

▲你最喜歡從事的活動有哪些？

當你自由想像各種可能後，把你的答案和朋友或家人的答案比較。接著綜合大家理想假期的精華，再討論要如何使夢想成真。

## 體會自然之美

傑佛遜熱愛自然，將自然當作是上帝珍愛人類的見證。維吉尼亞州的鄉間美景時常為他帶來靈感，讓他用詩意的狂想曲，表達對造物主成就的喜悅：「自然如何為此地披上如此豐富的披肩？山巒、森林、岩石、溪流！我們徜徉在風暴之上，多麼神聖！俯瞰腳下自然的傑作多麼神聖，看她造的雲、冰雹、雪、雨、雷電……還有光輝旭日，彷若從遠方水面升起，滑上山之峰，為大自然帶來生命！」

傑佛遜最喜歡透過園藝去品味自然之美，他說：

對我來說，沒有其他的工作比土壤的薰陶更讓我愉悅，沒有任何文化能與園藝相比。園藝如此多元，有些輕鬆易懂，有時這株種不成功，那株卻茂盛無比，而且收成不只一次，全年不斷。除了充作餐桌上的食物之外，想種什麼就種什麼。我依然全心投入園藝。雖然我年歲已大，但我還是個年輕的園藝家。

耕耘自己的花園，是傑佛遜式自然體驗的最有趣練習之一。即使你住在都市的公寓裡，你還是可以試著種些簡單的香草類植物。

## 培養友誼

正如園藝需要定期的注意與大量的照護，傑佛遜認為友誼也需要培育。根據《傑佛遜的內心》（*The Inner Jefferson*）作者伯斯坦（Andrew Burstein）的定義，友誼就是「最重要的社交關係，被普遍認為是重要的娛樂與情感滿足的來源、知性的出口、獲得外在形象的理想工具。友誼能夠充當方便的（甚至是必要的）共鳴板，去反映自己的想法，有時出於自願的特性而比親情更有力。」

傑佛遜每天早晨都花上數小時時間，與各地的朋友通信。他晚年恢復與亞當斯的書信來往，他們倆人交換的信件是美國歷史的珍寶，也證明了尋回昔日友誼的可貴。

▲請在筆記本裡，列出你失去聯絡的朋友。打個電話、寫封信或是寄個電子郵件給他們，重新建立起一度失落的聯繫。

▲接著再列出目前生活中交往的友人。在每個名字底下寫幾件你認為可以培養或加強這份友誼的事。在電腦或個人數位助理（PDA）上設定、提醒自己友人的生日或紀念日。試著送份好禮，寫幾張短箋，讓你的朋友知道你有多在乎這份友誼。

▲傑佛遜強調，友誼的重要性就像「人生的陽光與陰影」。對你身邊正遭逢困境的朋友伸出援手。列出目前正與病魔對抗、遭逢財務困難、歷經離婚手續或其他挑戰的朋友，想辦法幫他們的忙。

我發現友誼就像葡萄酒一樣……

隨時間而成熟，是真正能恢復健康的甘露。

——傑佛遜

## 傑佛遜式的美酒經驗

在品嚐葡萄酒方面，傑佛遜的腳步比同儕快了許多：他在一八一八年寫道：「聽到葡萄酒關稅降低，我甚是高興……葡萄酒便宜的國家，人民反而不會於沉醉杯中物……多飲葡萄酒，可促進健康並帶來舒適自在。」傑佛遜在蒙特伽婁莊園的酒窖裡，收藏了包括法國波爾多（Bordeaux）地區與義大利巴洛洛（Barolo）等地的各國好酒。華盛頓、麥迪遜和蒙羅（Monroe）等地區的酒商，都向他徵詢關於酒類的意見。

對傑佛遜而言，葡萄酒是「追求幸福」的關鍵成分。除了葡萄酒對健康好處多多之外，傑佛遜將美酒視為美學的寶藏和心情愉快的催化劑。傑佛遜是真正的美食家，強調質比量重要。他請友人品嚐少量的佳釀，好整以暇地去欣賞酒色、酒香、口感、品味與餘味。

請你也試試傑佛遜式品酒。比方說，一開始不妨先比較傑佛遜家鄉維吉尼亞州產的葡萄酒和他所喜愛的法國葡萄酒。

舉例來說，你可以考慮把法國隆河谷區吉佳勒（Guigal）酒莊的維歐尼耶（Viognier）白酒，和維吉尼亞州霍頓（Horton）酒莊的白酒一起比較（兩者應該都很容易在好的葡萄酒專賣店找到，售價在二十元美金以下，一瓶七百五十毫升的葡萄酒可供十人品用，所以平均下來每人只花兩元美金的成本）。維歐尼耶是不尋常的優質白酒，帶有淡淡的玫瑰香與新鮮的桃子果香。這種白酒搭配鮭魚非常適合，如果你不介意混淆各個天才人物的特質，在伊莉莎白一世那章所介紹的「烹燒鮭魚」食譜可以在此加以利用。

接下來，再將不同地區的紅酒加以比較。傑佛遜當年是美國向西部擴張的鼓吹者，他若在世，一定很高興看到加州釀酒廠在國際間打出名號。為了紀念傑佛遜開疆拓土的美夢得以實現，我們不妨選一瓶加州的卡本內（Cabernet）紅酒，例如加州那帕河谷區蒙特伽婁酒廠取名為「傑佛遜」的卡本內．蘇維翁（Cabernet Sauvignon）就很適合。把這美國酒廠精心釀造的好酒，與法國波爾多區的佳釀拿來做個比較。

在你品酒的同時，不妨向「開國元老」和他們留下的自由遺產舉杯致敬，別忘了富蘭克林說過的話：「美酒是上帝愛我們和希望看到我們幸福的證據。」

## 寫一段心與腦的對話

傑佛遜在巴黎時，發現自己愛上了美麗的柯思薇小姐。柯思薇深深地打動了他的心，使得他在心中為了兩人友誼發展的程度掙扎不已。他以對話體的書信，陳述了「心」與「腦」的對話，希望藉此釐清感性與理性間的衝突。

他的腦以謹慎為先。

腦：「想想這有什麼好處，對你又有何不便。除非你確定沒有尖鉤在後，否則別輕易咬下歡樂的誘餌。生活的藝術就是避免痛苦的藝術。」

但他的心渴望溫柔。

心：「友誼是珍貴的……沒有刺，哪來的玫瑰……當我回顧歡樂和它所附帶的後果，我知道我付出的代價是值得的。」

你是否也像傑佛遜一樣，在生活中時時有這般天人交戰的掙扎？請在筆記本中列出生活中可能讓內心發生掙扎的層面。接著請你選擇一個讓你難以決定的問題，像傑佛遜一樣，用對話的方式，把反覆的掙扎寫下來。雖然這不一定會給你立即的答案，但這種內心對話的過程，能夠引導你找到更大的自覺，成為內在自由的試金石。

凱倫是一家上市公司的會計師。她以自己的工作為傲，她認為她有潛力成為事務所的合夥人。她每天的工作時間很長，每年報稅截止的四月十五日之前幾個月裡，她忙得根本離不開辦公室。她的丈夫體諒她，從自己繁忙的工作時間表中撥出時間陪伴他們襁褓中的幼子。

但是隨著第二個小孩的出生，凱倫發現，她在事業心與為人父母的天職之間的衝突日益增加。她以對話體的方式呈現她的心與腦之間的對話，全部記錄在她的「天才札記」中。凱倫慷慨地答應與我們分享以下節錄的內容：

八週產假即將告終。想到要把寶貝留在別人臂膀中，大步走回辦公室，我好難過。想到就心痛。我在夜裡難以入眠，所以我試著寫下心與腦的「對話」。

腦：你承受不了辭職的後果，即使只是幾年也不行。

心：但幼兒的成長只有一次。他們比什麼都重要。

腦：這我同意，這也是他們需要衣食無虞的原因。

心：可是他們需要我，特別是他們還小。想到褓母會是聽到他們說出第一句話、看到他們踏出第一步的人，我覺得難以接受。

腦：所以你擔心的是「你」會錯過的事情，而不是「孩子」會錯過的事情。

心：兩者皆是！他們需要我，但我也需要在他們身邊。我希望享受他們生命中的這段時光。他們的稚齡只有短短的幾年時間。

腦：底限是你辭不起這個工作。你不能光靠積蓄過活，你還有開銷要支付。而且你一向乖乖付賬，因爲你是個會計師，拜託！

心：但我也是人母，而且我想和孩子在一起。我有心付清帳單，我會想辦法兼顧兩者。

當然，凱倫的對話並沒有神奇地為她帶來突破性的想法。但當她聆聽心與腦之間的交談後，她還是找到了可以一個折衷的解決方法。她和事務所談妥，容許她多留在家彈性上班。她表示：「這段對話過程幫助我綜觀全局，讓我用更客觀的角度和更大的創意去考慮問題。」

## 朗讀獨立宣言

把美國「獨立宣言」找出來，大聲朗讀幾次，注意你的感受。

▲獨立宣言對你有何意義？

▲試著把獨立宣言背起來。

當你拜讀這份偉大文件時，你也不妨思索以下幾個問題：

▲你享受了哪些自由？

▲你是否把這些自由視作理所當然？

▲你所渴望的自由是被禁止的嗎？

▲有哪些別人所渴望的自由，是你所不容許的？

▲他人做了哪些犧牲去維護、保護你的自由？

▲你會做哪些犧牲，去維護、保護他人的自由？

## 你的工作與傑佛遜

曾經有位傳記作家稱傑佛遜為「無與倫比的最高元首」。他的深謀遠慮、充滿人性和實際的領導風格，讓他成為有志從事領導者的最佳模範。請你參照以下傑佛遜行事的一些原則，好好學習。

### 選擇最好的人才

有些執行主管在職業生涯中不斷感嘆手下找不到好人才。另有些人特意選擇能力次等的人作下屬，以彰顯他們自己的優越。當然，最好的領導者，讓自己身處最好的人才之間，在這方面傑佛遜的卓越表現堪稱楷模。他曾經說：「如果我有一整個宇宙的人選可以選擇，我也不會為了自己的滿足，而改變工作團隊的陣容。」他的夥伴，像是麥迪遜和葛拉汀（Albert Gallatin）等本身就是絕佳的領導者。薛爾登教授的研究表示：「傑佛遜的領導風格所需要的『追隨者』必須具備一些特質；獨立、負責任、能幹的傑佛遜所選擇的夥伴，不論在智力上、道德上和在臨場反應上，都和他能力相當……傑佛遜痛恨唯命是從的人和膽怯低能者；他不希望次級的學徒，他要的是與他旗鼓相當的同僚。」

## 樹立開放與共同領導的模範

雖然大多數的組織力圖打破僵化的層層階級制度，鼓勵大家的想法以民主的方式交流，但是僵化專制的領導風格，依然處處可見。開放的溝通與共同領導，其實是在競爭的環境中充分運用智慧資本的關鍵要素。傑佛遜的領導風格與前幾任領導者官僚、威權的領導方式相左，他領導的政府特色是和諧與忠誠，讓現代高級主管看了會眼紅。

傑佛遜政府的和諧與忠誠，是透過培養友善而開放的共同領導，進而引出他手下人才最好的表現才達到的。舉例來說，在每天工作開始的頭幾個小時裡，傑佛遜總是讓他辦公室的門大開，歡迎大家自由進去與他溝通。他的角色不像老闆，反而更像從旁協助的人，他鼓勵幕僚當場辯論和交換意見。傑佛遜把不拘小節的作風與魅力，和專業精神與致力追求卓越的心態，融合在一起。

薛爾登教授指出：「他主持的內閣會議，就像友人間的聚會，而不是官僚的會議。唯一的規定就是開放和坦承地討論、公平競爭、互相尊重……他不『濫用職權』去仗勢欺人；他不去威脅、欺凌、激怒或利用他人。他尊重他人的自由與判斷……由於他民主的領導風格，他『只博得了』同僚對他的忠誠與尊敬。」

## 行事有禮，溫文優雅

有家全球科技公司的執行總裁，最近因為發給所有員工的無禮電子郵件被公佈在網際網路上，而成了頭條新聞人物，導致公司的士氣與股價大幅滑落。禮貌和雅量是永不落伍的領導特質，而傑佛遜的表現更是大家的模範。傑佛遜結合了維吉尼亞州紳士的高雅風範，又兼具了平實無華的靈性特質，讓人要不喜歡他都難。他始終不變的禮貌和真誠的謙遜，反映了他對同僚、反對者和同胞的尊敬。他溫文的禮貌和與生俱來的高貴，兩相平衡，造就了沉靜卻深具魅力的儀態。滔滔不絕的演說和暴怒都不是他專長的戲碼。他用尊敬和公平的態度，去面對不同的意見、衝突或爭議，試圖找到滿足大家利益與目標的解決方法。

## 團隊經營

你是否參加過那種每一分每一秒該進行什麼活動都排好的企業會議？有沒有做過強迫大家打成一片的團隊熱身練習？傑佛遜知道，人要在自然而令人愉快的環境中互相認識，才能共同相處。他知道政府團隊成員、包括敵手在內的所有關鍵人物間非正式的社交接觸，是順利完成任務的關鍵。

傑佛遜結合了受到歐陸影響的傳統南方好客精神，再加上他吸引人的魅力，讓他能集合眾人，一起去發掘、完成共同的目的。他善於主動以一對一的方式，接觸相關人士，同時仍巧妙指揮社交的活動。他強調這些非正式的互動有個重要的目的：「我們能因此認識彼此，不需要解釋太多的細節；而在一般的工作場合，這些細節要是不解釋清楚，可能會招致損及公衆利益的忌妒與懷疑。」

傑佛遜不在乎正式的位階，在團隊經營的晚餐上，對大家一視同仁。他優雅地引導大家彼此交談，當爭議被挑起時，他運用機智與魅力，去引開或重導話題。傑佛遜也知道美酒與美食在聚會中的重要，能讓人打破藩籬，接近彼此。他用法國菜、義大利菜與道地美國菜款待嘉賓，佐以各國佳釀。他做起這些事來的風格正如一位客人所言，充滿「高貴的簡潔」。

## 「剪髮藝術」創辦人兼執行長拉特納，談傑佛遜領導風格對他的影響

「傑佛遜的領導風格，是我在職業生涯中一直想追求的方法。從早期，我就發現用對人才其實是我能做的最佳投資。共同領導的企業文化建立在共同的價值觀與堅強的領導統馭中，這是讓人才發揮最大效用的方法。我們的會議具有尊重、熱情、開放的溝通，又帶有強勁、有創意、解決問題和以目標為重的氣氛。我們不重形式，但全體同心以成功為目標。

「幾年前我在維吉尼亞大學的商學院上課，當我離校時，心中對於傑佛遜支持教育的努力所懷的敬意更深了。個人與組織的終身學習，是追求團隊合作、正直的態度和高尚生活品質之外，成功的另一關鍵。如果我們是上市公司，公司的財務表現會成為我行事的優先考量，但由於我們是未上市公司，我可以把注意力的焦點專注在我的夢想上，也就是建立一個組織，把員工的幸福列為首要事項。」

## 音樂中的傑佛遜精神：自由之音

貝多芬的《第九號交響曲》寫於美國獨立革命與法國革命之後，是表達傑佛遜鼓吹的自由精神的最佳寫照。全曲的高潮，美妙的大合唱通常由意味「歡樂」的德文Freude開始，這首不朽的曲子也就是我們熟知的〈歡樂頌〉。不過歌詞的作者詩人席勒（Schiller）原先用的第一個字是Freiheit，也就是「自由」。當時的宮廷審核官覺得自由一字蘊含的意味不妥，擅自把詞改為「歡樂」。這個令人遺憾的錯誤一直延續至今，直到在慶祝柏林圍牆倒下的典禮上，伯恩斯坦指揮演出《第九號交響曲》時，才把歌詞回歸原貌，用了「自由」起始。這首偉大的曲子是啓蒙時代的理想之音，直到今日，這個理想仍然激勵世人去追求自由、博愛、平等。請你欣賞這首曲子，感受自由的精神解放後所得到的歡樂。

## 認識達爾文

傑佛遜是個自然主義者；曾有位作家稱他爲「浪漫的生態學家」，傑佛遜在自然中看到了造物主仁慈的證據。

我們在下一章要認識的革命性天才和傑佛遜一樣愛好自然，但是他對自然的細膩入微的觀察使他得以發表新理論，大大挑戰了傳統猶太教與基督教信仰中，造物主創造世界的觀念。

儘管達爾文的個性內向、語調溫和、態度和善，他提出的新概念，不論在當時或在今日，都是對傑佛遜所提倡的言論自由與信仰自由的一大考驗。不管你是否接受他的理論，達爾文個人和他科學家的身份，都是發展觀察力與打開心胸的絕佳示範。

不放過任何細節

# 達爾文

（Charles Darwin, 1809-1882）

## 發展觀察力，敞開心懷

如今眞相引發陣痛，這些痛者不爲所動；
極盡愚蠢！希冀擔負所有赤裸眞相。
能平心靜氣，預想各種狀況，
非最高位之神不能爲。

——濟慈

**【畫家的話】**

在我來說，達爾文的觀察之入微，結合了觀看與思考。他結合了耐心與熱情的罕見特點令我驚訝，他的面容帶有一抹哀愁，或許是他的疾病之故，也可能是他子女早逝的緣故。

本章要讓大家認識的天才人物曾對自己的成功如是說：「我的能力不過爾爾，我眞的很驚奇，自己竟然能在某些重要問題上，對科學家的信念有相當程度的影響……我想我是比一般人更能捕捉容易被忽略的事情，也更懂得仔細觀察這些事情。在觀察與蒐集事實方面來說，我已盡可能地努力。更重要的是，我對自然科學的愛好、熱誠，一直不變。」

這樣坦率的謙虛，現今已不多見，還有讓人以爲故意做作的嫌疑。許多二十一世紀的懷疑論者或許要懷疑，爲什麼成就如此輝煌的人，在形容自己時要如此語帶保留。他眞的如此天眞嗎？他眞的把成就背後的研究方法程序當作是成功的祕訣嗎？對歷史有如此重大影響的人，眞的對工作懷有如此謙卑的態度，並讓他提出的概念凌駕於個性之上？

就達爾文的例子來說，以上三個問題的答案都是肯定的，這也是他的天才特質所在。達爾文並非眞的天眞得不解人事，正好相反；但是他對自然世界一直抱持純眞如孩童般的著迷，同時維持開放與追根究底的心懷。他不斷提到的觀察力、「長時間的思考、耐心和努力不懈」，就是他作爲科學家的強處。他是個絕對謙虛的心靈革命者，避開名氣與爭議，讓自己的注意力都放在腦中的想法和想法的傳播上。

但達爾文的想法多麼有力！他爲自己掙得本書十大革命性心靈的地位，因爲他是

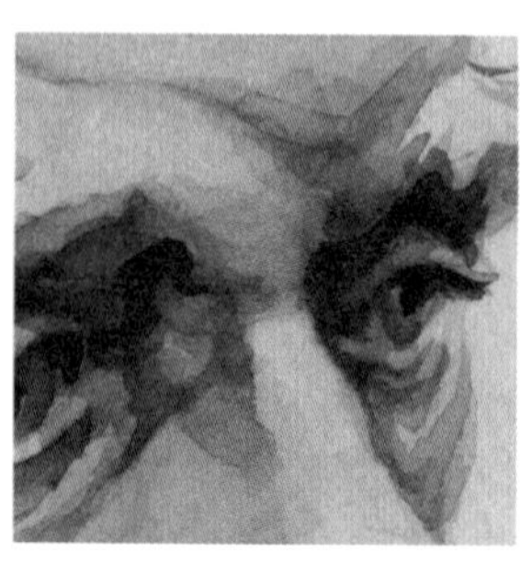

思想史上最能實現自由思考的天才人物之一：他提出了天擇的進化論。雖然早在十八世紀，他的親祖父伊拉思摩斯・達爾文（Erasmus Darwin）就曾提出關於進化的假說，法國博物學家拉馬克（Jean Lamarck）也有進化論的假設，但是達爾文用一絲不苟又廣泛的觀察，擴充了這些尚稱不上完整的理論。達爾文讓「生存競爭」（struggle for existence）和最著名的「物競天擇」（survival of the fittest）變成眾人熟知的詞彙，達爾文將這幾個名詞推向廣大的主流大眾。雖然達爾文和哥白尼一樣，遲遲不願冒犯當時的宗教勢力，但是他的理論不論在當時或是現在，都觸怒了許多觀念保守的人士。他的支持者在這場辯論中最後贏得勝利，充分將他的理論整合，帶入人類學、社會學、經濟學和心理學等現代學科中。他的影響也明顯普及到個人層面：當我們在動物園看到猴子時，要不想到達爾文都難！

## 天才人物的進化

在動物園看猴子時興起的純真驚嘆，就是研究達爾文的天才的好起點，他對於自然世界的著迷，對於自然各種面目之美所抱持的開闊胸懷，都根植於童年時期。在達爾文私下爲家人留下的自傳裡，達爾文表示，他的老師和他的父親都認爲他是個「非常平凡的男孩，智力表現低於一般水準」。驚人的是，達爾文最初展現潛力的跡象，是他自幼對打獵的熱愛與技巧。他在這方面的投入讓他父親警告他：「你除了射擊、養狗、抓老鼠，別的什麼都不想，你會變成自己和這個家庭的恥辱。」幼小的達爾文把父親的話聽了進去，在一番思考後得到結論，「觀察與理解」的樂趣比「技能與運動」的樂趣來得大。

這時，達爾文已經開始培養他的觀察技巧。在他八歲喪母那年，他對自然歷史與採集樣本的興趣已經「發展得相當成熟」。達爾文喜歡長時間獨自在外散步，採集貝殼與礦石，加入他的印章、郵票與硬幣收藏品中，或許這就是年幼遭逢喪母之痛的達爾文尋求慰藉的方式。達爾文十歲時，就已經會小心觀察昆蟲，這份兒時的熱誠一直在

## 爲達爾文鋪設舞台：偉大的安寧小姐

十九世紀初期，追究進化論的熱潮因天才兒童瑪麗・安寧（Mary Anning, 1799-1847。譯註：著名英國化石收藏家）挖掘出完整的恐龍骸骨而加溫。在那個即使是知名古生物學家都無法正確重組恐龍遺骸的時期，安寧小姐發掘出這個動物化石的成就，帶來了重大的影響。身爲木匠女兒的安寧自小在英格蘭南部來木鎮（Lyme Regis）的懸崖玩耍長大，十一歲時失怙。她從小就對她在懸崖上挖出的化石著迷，她很快就學會如何在不損傷化石的情況下把化石挖掘出土。她的第一個重大突破，是在一八一一年挖出了完整的魚龍（ichthyosaurus）！她也發掘了第一個完整的蛇頸龍（plesiosaurus）化石，一八二五年，又挖掘出頭一個在侏儸紀及白堊紀曾叱吒風雲、擁有飛行能力的翼手龍（pterodactyl）化石。

但是當時有些人卻對安寧過人的能力嗤之以鼻，以爲那是不正常的。那些當時仍然排斥女性跟男性一樣可能具有過人智能的人，對安寧的才智如是「解釋」：聽說她小時候曾經被雷擊中，閃電般的天才火花，就此深植在她的神經系統中！當然，這種說法純屬無稽之談，她的成功是因爲她對當地環境的了解，還有她不屈不撓的毅力，和不輸達爾文的過人觀察力。

求學過程中伴隨著他。中學時，達爾文形容自己「熱衷追求任何能引起興趣的事物，也眞心喜歡去了解任何複雜的事或物」，當時的達爾文就已展現出後來讓他獲得學術成功的熱誠、注意細節、完全沉浸於研究題材等特質。

達爾文的祖父與父親都是醫生，按照他們的規劃，達爾文理應追隨他們的腳步，進入愛丁堡大學就讀。但是達爾文對於當時醫學的教學方式並不感興趣。他認爲在課堂上的講課是「難以忍受的乏味」，對醫師不用麻醉劑就爲病人進行手術感到不舒服，「連忙轉身離開」，再也不想回頭。達爾文和本書介紹的幾位革命性思想家一樣，他的成就證明，不一定非要透過正統學院訓練的途徑，才能獲得或達成自己的願望。

兩年後，達爾文於西元一八二七年放棄了他的醫學學位，不過他就是在愛丁堡培養出對自然科學的濃厚興趣。他在愛丁堡大學討論的拉馬克的進化理論和他祖父的《動物學》（*Zoonomia*，又作 *The Laws of Organic Life*。Erasmus Darwin, 1731-1802，

## 馬爾薩斯：對達爾文造成深遠的影響

馬爾薩斯（Thomas Malthusm, 1766-1834），是位劍橋大學的傑出學者，後來擔任英國聖公會的副牧師。他發表於一七九八年，後來又於一八〇三年修訂的〈人口論〉（"On Population"）影響了達爾文的觀察結論，也對達爾文的天擇說有所貢獻。馬爾薩斯在文中指出：「人口增加的速度具有比糧食生產速度還快的自然傾向。」而達爾文在他的觀察結論中表示：「天擇是所有生物快速增長的情況下難以避免的結果，因爲如此快速的成長勢必導致生存競爭。」

英國當時學術界領導者，深受達爾文景仰），都挑戰了物種不變的傳統觀念。雖然他對科學方面興趣濃厚，但當他於一八二八年進入劍橋大學時，卻有進入教會服務的打算。不過聖經的魅力，終究比不過他自年少時就開始觀察的昆蟲；他後來表示：「在劍橋念書所花的心思或所得的樂趣，實在無法與蒐集金龜子相比。」

童心未泯的痕跡依然出現在成年後的達爾文身上，這可以從他觀察自然變化所獲得的無比喜悅中看出來。此外，也可以從他的語言文字中看到、聽到。在別人眼中再普通不過的討厭小蟲，在他筆下，成了「帶著六對結構美麗又善於游水足部的幼小蔓腳類動物，還有一對複眼和極度複雜的觸角」。或者，從他的田野探險中也看得到，例如，有一次，他兩手各抓了一隻在樹皮下找到的罕見甲蟲，然後又看到另一隻新品種，實在捨不得放棄，於是他把右手抓著的甲蟲丟進嘴裡。結果他嘴裡的甲蟲立刻朝他的舌頭噴出一股刺激性的液體，弄得達爾文不得不立刻把嘴裡的甲蟲吐出來，不但因此丟了那隻甲蟲，也沒抓到第三隻甲蟲。

達爾文對於自然與眾不同之美所抱持的開放態度，與他畢生對新觀念所秉持的開放態度一致。這兩方面的態度對他大有益處，幫助他接受新的證據，駁斥他原本以為確實無誤的舊有觀念。他同時也指出：「我一直努力保持心靈的自由，以便隨時放棄任何假設，即使原先對此假設垂青不已（而且我忍不住要對每個觀察對象都做出假設），只要發現事實與假設相反，就立刻放棄。」不過他維持開放心胸的同時，也保持心靈的獨立，因為他要找的是證據，而不是意見。

「要了解眞理，就要有非常敏銳、精確、清楚的心靈；不是狡詐的心靈，而是能夠清楚看事、不受扭曲的心靈，是純眞而脆弱的心靈。」

——克里希那穆提（J. Krishnamurti）

## 觀察力

除非達爾文把他對自然世界不變的熱情，加以有效運用，否則光是這份熱誠，並不能保證一定會有偉大的成就。達爾文在自傳中對他的思考過程的精髓，做了總結，他表示他最重要的特質包括「愛好科學，對於觀察對象具有絕佳耐心，勤於觀察與蒐集事實，以及足夠的發明能力與常識」。這些特質在他受教於劍橋大學植物學教授韓斯洛（John Henslow）門下時，得到進一步的發展，韓斯洛教授於一八三一年建議初出學門的達爾文進行一趟海上之旅，達爾文於此行中又進一步磨練他的觀察技巧，繼而永遠改變了自然史的方向。

事實上，後來達爾文差一點無法成行，因為「小獵犬號」（HMS Beagle）的船長費茲洛依（Robert Fitzroy），差一點就要拒絕達爾文對船上博物學家一職的申請。費茲洛依是典型保守心靈的代表，所抱持的心態根本就抗拒這次任務可能帶來的改變，費茲洛依相信他可以由人的臉型判定一個人的性格。令人驚訝的是，他竟然懷疑，有著像達爾文那樣鼻型的人沒有足夠的「精力與決心」，以完成往後五年的航程！達爾文後來得到了這份工作，不過他和費茲洛依往後還是有看法相左的情況發生。

「小獵犬號」航經大溪地、紐西蘭、巴西、烏拉圭、阿根廷、智利，以及特別值得一提、位於厄瓜多海岸外的加拉帕哥斯群島（Galapagos Islands）等地。在航行的全程中，達爾文煞費苦心地詳細記錄他對植物、動物以及地理學的入微觀察。後來在他的自傳裡，達爾文表示：「小獵犬號的航行是我畢生最重要的事件，也決定了我一生的職業……我總覺得多虧這趟航行，為我做了第一次真正的訓練，甚至是真正的心靈教育。這次經驗，引領我更接近自然史的幾個學科，我的觀察力因此大有進步……在航程中，我常因研究的單純快樂，與強烈想要對自然史的龐大寶庫多增添幾筆證據，而研究不懈。」

隨著小獵犬號航程的推進，費茲洛依與達爾文在各島嶼間，見識到了鳥類中鷽類和其他物種的變種，還觀察到能證明天擇進化論的證據。達爾文帶著開放、好奇的心靈去觀察這種種現象，並且向費茲洛依指明這些事實。但費茲洛依不肯接受他親眼所見的證據，因爲他相信這理論隱含的意義，會與《聖經．創世紀》第一卷的字面詮釋產生矛盾。

雖然達爾文早在參與小獵犬號航行之前，就已提出進化論的假設，但是他也和大部分人一樣，抱持著創世紀中主張的正統意見，直到一八三四年以後才有所改變。他在那一年的日記裡寫著：「自從這塊陸地自海中升起後，就沒有任何新物種被創造出來，以致於境內物種缺乏。這假說看來並非不可能。」

小獵犬號返抵國門後，達爾文出版的作品建立了他的科學名望，一八三九年，他獲選爲皇家學會的會員。此時達爾文開始生病，那是疑似在航程中染上的神祕疾病，使他餘生飽受此病糾纏。他的病徵包括嚴重畏寒與一陣陣的嘔吐，病痛讓他浪費了許多時間。達爾文自己表示，這個疾病「毀了我生命中數年的光陰」。雖然如此，達爾文依然決意要展現正面的精神，並表示他的病讓他不致因「社交與娛樂」而分心。

一八三九年初，達爾文與表妹愛瑪（Emma Wedgewood）結婚，他們的第一個小孩隨即在年底出生，讓達爾文有了新的觀察對象。他馬上專注於記下嬰兒的各種新表情，因爲他認爲人類的表情有「漸進又自然的起源」。一八四一年，達爾文離開倫敦，前往位於肯特郡的鄉間避靜所「塘屋」（Down House）安養，把心神全然投注在蒔花養草與豢養鴿子上。達爾文藉此獲得了生物變異與雜交繁殖方面的知識，對他後來的研究更爲寶貴。

達爾文和本書大多數的革命性思想家一樣，保存了大量的工作筆記與札記。同時他也是個非常勤於寫信的人，如今保存歸檔的信札有一萬三千封，還包括許多他蒐集的生物樣本。當威爾斯博物學家華萊士（Alfred Wallace, 1823-1913）於一八五八年將一篇天擇理論的論文送交達爾文時，達爾文利用了他多年來保存的記錄，證明他已經花了二十多年的功夫，在研究進化論上。

後來達爾文與華萊士將他們的想法共同發表在一份學術期刊上，達爾文非常驚訝他們的研究成果竟然並未引起太大的注意。他的結論，是他們必須花時間好好解釋新的觀念，才能引起科學界的注意。就在隔年，達爾文出版了《物種起源：物競天擇》（*The Origin of Species by Means of Natural Selection or the Preservation of Favored Races in the Struggle for Life*），過去詳細的筆記再一次派上用場，幫助他快速完稿。

雖然進化的觀念至此已存在了一段時間，但達爾文是第一個將這個觀念架構成完整嚴謹的科學理論的科學家。達爾文成功的關鍵之一，就是他對細節的極度注意，細節正是他所謂「按部就班」工作風格的基礎成份。他總是爲他讀的每一本書編列索引，以便利追蹤與他工作有關的主題。他同時也保存了三十至四十個大文件夾，收藏了參考資料和備忘錄，而且在深入研究某個主題之前，他定會先加以翻閱。這樣他就能立即取得所有他畢生收集到的相關資料。

達爾文對豐富資料的靈活運用，讓他與眾不同，因爲他就是從微枝末節處證明了他偉大的理論。譬如巴羅教授（Professor John Burrow）對一九六八年版的《物種起源》的評論：「知道《物種起源》一書是上個世紀最重要著作的讀者……或許一開始會因爲書中花了甚大篇幅討論醋栗（gooseberry）的相對大小與纖毛，而不知所措。」

在進行《物種起源》的初稿寫作時，達爾文發現他很難清楚地表達概念，但是他認爲這反而可以迫使他在落筆寫下每個句子前，都多花一些時間，再想想。他按部就班的方法，讓他找出自己思考或其他人的邏輯錯誤，這些都是之前他所忽略的。在這艱辛的過程中，他一直堅定地保持樂觀的心情；每當有對手批評他，他就複誦以下這句箴言來安慰自己：「我已盡可能地努力，沒有人能做得比我更多。」

達爾文原先計劃出版的著作，比最後定稿的《物種起源》長了四、五倍，但是爲了搶在別人發表類似理論之前及時出版，證明自己獨力發展了進化論，他只好改變寫作方向。達爾文再次往好處想，告訴自己，少有讀者願意看那麼長的書籍。但讀者顯然對問世的《物種起源》興趣濃厚，第一版印行一千兩百五十本，在發行上市第一天全部售罄，到一八七六年，光是英國國內，就銷售了一萬六千多本。《物種起源》被翻譯爲歐洲各國語言，而且廣受各地好評。

達爾文對清晰、無微不至又講求方法的堅持，最後證明非常值得。在各家科學名人的作品中，達爾文的寫作無疑最平易近人，最能達到教育一般民眾的目的。讀者不需要特別的數學或其他科目的訓練，也能看懂《物種起源》，該書無遠弗屆的吸引力是其他重要科學著作都比不上的。此外，達爾文並不因著作暢銷，而使得科學論證的完整性與效力打了折扣。《物種起源》不管在邏輯推論上或事實求證的資料，都非常豐富，更加倍激發讀者的思考，也更具有說服力。

雖然華萊士和其他人也提出類似的進化理論，但是達爾文的貢獻獨一無二，也最完整。有人說，達爾文的理論在當時的知識發展背景下，是個可預料的論點。對此達爾文回應說：「有時候，有人表示《物種起源》一書的成功，是因爲『討論這個主題的時機已然成熟』，也有人說『大家已經準備好接受這樣的理論』。我認爲這些說法不盡正確，因爲我和不少自然學家談過這個問題，但從沒有人曾經懷疑過物種恆久不變的說法。即使是有興趣聽我討論這問題的地質學家萊依爾（Sir Charles Lyell）和植物學

## 達爾文學說中的關鍵詞

從倫敦國際機場到倫敦市中心的路上，有家「達爾文咖啡館」，咖啡館的口號是「你的『天然』選擇！達爾文的觀念遍及人心，已經深植於知性生活與通俗文化的結構。以下是幾個能幫助讀者了解達爾文學說的關鍵詞的定義。

### 1. 適者生存（survival of the fittest）

「適者生存」之意，並不是「固定上健身房的人，就有機會活得久」（譯註：「適者」的英文 fittest 亦可解釋爲最健康的人）；達爾文指的是最適合在環境中存活的生物。達爾文理論的基本前提，強烈響應了馬爾薩斯的思想：環境中永遠不會有足夠的糧食資源，能餵飽所有動物族群或相互競爭的族群；在和自然環境的對抗中，不可避免地，只有最適合生存的動物，能夠更有效地爭取可得的資源。任何一小支能夠幫助物種在此競爭中生存下去的變種，不僅重新定義了該物種整體的環境適應性，以達繁衍目的，更能適時提高物種的血統。達爾文表示：「好的變異通常容易存留，不好的則易遭淘汰。」

### 2. 天擇

自然界力量決定哪些生物最適合生長於特定環境，以及能夠獲得最大好處的過程，就是推動進化的動力。試想一個薄殼陸龜族群，常被當地老鷹族群抓起，再把牠們自高空中丟下，使龜殼破裂，以食得龜肉。如果隨機的變種讓陸龜的殼變得稍微厚一點，變得不那麼容易被抓起或破裂，那麼變種的陸龜就能壯大，成爲主要的族群。根據天擇論，陸龜族群的殼會在一代代的繁衍下，變得更硬、更重。而懂得發展出掠食其他生物不再專以陸龜爲食的老鷹，則會比單以愈來愈重的陸龜爲唯一食糧的老鷹進化得更好。

### 3.社會達爾文主義

有些政治哲學家將自然選擇的理論應用到人類關係的舞台上，以爲最適合生存的會是一個國家或是一個民族。英國的「大布列顛萬歲！」（"Rule Britannia"）、德意志的「德意志萬歲！」（"Deutschland über Alles"）和美國的「天定命運論」（"Manifest Destiny"）都是各國試圖在人類進化上獲得主導權的口號。如有人認爲人類歷史是達爾文進化式的鬥爭，或是西方強權在二十世紀初在這場鬥爭獲得勝利，儘管這聽來誘人，但並不是眞正的達爾文主義，眞正的達爾文進化過程，牽涉的是長時間的演變和細微的外力介入。

### 4.達爾文獎（Darwin Awards）

病態卻頗受歡迎的達爾文獎，專門頒給那些因爲缺乏常識而不經意地造成自我毀滅的人士。該獎項的網站宣稱，獎項的用意在「發揚達爾文的進化論，紀念那些不惜剔除自身，來改善人類基因庫的死者」。

### 5.創世論科學（creation science）

創世論科學被許多人認爲是「地平論」地質學的生物學翻版，主張所有的生命型態，都是由至高無上的上帝於同一時間內創造出來的，一如《創世紀》的敘述。而如今不再存在、但仍遺留有遺骸化石的生物，則是因爲來不及登上諾亞方舟而招致滅絕。（値得一提的是，達文西和達爾文都因觀察到原本不應在高地出現的絕種海洋生物化石，而對當時盛行的創世論觀點提出質疑。）雖然如此，最近的調查顯示，仍然有將近百分之二十五的美國人接受創世論的觀點，而不接受進化論；另外有百分之三十的受訪者表示沒有定論。

### 6. 失落的環節（the missing link）

在科學與社會開始接受人類是由靈長類動物演化而來後，人類與人猿之間確切環節缺乏證據的問題浮出臺面。找尋所謂「失落的環節」的工作，成爲二十世紀早期人類學家與生物學家的研究焦點，各國都想要證明境內擁有失落的環節。達爾文自己一點都不看好演化鏈中會出現所謂的「失落的環節」，他認爲：「競爭的過程是在……更加微妙、持續而且極度漫長的時間下發展。」換句話說，要找尋單單一個「失落的環節」只是白忙一場。

### 7. 性擇說

有另一派天擇的說法認爲，演化的主要推動力在於繁衍下一代，以延續父母特有的遺傳血統。如果你曾經參加過高中舞會，或曾在單身酒吧消磨過夜晚時光，你或許早已想過這個引起爭議的「性擇說」（sexual selection）。

家胡克爾（Sir Joseph Dalton Hooker），也不曾同意我的看法。我也曾試著與一、二位賢能之士解釋我所謂的天擇論，不過都失敗了。我相信絕對正確無誤的是，博物學家腦中儲存的許多實證觀察已經成熟，只要有解釋這些觀察的理論適時提出，就能及時發揮作用。」

## 溫和的天性，劇烈的影響

達爾文的《物種起源》與稍後於一八七一年出版的《人類的由來》（*The Descent of Man*）挑起了聖經創造論者的激烈反對。達爾文的理論在今日如此盛行，我們實在很難想像當年理論問世時，對保守安適的維多利亞時代根深蒂固的傳統價值觀，與對上帝、對女王及對大英帝國的堅信不疑，造成了多大的衝擊。達爾文的理論宣稱，宮廷中衣冠楚楚的王宮貴族其實是毛茸茸、成天在林間遊來盪去的人猿後代；這不啻是對西方文明的自我價值引爆了一顆手榴彈。達爾文理論引起的爭議性蔓延到美國國土，如《天下父母心》（*Inherit the Wind*）把著名的史高普老師的猴子審判事件（Scopes Monkey Trial，譯註：發生於一九二五年，美國當時法律禁止教師在公立學校教導達爾文進化論，一名中學教師因違法而引發一連串轟動全美的訴訟）搬上舞台與銀幕；後來還有肯薩斯州教育委員會，因企圖限制學校教授進化論的內容，而成爲舉世焦點的新聞事件。

進化論的經典辯論，則發生於一八六〇年在牛津大學召開的「英國科學促進會」（British Society for the Advancement of Science）上。達爾文並不喜歡這樣的爭論，但是他的支持者如動物學家赫胥利（Thomas Huxley）與植物學家胡克爾等人，卻相當享受這個能夠駁倒對手的機會。持反對意見的科學界人士，包括牛津主教威博福斯

### 受到達爾文啓發的孟德爾

達爾文的突破引出了許多問題，爲其他天才人物帶來靈感。其中成果最豐碩的問題之一，就是進化的資訊如何一代代地傳遞下去。關於這個問題的研究，後來促成了現代遺傳科學的誕生，更啓發了摩拉維亞僧侶孟德爾（Gregor Mendel, 1822-1884）。孟德爾年輕時進入修道院，全心鑽研遺傳的法則。孟德爾曾擁有一八六三年版的《物種起源》德文版。他在這本書與其他達爾文著作內頁的空白處，做了鉅細靡遺的筆記。西元一八六五年，孟德爾發表了他的遺傳法則理論，他藉此證明，父母的特質不會合併出現在子女身上，而是以明顯的特徵傳遞至下一代。孟德爾用豆子做實驗去證明他的理論。在實驗中，不同品種豆子的不同特質，例如豆莢的形狀，是藉由通稱爲「基因」的生物遺傳密碼所傳遞。此外，孟德爾還發現並解釋顯性與隱性基因之間的差別，爲華生（Watson）與克里克（Crick）的「人類基因組計劃」（Human Genome Project）以及基因工程學的誕生，打下了基礎。

（William Wilberforce）與達爾文在小獵犬號上的船長與後來海軍司令的費茲洛依。費茲洛依手中揮舞著聖經，力陳聖經的權威不容置疑。威博福斯則在論述終結時，轉身面對赫胥利，面帶諷刺的微笑問他：「你說，你的猴子血統是傳自祖母或祖父，抑或兩者皆是？！」

通常沉穩的英國聽眾，隨著正反兩方的辯論，不時發出激動的喃喃聲，其中有位布魯斯特女士（Lady Brewster）還因爲昏倒而被抬離會場。赫胥利等到會場回復安靜後，才開口說：「我來此純粹是爲了科學。你說生物的發展排除了造物主這個角色。你強調上帝創造了你，但是你也清楚，一開始你也不過一丁點大，沒比這金鉛筆盒的末端大多少。」赫胥利爲達爾文學說做了有力的辯護後，回應牛津主教提出的血統問題：「我寧可我的祖先是人猿……那我還不至因血統而蒙羞。但如果我的祖先竟濫用文化與口才的寶貴天份，去滿足偏見與虛僞，那我才眞要感到羞愧。」

達爾文本人刻意避免這樣的辯論，因爲他怕這樣不但沒有什麼好處，還可能「嚴重浪費時間與脾氣」；他寧可讓理論本身證明其重要性。或許正是爲了避免這樣的衝突，所以達爾文刻意在《物種起源》書中，低調處理關於人類的祖先是人猿的說法。後來，在《人類的由來》書中，他小心地措詞，指出人類的近親是「身體有毛的四足哺乳類動物，身後有一條尾巴，還有尖尖的耳朵，或許習於棲身樹上」。雖然如此，當他聽說他的擁護者在牛津大學的表現時，他表示：「這意義非凡，足向世界表示，還是有些一流人物不畏於表達他們的意見。」

雖然在科學興趣方面，達爾文可說是家學淵源，但達爾文的來往書信與自傳卻顯示，他還有溫暖、謙卑和慈愛的靈魂。這些特質可在他對妻子的生動描述中一覽無遺：「她一直是我最大的福氣，我敢宣稱，我這輩子從未聽她說過一句不中聽的話。她從不吝於給我仁慈、同情，對我時有的抱怨，更是以無比的耐心對待……我相信她從不放棄任何對周圍人友好的機會。我爲自己的好運稱奇，她的每項道德特質都勝我一籌，竟然還肯下嫁於我。她是我一生中明智的諮詢者，也是鼓舞我的安慰者，沒有她，我的人生就會……悲慘無比……她贏得了週遭人的敬愛與尊敬。」

溫和謙虛的達爾文試著透過科學方法去證明他的研究成果，而捨棄譁眾取寵或誇大其辭的方式。「我從未偏離自己的路去追求名利。」他在自傳中寫道。除此之外，他不像某些科學界同儕那樣聲名狼藉。他在研究過程早期就表示：「當我想到很多人花了長時間鑽研某個研究對象，卻說服自己去接受愚蠢教條所謂的眞理。我有時會有點感到害怕，不知自己是否也是這樣的偏執狂。」

所有對他謙虛態度的懷疑，都因爲他出了名的溫和及不愛出風頭的表現而消逝。他不認爲自己擁有格外優秀的心靈，而將成就歸功於他對自己心靈的訓練。他致力於善用心智能力，並且也革新了人類對自我的看法，這一切的努力對我們來說都是傑出的典範。

達爾文最後還是失去了對宗教的信仰，但這並不單是因爲無法將科學理論套入宗教的世界觀。他也因九個小孩中有三名子女早夭而飽受折磨。他的宗教信仰並非瞬間消逝：「對宗教不信賴的感覺慢慢蔓延全身，到最後信仰終於全然消失。這速度如此緩慢，我一點也不感到難受，從那一刻起，我對自己理論的正確性，便不曾有一秒的懷疑。」雖然他失去了宗教上的信仰，但他仍然以仁慈待人，更提倡以愛對待世間萬物。他表示：「隨著人在文明中進步，小的部落結合成爲大的社群，每個個體理應以社會一份子所有的直覺與同情心，對待所有國內同胞，即使彼此並不相識。一旦做到這點，就只有人爲的屛障，足以阻止同情心延伸至所有國家與所有種族。」

達爾文於一八八二年逝世，在經過一番激烈爭議後，安葬於西敏寺，以作爲科學與信仰和解的象徵。

## 成就總結

▲二十來歲的達爾文，因在探測船小獵犬號所作的觀察研究，成了舉世生物學家中的翹楚。

▲達爾文在一八五九年的《物種起源》中，提出了頭一個具有說服力的解釋，說明不同物種的演化機制。

▲達爾文迫使其他思想家面對人類演化的問題，特別是在他的《人類的由來》一書出版後。

▲達爾文一生的表現，向世人示範了即使是偉大的科學家，也不應抗拒對新浮現的證據採取詳細的研究。

▲達爾文另著有《人類與動物的表情》（*The Expression of Emotion in Man and Animals*），於一八七二年二月出版。此書以圖解方式顯示，人類與動物有某些共同的面部表情以表達情緒，該書也是當時少數首開先河、使用照片的書籍之一，也是介紹肢體語言觀念的重要著作。

## 達爾文與你

說來也許諷刺，達而文這位天才夢幻隊伍的成員，最是說明了基因組合對天賦的影響；但這也提醒我們，想把這些遺傳的潛力發揮到多大的程度，大多取決於自己。達爾文鼓吹耐心、熱情、觀察與研究方法的力量，當你試圖努力發揮與生俱來的天賦時，他倡導的這些力量無疑是你最好的啓發與激勵。試想，如果你對於自己的目標也有像達爾文那樣的熱誠，你會獲得怎樣的成果。再想像一次，別忘了你也可以擁有像他一樣的熱誠！

達爾文提供我們一個機會，去反省我們目前仰賴的腦部是如何發展到今天的。別忘記你也是演化這個不間斷過程的一部分，你今天之所以是你，一定是有原因的。

人的「三腦」經過演化，對達爾文學說推論出的改變，表現出兩種相異的態度：一種受到隔代遺傳、爬蟲及哺乳類動物的傾向主導；另一種則由不斷演化的意識所支配。深具遠見的哲學家與數學家班納特（J.G. Bennett），分別將之稱爲「精神靜力」（psycho-static）與「精神動力」（psycho-kinetic）。費茲洛依船長的心靈就屬於精神靜力的心靈把改變視爲威脅，排斥未知，避免模稜兩可。這類心靈相信過去決定了未來，試圖把現狀合理化。這樣的心靈受到恐懼的鼓舞，抗拒創新、創意的張力和新的想法。相反地，精神動力的心靈擁有像達爾文這樣的心靈，認清任何存在都有不斷變化的天性，試圖將這個認知與恆久不變的基本核心價值觀相結合。

這樣的心靈將改變視爲前提，用創意的方式擁抱混沌，承認現在創造未來，也歡迎未知的發生。這是一種自我反省並尋求眞理的心靈，不管再怎麼難受也去承受。

當我們發現自己愈來愈像費茲洛依時，很可能就是該與害怕接受更開闊、更有創意生活方式的恐懼攤牌了。請你在做接下來的自我評量與天才練習時，別忘了想想這一點。

【自我評量表】

# 你有多達爾文？

- □我有開放的心靈。
- □我的朋友、家人和同事都同意我是個能接納新思想的人。
- □我是個有耐心又細心的觀察者。
- □我強調生活中的正面部分。
- □當某個熟悉的觀念被證實是錯誤時，我不會緊抓舊觀念不放。
- □我有耐心也有毅力。
- □我對其他物種懷有同理心。
- □我不讓疾病、童年的陰影或其他人的批評，激怒我、破壞我的情緒或影響我的自信。
- □我行事有條理，詳細記錄工作的過程、進度和效率。
- □我能運用邏輯推理，就累積的特徵和細節逐一審視，歸納出一些模式。
- □我對眞理的愛好大於堅持己見的需要。

【天才練習】

# 發展觀察力，敞開心懷

## 自我觀察

以下的列表顯示「三腦並用結構」（triune structure）與馬思洛（Abraham Maslow）「需求層次論」（hierarchy of needs）之間的對應關係。請在做有意識的演化練習時，以需求層次為主題。注意你花在每個革命性階段的時間與精力百分比。

你的注意力與精力有多少是放在「生存」階段？平均一天裡，你有哪些行為是出於捍衛地盤的本能？（例如，當你發現有人停放車輛時，佔了兩個停車位時，你有何感想？你會不會做那樣的事？）你的生命力量，有多少比例投注在哺乳類動物在乎的事情上？你的日常生活中，尋求同儕認同和與其他人類建立關係的行為，扮演什麼樣的角色？你投入了多少時間與注意力在大方向的思考、自覺、利他主義和其他新大腦皮層的活動上頭？

請剔除價值判斷，只要盡可能客觀地觀察自己即可，就像達爾文觀察甲蟲一樣！

| 三腦並用結構 | 馬思洛需求層次 |
|---|---|
| 爬蟲類／腦幹 | 較低層次：專注生存、食物、性、權力等等 |
| 哺乳類／大腦邊緣系統 | 中級層次：情感連結、結盟、關心與自尊 |
| 人類／新大腦皮層 | 較高層次：意識、利他、宏觀、<br>長期有利於社會的作為、自我實現 |

在一所社區大學從事諮商輔導的大衛，決定要採用馬思洛與三腦並用對應的原則，去觀察他在每週部門會議的行為。他的天才札記內容摘要如下：

「我朝平常坐的座位走去，但立刻就發現有個新的『爬蟲』同事已經坐在那裡，這個特別的『爬蟲人物』，顯然不知道他侵犯『我的』空間領域可能會面臨的危機。前幾分鐘，我曾經考慮要請他換個位子，甚至推他一把，但再想一想（馬斯洛較高層次的作用），我決定忽略這件事，不做出爬蟲類動物般的瞪視，找個新位子坐下。

「我花了比較多的心思去適應新的座位，而且在我看來，這個座位的位置比較差，所以我開始跟隔壁的人說笑（哺乳類動物的結盟），直到我們接收到其他哺乳類動物不太贊同的眼光。會議開始，我們開始討論各項問題，我注意到我的反應略帶爬蟲類的企圖，想要確保我在公司階層中的地位，心中還有哺乳類的想法，希望大家都喜歡我、贊同我。這樣的意識讓我剔除了爬蟲類的元素，用更真誠的方式去討論問題本身。我猜這就是『較高層次的大腦皮層作用』發揮了。

「會議議程的最後一件事項，是宣佈哪些人的論文入選了即將召開的學術會議。雖然我並沒有遞交論文送審，但當我聽到我最好的朋友將獲得一筆金額不小的補助金、還可以在大型會議中發表論文時，我覺得自己的情緒也隨之高漲（一種溫暖、隱約的哺乳類動物反應）。

「接著我注意到肚子發出咕嚕聲響，感到有強烈的爬蟲類動物慾望，想吃個加了乳酪的大麥克漢堡……原來較高層次的思考也不過如此！」

## 找到你自己的甲蟲狂熱

達爾文在劍橋大學遇到了許多和他一樣對甲蟲有興趣的聰明人，他甚至開玩笑說蒐集甲蟲顯然是崇高地位的徵兆。雖然達爾文這麼說純屬幽默，但也有點真實性。人腦藉由彙整與將資訊分類成各個模式，去理解、記憶所吸收的資訊。柏拉圖的高徒亞里斯多德在提出人類知識的分類時，就清楚了解這點。

你小時候是否也有蒐集東西的愛好？也許你收集貝殼或石頭，或許你蒐集的是棒球卡或蝴蝶。請試著重拾過去的愛好，或是找個新的愛好。找一個小孩分享你的收藏品，可幫助你培養達爾文式的開放與觀察力。你蒐集的成品並不如蒐集的方式重要，所以你也可以蒐集神奇寶貝卡、郵票、硬幣、書籍、披頭四唱片或是甲蟲，只要能捕捉你的想像力都可。請別忘了記你的「蒐集札記」，並且每一週定一個你想要搜尋到的新東西。除了發展觀察力、組織力和記憶技巧外，你還可以學會如何用兒童般的開放心胸與熱情，去洞察這個世界，這也正是達爾文天才特質的祕密。

## 向寵物學習

達爾文養了很多寵物，包括狗、烏龜、各種甲蟲和其他昆蟲，而這些寵物都是他的老師。他對鴿子有著特別的狂熱，花了許多年的時間培育鴿種，以了解鴿子如何遺傳的不同特徵。他同時還訂閱《家禽記事報》，又加入工人階級的鴿會，鴿會裡的人都稱他為「老爺」。如果你家裡沒有人類以外的物種與你共同生活，那麼不妨邀請一隻加入：貓、狗、魚、鸚鵡、兔子或蛇，都可以教你了解世界的新方法。如果你已經養了寵物，請用新的方式去看待你的寵物朋友。試著把你的動物伴侶的行為記錄在家庭札記中。讓你的寵物激發一些有創意的家庭對話，例如以下主題：

▲如果嗅覺對你和對狗一樣重要，你的世界會有何改變？
▲為什麼狗常常跟主人長得很像？
▲為什麼貓看起來比狗獨立？
▲各種不同的動物如何表達各自的情感？
▲昆蟲有感覺嗎？
▲動物與人類在和同種的同伴互動時，最大相同處與最大相異處有哪些？
▲如果你可以成為人類以外的動物，你想變成什麼動物？為什麼？

## 讀小說增進觀察力

達爾文是個顧家的男人，他晚年最喜歡的活動之一，就是和家人同讀小說，唯一的條件是不要有悲慘的結局，他對此的說法是：「這種結局應該要立法禁止。」當然，偉大的小說使人完全陶醉在故事情節中，並以此為樂。但是讀小說也是增進觀察力的好方法。偉大的作家用達爾文式的敏銳洞察力與耐心去觀察世情，因此在閱讀小說時，你也可以加強自己對自然界奇妙細節的欣賞深度。請列出你最喜歡的小說，把他們重新讀一遍，但這次的目標是要加深對觀察力的理解。把你的小說清單與朋友或家人分享，組成一個小說讀書會，就像達爾文和他的家人一樣。

以下是幾本以觀察細膩入微著稱的經典名著，可供各位參考：

▲哈代（Thomas Hardy）的《黛絲姑娘》（*Tess of the d'Urbervilles*）是歷來最具視覺效果、描寫最細膩、觀察最入微的書。
▲泰勒（Anne Tyler）的《意外的旅客》（*Accidental Tourist*）裡的

---

***康明斯（e.e. Cummings）自稱是「太陽下所有事的狡猾觀察者」。***

敘述不帶任何評斷，只有對人類心靈受到衝擊挑戰的純粹觀察。

▲迪勒（Annie Dillard）的非小說類巨作《溪畔天問》（*Pilgrim at Tinker Creek*）是普遍公認觀察入微的經典名著。

▲沃夫（Tom Wolfe）的《浮華的烽火》（*Bonfire of the Vanities*）雖然讀來誇大又充滿刻板印象，但也逼真無比。

▲石黑一雄（Kazuo Ishiguro）的《長日將盡》（*Remains of the Day*）是本用極度細膩的細節來陳述理想破滅的小說。

## 體驗直立人的演進

雖然這個練習在團體中做起來格外有趣，但你還是可以在獨立進行中獲得效益。你需要的只是一小塊鋪了地毯的乾淨空間和一條毛巾。

首先，面朝下俯臥，毛巾在臉部下方，雙腳併攏，雙手置放在身體兩側。請注意這個姿勢是不會讓你跌倒的。維持這個姿勢休息一至二分鐘，想想一個生物是如何感覺這種姿勢與地心引力的關係。試著在地板上擺動身軀，朝著眼前想像的美食扭曲前進。

接著請準備接受「演化的過程」。你即將要經歷突變。慢慢把手貼著地板、從身體兩側往頭部的方向移動，直到雙手往前伸直、雙掌朝下。用你剛演化的四肢把頭和上半身撐離地板。向四周望一望，想想你的視野擴展後，你的意識是否也因此大有進展。試著用你的前掌幫你探索環境，並向食物前進。

下一步的演化會讓你成為哺乳類的四足動物。你可以選擇你最喜歡的動物：馬、狗、美洲獅、瞪羚、水牛等等。用四肢把自己撐起，而且如果要增加樂趣，還可以模仿你選擇的動物的步伐、叫聲和其他行為。在這樣的狀態下，你的行為與潛在的意識是怎麼演進的？

接下來的一大演化突破是提起前掌，讓自己成為靈長類動物。你可以選擇模仿黑猩猩、紅毛猩猩或是大猩猩，選擇你最喜歡的即可，享受像猴子般的移動方式。意識思考的方式有什麼改變？與地心引力關係的變化，是否影響了你溝通和社交的選擇？

最後，整個人站直，回復人類的直立狀態。完全成為人類的感覺如何？

完成這個演化之旅後，請思考以下的問題，把你的觀察心得寫在天才札記本裡。

- ▲直立體態有什麼固有的弱點？
- ▲直立體態有什麼優點？
- ▲直立體態對發展智力與意識有什麼影響？
- ▲在日常生活中，你是否注意到，人的體態與意識和敏捷的程度有所關聯？
- ▲人是否有可能在抬頭挺胸的直立狀態下感到沮喪？
- ▲人是否有可能在彎腰駝背時，感到歡欣鼓舞？

## 關於起源的思考

上帝是否同時創造了這世界，以及地球上所有的物種？人類的起源是什麼？你相信我們是人猿的後代嗎？生命是如何在地球上開展的？我們所知的生命，會不會是分子微粒隨機組合而成？如果達爾文的理論正確，那麼這與信仰上帝有什麼關聯？

你能否抱持開放的心靈去細讀與思考這些問題？

達爾文培育開放心靈的祕訣之一，就是佛洛伊德所謂「達爾文的黃金法則」。佛洛

## 創世論科學本身就是個矛盾嗎？

哈佛大學博物學家威爾遜的看法是：「由於我成長於美國南方清教徒環境，主要盛行的文化是反進化論的，所以我能夠輕易理解那樣的感受，也希望兩者能取得協調。你可以說，只要你相信奇蹟，任何事都是可能的。或許上帝眞的大手一揮下，就創造了包括人類在內的所有生命體，呈現完整的形貌；也或許這全是千萬年前發生的。但如果眞是這樣，祂也爲地球灑滿了細節設計精巧的『假證據』，密密麻麻地由地球的這一端散佈到地球的另一端，彷彿要讓我們不得不做出生命會演化和演化過程必須歷時數十億年的結論。當然，《聖經》告訴我們，祂不會故意這麼做。《舊約聖經》與《新約聖經》的上帝以各種方式展現祂的慈愛、權威、犧牲，卻也展現了令人畏懼的憤怒和奇妙神秘的作爲，但祂從不狡詐。」

伊德表示：「人通常容易遺忘與自己想法相反的意見，這是無庸置疑的事實……偉大的達爾文對此印象如此深刻，以至於他定下了『黃金法則』，規定自己要仔細記下任何看來對他的理論不利的觀察，因為他相信，這些相反的觀察最不容易停留腦海。」

換言之，達爾文特別花心思去記錄、思考那些可能因為情緒而被忽略的觀察心得與資訊。這個為了克服偏見與成見而設計出的嚴謹方法，是天才獨立思考的證明之一。

請試著把達爾文的黃金法則應用在你自己的觀察與經驗中。向自己挑戰，去了解自己的偏見與成見何在。把「我的偏見與成見」當作主題練習，持續一星期，並且把觀察心得全都記錄在筆記裡。別忘了在你忘記之前，趕緊把最令你不舒服的觀察心得寫下來！

## 你的工作與達爾文

在這個充滿快速變遷和高度挑戰的企業叢林裡，要克服費茲洛依式的狹隘觀念，培育像達爾文接受新觀念的開放胸懷，確實是一大挑戰。

雖然資訊時代講究創新，但是許多企業一旦面對新的作業流程、程序和技術，依然充斥著費茲洛依式的心態。一個新觀念，不管用意多麼正面，總是代表著必須揚棄舊有的觀念。而且新觀念本身的創新程度與被排斥程度似乎有著直接的相關性。對組織創新的排斥，常以「費茲洛依式的心態」（Fiszroyism）出現，伴隨著種種抗拒革新的語彙。以下是我這麼多年來聽過的費茲洛依心態前十名（由第十名列起）：

第十名：「我們一直以來都這麼做。」

第九名：「這不是我們這裡的行事方式。」

第八名：「這不在預算中。」

第七名：「你得先證明這能成功，我們才能去嘗試。」

第六名：「如果沒壞就別動它。」

第五名：「是沒錯，但是……」

第四名：「我們還不準備接受那樣的改變。」

第三名：「不要興風作浪。」

第二名：「律師不會喜歡我們這樣做。」

第一名：「如果這想法真有那麼好，早就有人做了。」

專事服務大企業的安侯建業（KPMG）會計師事務所，最近發動了一個大型新計劃，試圖重新反省其企業體營運的每個層面。這個根本改造的計劃就叫作「達爾文」！安侯建業的行動算是頗不尋常，因為從各個角度來看，這個公司的營運已經非常成功，但是安侯建業在英國的資深合夥人兼歐洲總部的總裁雷克（Mike Rake）告訴我：「現今改變腳步之快，光是能從容應付今日世界的需求，並不能保證明日還會成功。企業需要透過達爾文的眼去看世界，也就是說，要以不帶成見的眼光去看這世界，去了解和回應世界真正的脈動。」

## 音樂中的達爾文精神：革命之頌

史特拉汶斯基（Igor Stravinsky）的《春之祭》（法文原名為 *Le Sacre du printemps*，英文譯為 *The Rite of Spring*）是伴隨達爾文偉大天才特質的最理想選擇。《春之祭》粗獷的特質和火花四射、不對稱的旋律，讓人類世界對音樂有了全新的認識。史特拉文斯基表示他希望聽眾能夠「聽到天崩地裂」。這首曲子於一九一三年首演時造成嚴重的暴動，不輸達爾文的新概念剛問世時所面臨的騷動。當然，達爾文的理論和這首精采絕倫的曲子都經過了時間的考驗。最受歡迎的《春之祭》版本是史托考夫斯基（Leopold Stokowski）指揮的迪士尼電影《幻想曲》（*Fantasia*）的原聲帶版本。在這個經典版本裡，你可以見到生命的演化，從太空中燃燒的氣體，透過原始生命形式之舞，到恐龍的滅絕，延續發展。

## 認識甘地

達爾文用來寫作《物種起源》的書桌至今仍然收藏於倫敦市中心，靠近特拉法加廣場（Trafalgar Square）的「文藝俱樂部」（Athenaeum Club）。十九世紀時文藝俱樂部是大英帝國統治階級的重要聚點，在那個地方，許多關於征服全球與併呑領土的重大決定，就在大家抽著雪茄、輕啜波特酒的討論間達成。

雖然大英帝國的王公大臣起初和大多數人一樣，因爲達爾文提出人的祖先是棲息樹間的長毛人猿的理論而驚惶失措，但他們很快就重拾原有的鎭定。不僅如此，這些大英帝國的統治者，還迅速吸收了達爾文的新見解，用有利於他們的方式詮釋他的學說。就在達爾文出版《物種起源》後沒多久，社會上普遍認爲，大英帝國代表著社會、知性、科學和軍事發展的「進化尖兵」。最「合適」的不僅留存下來，更獲得興盛，高居統治地位。（這個反應與當初羅馬教會宗教審判對哥白尼與伽利略學說的反應，正成對比。宗教審判盡一切努力去維護舊的理論，試圖打壓日心論這個新學說。）

大英帝國在自稱擁有全球優勢之餘，達爾文的作品反倒成了無可辯駁的科學證據。「適者生存說」成了實質上的命令，變成侵略主義的口號，以鼓勵更多的征服與擴張行動。

雖說如此，幾乎就在達爾文出版他的鉅作的同一時期，有個嬰孩誕生於印度這塊大英帝國的殖民地之寶。自華盛頓於約克城接受英國康瓦利斯將軍投降以降，大英帝國所面臨的最大困境，就是由這個嬰孩日後的成就所引起。大英帝國的新對手，對於他的祖國試圖脫離大英帝國殖民掌控，採取出一種革命性姿態，以非暴力的手段抗爭；而這位偉大的創新者就是甘地。

非暴力與紡紗車

# 甘地

（Mohandas Karamchand Mahatma Gandhi, 1869-1948）

## 運用精神的力量 調和身、心、靈

想在世上看到什麼改變，就要先身體力行。

——甘地

**【畫家的話】**

我為十位天才人物所繪的畫像中，這幅甘地的臨摹畫像最忠於原畫。我想要傳達出甘地充滿活力的身心關係，彷彿他思想與行為付諸行動的風采都在一瞬間被捕捉下來。

相信各位到現在應該都注意到，上帝與宗教，在本書天才夢幻隊伍人物的生命裡扮演各種不同的角色。有幾位天才人物（哥白尼、達爾文）的發現讓他們與已然確立的宗教起了衝突；也有些人（布魯內雷斯基、哥倫布）則是爲了榮耀他們的神而努力；還有人（伊莉沙白一世、傑佛遜）奮力讓上帝脫離教會或國家的專制結構。不論天才人物努力背後的動力爲何，歷來上帝與天才人物一直息息相關。

直到今日，神與天才之間的關係仍然緊密，即使現代對於山頭林立的各種宗教、教派和神都統稱爲「信仰」。在過去歷史上，人類從來不曾獲得如此多種尋找和表達個人性靈生活的方式。也正因此，很多人都不得不試著用獨特的語彙，去界定個人與上帝的關係。眼看面前鋪著多條求取性靈之道，爲了追求眞正可靠又充滿生氣的性靈，我們該如何繼續向前進？

本書要介紹的倒數第二位突破性思想家，是位造就精神革命的天才人物，他能夠引導我們充分利用眼前的多樣選擇。甘地是第一位在不使用暴力的情況，達成政治革命的人物，他結合了清廉、服務、寬恕、祈禱、自力更生、自我淨化和愛的「精神力量」，改變了這個世界。甘地的作法，使得他的祖國印度於一九四七年脫離大英帝國的統治獨立。甘地首創的「非暴力抵抗及不合作主義」（Satyagraha）頌揚的是「眞理」（satya）與「堅定」（agraha），同時也提倡友愛敵人的觀念。甘地實際的哲學和策略的表現形式，也影響了金恩博士、前南非總統曼德拉、達賴喇嘛和其他偉大領袖。

偉大的民權運動領袖金恩博士強調：「甘地可能是史上第一人，讓耶穌愛的倫理，超越個人互動的層面，將之提升爲廣泛、有力、又有效的社會力量。」從個人層面來看，甘地可以爲所有在日常生活中尋求內心自由與性靈活力的讀者，帶來深遠的影響。

## 眞理的實驗

一八六九年，甘地生於印度波爾邦達爾（Porbandar）一個素來從商、後來獲得地方政治領導勢力的高等家庭。甘地的家庭信奉嚴格的印度教教條，他自幼就在家中表現出非比尋常的強烈良知和充分發展的道德規範。

人們常提到音樂神童或數學神童，但在甘地的例子來說，他可說是個「道德神童」。他在年紀尚幼時，就對善與眞理的問題表現出極度的敏感，灑下了造就他日後偉大成就的種子，在他長大成人時開花結果。甘地在自傳《試驗眞理》（*Experiment with Truth*）中寫道：「有些信念深植我心，那就是相信道德乃萬物之本，以及眞理爲所有道德的本質。眞理成了我唯一的目標。眞理在我心中日益成長，我對眞理的定義也愈加寬廣。」年輕時的甘地，曾有一次爲了表達他對向來只吃素食的雙親的反抗，和一個回教徒朋友偷吃了羊肉。那天夜裡，他惡夢連連，夢見一隻活生生的山羊在他體內發出叫聲。雖然甘地堅持反抗到底，在往後一年裡陸陸續續又嚐了六、七次肉食，最後他終於體認到，欺騙父母比不吃肉還糟糕。他後來在自傳裡表示：「對人說謊萬萬不可。就是這個認知……讓我避開了許多陷阱。」

一八八三年，十三歲的甘地娶同年齡的卡絲特白（Kasturbai）爲妻，雖說兩人的結合乃媒妁之言，但是甘地非常喜歡卡絲特白。她爲他生了四個兒子，並且鼎力支持甘地一生爲獨立所做的抗爭與對自我實現的追求。雖然如此，甘地後來還是公開反對由長輩安排的婚姻制度，他指出：「我看不出有任何道德教條足以支持如此荒謬的早婚制度。」

一八八七年，甘地的家庭勉強同意他離開印度，前往英國攻讀法律，他的母親要他發誓在英國絕不碰肉、酒和女人。甘地到了倫敦後，發現素食成了新的風潮，他加入了「倫敦素食社」（London Vegetarian Society），在聚會中接觸到當時幾位偉大道德家如托爾斯泰（Leo Tolstoy）、貝桑女士（Annie Besant）及羅斯金（John Ruskin）等人的作品。

甘地回到印度後，在孟買開業從事律師的工作，但又在一八九三年放棄了優渥的執業律師生活，反而以每週一英鎊的條件到南非居住。他抵斐不久，某一次搭乘火車到普莉多利亞市（Pretoria），卻因爲他不是白人被要求離開他花了錢買票的頭等艙。當他拒絕換到另一車廂，竟然被趕下火車，他自此留在南非二十一年，致力反抗南非歧視有色人種的法律。

甘地對法律的執著並沒有妨礙到他性靈上的發展。甘地鑽研世界各大宗教的教義和思想準則，期待從中找到共通的主題。他能夠將佛教、基督教、猶太教、回教和印度教每每各異的傳統相融合，這正是他天才特質裡最重要的一個部分。甘地最後把各主要宗教融會貫通而成的智慧，與各大宗教各自最吸引人的理念，加以應用在政治與社會的成就上，成爲他對性靈的畢生追求。他在自傳中說：「我想要達成的……是自我實現，和神面對面。我的演說與寫作，以及政治方面的大膽作爲，都是朝著這個共同的目標前進。」

## 轉化恐懼

艾斯華倫（Eknath Eswaren）在《甘地這個人》（*Gandhi the Man*）中，描述後來成爲「聖雄」的甘地當年是個膽怯的孩子。艾斯華倫指出：「當年連體型比甘地小許多的男孩，都讓他怕得不得了。」甘地的奶媽蘭布哈（Rambha）給了他睿智且後來改變了他一生的忠告：

承認自己害怕沒什麼不對，但當你受到威脅時，在心中一遍遍複誦『羅摩』（Rama，譯註：印度教第六、第七或第八毘濕奴之化身）頌歌，堅定立場，不要光是想到逃跑。如此就會讓恐懼變成無畏無懼。」

甘地體認到不論在何種宗教傳統之下，任何性靈追求的宗旨，必有愛、寬恕與憐憫心。例如他自己的性靈之道，可由一段印度教的經文傳達其義：

一碗水換飽餐；
一聲和藹問候換換躬身作揖；
一毛錢換金幣；
撿回一條命，就不要怕失去；
這即是智者的言行；
小小作爲換得他們十倍報償。
但眞正高貴者一視同仁，
懂得以德報怨。

甘地說，當年他頭一次讀到這段經文，就「深深地受到吸引。這段經文教導我們要『以善報惡』，成了日後指引我的原則。我爲這段話著迷，後來開始進行許多實驗。」其中有個實驗試圖在其他宗教傳統中找尋同樣的訊息，後來結果證明這個實驗非常成功。甘地藉著讓這項思想原則跳脫任一教派的限制，進而使他的努力成爲眞正的精神使命，超越了宗教的界限。

甘地追求性靈的努力，至今仍然受到廣大的迴響：「『神』的定義無限，因爲祂的表現方式無數。神的種種面貌讓我深陷神奇與崇敬之中，甚至剎那間使我目瞪口呆。但我崇敬神是因爲祂代表了眞理。我至今尚未找到祂，但我不斷追尋。我準備要犧牲最心愛的事物去完成我的追尋。即使這樣的犧牲包括了我自己的生命也在所不惜，我希望我有機會爲此獻出生命。」

從每個角度看來，甘地都遵循他性靈上的追求，言行一致，表現足以激勵所有人效法。甘地最親近的同袍之一，德賽以（Mahadev Desai）解釋說：「大多數人都是想的是一套、說的是另一套，做起事來又是不同的一套。甘地卻非如此……他只說他相信的，而且說到做到，所以他的心、靈和身體都和諧一致。」

甘地的信念經過仔細的思考辨證，而且還經過傳記作家南達（B. R. Nanda）所謂「道德代數」的嚴格考驗，而甘地強烈的良知與不屈不撓的意志正好相配合。甘地一旦求出了倫理的「方程式」，就朝著一定的路線開始行動，途中不受任何勢力干擾，爲了達成目標，必要時甘願一捨性命。

有個小故事最足以表達甘地傳奇性的正直個性。有個母親去找甘地，求他告訴她那患了糖尿病的孩子別再吃糖，免得有害健康，希望孩子能夠聽得進像甘地這樣道德崇高人物的話。但是令這位母親驚訝的是，甘地並沒有馬上答應她的請求，只要她三個星期後再把孩子帶來。三個星期後，這位母親把孩子帶到甘地面前，甘地終於告訴這男孩別再吃糖。那位母親問甘地，為什麼三週前不對她孩子說同樣的話，甘地回答說：「因為三個星期前，我自己都還在吃糖。」

## 服務，寬恕，祈禱

甘地矢志服務、寬恕和祈禱的堅持，源自他成長的家庭環境。印度教傳統將服務他人視為求得幸福與啓蒙的關鍵，一如詩人泰戈爾曾經說：「我每天一醒來，就體認到服務就是人生。我遵行照看，服務就是喜悅。」

對甘地而言，服務從雙親的家中開始。甘地在自傳裡，描述他如何照護他受傷的父親，他宣稱：「我樂於服務。我不記得曾有任何輕忽。」在甘地內心逐漸成形的哲學體系裡，秉持喜樂精神達成的服務是最高等的愉悅，也是自我實現的祕密。他認為出自罪惡感、為了博得外界認同或是受到他人壓力而做的服務，就抹殺了服務原有的精神。他對服務原則的投入，擴展到當地社會、他的祖國，最後遍及全人類。他以寫作表示：「如果有一天，我全然沉浸於對社會的服務，那是因為我渴求自我實現。我

### 偉大的靈魂

甘地被孟加拉詩人暨諾貝爾獎得主泰戈爾（Rabindranath Tagore, 1861-1941）稱為「聖雄」（Mahatma），這個字在梵文中就是「偉大的靈魂」。這個名號反映了甘地傑出顯耀的正直，以及他整合普世性靈眞理的能力。甘地年老時，人們也暱稱他Bapu，也就是「祖父」。

把服務當作自己的宗教，因為我感到，唯有透過服務，才能夠實現神的偉大。服務對我而言，就是為全印度服務。」

寬恕也是甘地自小習得的美德，甘地在自傳中回憶，某一次，他拿了父親的東西，後來卻因這錯誤所招致的痛苦飽受折磨。「後來我決定把自己的懺悔寫下來，交給父親，請求他的寬恕。我把心裡想說的一切，寫在一張紙上，親手交給父親。我不只承認我的罪，我還請父親給予我足夠的懲罰，最後求他不要因我的錯而處罰他自己。同時我也立誓絕不再偷竊。」

甘地父親對這悔過書的反應，在甘地成長過程裡成了一個重要的轉捩點；甘地的父親並沒有以怒氣相向，卻給了他「高尚的寬恕」。甘地寫道：「他把整篇悔過書看完，珍珠般的淚珠滑落兩頰，浸濕了紙張。他閉上眼睛思考，接著把我的悔過書撕掉。他原先坐起身來讀我的自白，後來又躺了回去。我也哭了。我看得出父親的痛苦。倘若我是個畫家，我今天必能畫出當時情景。這影像至今仍然活生生在我腦中……他發自愛的淚珠洗滌了我的心，將我的罪惡洗刷一淨。唯有曾經體驗這種愛的人，才眞懂得什麼是愛。」

弱者永不懂得寬恕。
寬恕是強者的特質。

——甘地

## 非暴力抵抗與不合作主義

服務、寬恕與祈禱的傳統，後來在甘地倡導的非暴力抵抗與不合作主義哲學中，有了政治上的影響力。這項哲學是甘地在南非搭火車前往普莉多利亞市的產物。他後來回顧事件發生的那天，他表示：「我開始思考我的責任，如果我沒有履行義務就奔回印度，那就是儒弱的表現。我面臨的苦難是表面的，那只是對有色人種病入膏肓的偏見之一。如果可能的話，我應試著把這病症連根拔起，即使在過程中承受艱苦。」

甘地哲學的中心思想，「反暴力說」(ahimsa)，源自所有生命都交織在同一張愛的神聖之布。「完全的非暴力，就是對萬物積極的善。這種純淨的愛，我在印度經文中讀到，也在聖經和可蘭經中讀到。」施行反暴力說者即使受到攻擊，「也不應該對傷人者動怒或有傷害對方的念頭；要祝福對方，不應咒罵對方；也不會動粗。他會承受對方所造成的傷害」。

除了對服務和寬恕的重視之外，甘地也對祈禱的力量有著莫大的尊敬。一九三一年，甘地自印度遠渡重洋到英國爭取印度的獨立。甘地參加了船上的一次祈禱會，他說：「禱告拯救了我的生命……不論公眾生活或私底下，我都體驗過苦澀的經驗，我曾因此陷入短暫的沮喪。如果我能去除那份沮喪失望，定是祈禱的緣故……因爲每當我身處困境中，必定要祈禱，沒有祈禱我快樂不起來。」對甘地來說，祈禱是「精神力量」的催化劑，也是行動最重要的工具。他寫道：「懇求、敬拜、祈禱都不是迷信；他們是比吃、喝、行、走還更眞實的行爲。要說只有這三者爲眞，其他都不眞實，也不爲過。」他又補充說，眞心的祈禱「可以將不可能變成可能」。

## 自制，自立，自主

甘地對啓發教化的追求，引導他接受一項深具挑戰性的性靈訓練之道，這套訓練的目的是控制身體，並靠著自我淨化的練習和自我獨立的發展，轉化慾望的能量。對甘地而言，這項訓練包括誓言禁欲，因爲他「無法同時追求肉體與性靈」，此外，還包括齋戒，採用簡樸、苦行式的飲食。甘地同時也利用齋戒來作爲非暴力抗爭手段的一部分。一九二〇年代，甘地開始了一連串「至死方休」的禁食，對英國政府施加道德壓力，迫使英國在政治上讓步。他認爲禁食是「……在某些特定情況下……最偉大也最有效的武器」，但他也警告大家，不可在未受適當訓練的情況下任意禁食。

甘地在南非建立了他的第一個提供靈修的「精舍」（ashram），倡導他的哲學思想。甘地的哲學理念來自他所謂對簡樸生活或自立（self-help）生活的追求。甘地在這方面，受到著有《戰爭與和平》（*War and Peace*）及《安娜卡列妮娜》（*Anna Karenina*）的俄國作家托爾斯泰的影響甚深。出身貴族的托爾斯泰家業豐厚，卻因著他的財富和沙皇政權的封建勢力，在祖國受到排擠。托爾斯泰對於莫斯科貧富之間的鴻溝日益拉大，感到厭惡，遂將他的產業分贈窮人，選擇留在自家祖產，過著苦行的生活。托爾斯泰同時也在作品中鼓吹非暴力的抗爭行動，並且就此與甘地書信往來，他於一九一〇年寫給甘地的信中表示：「你在南非進行的活動……是所有爲這世界所做的努力中最重要的一項。」

「自立」後來成爲甘地與英國殖民政府當局抗爭的重要一環，他鼓吹大家不要捐助窮人。他主張應該給每人一台紡紗車（charkha），讓大家自行織出自己的衣裳，進而自給自足。這項主張具有強烈的政治寓意，因爲甘地藉此反對英國政府淘汰印度本土紡織業的作爲，並且帶領民眾進行示威，在示威中焚燒英製布料。紡紗車很快就成了非常成功的指標，象徵著印度傳統的生活方式，同時也爲甘地和他倡導的獨立運動更添威望。印度國民大會（Indian National Congress）把紡紗車收爲其旗幟上的圖案，紡紗車「統一」了印度人民，齊心對抗英國殖民政府，而英國政府眼看著日常生活中平淡無奇的紡紗車，竟然成爲人民集會示威的象徵，卻無法下令禁絕。

紡紗車不單只是具有政治意味的象徵，紡紗車也表達了甘地奉行的務實精神。甘地在紡紗時，將紡紗車的旋轉當作一種冥想的形式，也常在紡紗車前接受攝影。紡紗車的形象，及自己織自己衣物所需的布料所隱含的意義，在在認可了簡樸的觀念和伴隨自給自足而來的增權。一九四五年，甘地在寫給他後來的繼承人尼赫魯（Nehru）的信中，爲這個像章訂下了意義：「我認爲，若沒有眞理和非暴力的作法，人類只有毀滅一途。唯有在純樸的鄉居生活中，才能實現眞理和非暴力的作爲，而紡紗車和其所蘊含的意義最能表現純樸……人應該滿足於眞正需要的滿足，進而自給自足。」

## 向自由前進

甘地於一九〇八年發表了自由印度的宣言後，於一九一四年回到印度長住，很快就在自治運動中獲得領導地位。自一九二〇年起，甘地開始組織人民進行非暴力的「不服從運動」（civil disobedience）。一九二二年，甘地被捕入獄，但是他有技巧地將審判轉化爲對大英帝國殖民統治的控訴。甘地並未聘請律師，也沒有替自己辯護，他向法庭承認有罪，並且利用認罪的機會，解釋他爲什麼被迫從事不服從運動。負責審判的法官承認甘地案非比尋常，但還是判處他六年徒刑，但他服刑兩年後，在一次闌尾炎手術之後獲釋。雖然甘地後來陸續又入獄幾次，但英國政府再也不讓他接受公開審判。

甘地出獄後，立刻重拾原先提倡的運動，在一九三〇年領導群眾步行兩百哩到海邊煮鹽集鹽，以這個象徵行動抗議政府專營食鹽。爲了獲得各界最大的注意力，這個徒步取鹽的遊行分成八天進行，每一天行走數哩後，甘地和他的跟隨者就可以在當地的村落中停留，宣揚他們的信念。甘地出發時，跟隨者只有寥寥幾人，但是沿途卻有數千人陸續加入。

一九三二年，甘地爲了抗議英國政府的統治和官方歧視「賤民」的行爲，在獄中進行「絕食至死」的活動。他的行爲在印度各地獲得廣大支持，賤民後來獲准進入先前嚴拒他們進入的廟宇，同時高級種姓婦女也願意從賤民手中接過食物，藉此打破幾

## 偉大靈魂的智慧

一九四七年，信奉伊斯蘭教的巴基斯坦與信奉印度教的印度因分裂問題爆發嚴重軍事衝突，有位心碎的印度教徒父親找上甘地，他的兒子被回教徒殺害。這位父親也殺了一個伊斯蘭教徒兒童作爲報復。後來這位絕望的父親問甘地，他到底該如何是好。甘地想了想，答說：「去找一個因暴動而失怙的回教徒孩子。把他帶回你信奉印度教的家裡，待他如己出，但是讓他依照伊斯蘭教傳統成長。」

世紀來的禁忌。甘地成功地迫使當局讓步；他喝下幾口柳橙汁後，結束了絕食行動。

第二次世界大戰期間，甘地大部分的時間，都是在印度的英屬監獄中度過，他於一九四六年和英國政府談判，討論新的憲政結構。他達到了他的目標，但是他宣導的非暴力行動，卻無法阻絕印度教徒與回教徒間的暴力紛爭（最後回教徒脫離印度，建立巴基斯坦）。有些好戰派的印度教徒怪罪甘地，認爲他對信奉回教的少數族群太過溫和，但是甘地還是堅持包容之心，儘管他生前的最後幾個月不斷飽受族群紛爭的困擾。對於這位提倡和平的典範人物來說，最諷刺的悲劇莫過於他自己一九四八年一月三十日在德里（Delhi）被暗殺，而且兇手還不是剛失勢的大英帝國的某個瘋狂支持者，而是印度教的狂熱分子。甘地逝世時，口中還呼喊著神。

批評者稱甘地過度天眞、頑固，又樂觀得不切實際，這樣的批評不失公允。但是，甘地雖然有他失敗之處，而且直至今日，印度、巴基斯坦和其他各地的鬥爭依然頻繁，可是他傳達的訊息帶給人類最大的希望。在這個核子彈頭、生化武器和雷射導彈充斥的時代，聖雄甘地的行止，感召了關懷未來生命的人士。在甘地逝世後，印度總理尼赫魯到普林斯頓大學拜訪愛因斯坦。愛因斯坦提出核子炸彈的研究和甘地的原則之間的矛盾。愛因斯坦指出：「甘地以行動證明，不是只有一般狡猾的政治花招詭計可以感召民眾跟隨，用道德崇高的生活立下令人信服的典範，一樣可以感動人心。在這個道德淪喪的時期，他是政治領域中唯一能代表人類更高等關係的眞正政治家……後代的子子孫孫……都很難相信這樣一位偉人曾經存在這世上。」

## 甘地精神的繼承者

### 馬丁．路德．金恩（Martin Luther King, 1929-1968）

甘地的哲學對其他當代政治運動，有著舉足輕重的影響，其中尤以金恩博士所領導的美國民權運動爲最。金恩博士把甘地非暴力行動的信念引進美國，並且獲得歷史性的成效。他在自傳中表達了他對甘地的敬意：

> 甘地可能是史上第一人，讓耶穌愛的倫理，超越個人互動的層面，將之提升爲廣泛、有力、又有效的社會力量。對甘地而言，愛是社會和集體轉型的有力工具。就因爲甘地對愛和對非暴力行動的重視，才讓我找到了畢生追求的社會改革方法。
>
> 我研究過邊沁（Jeremy Bentham）和米爾（John Stuart Mill）所提倡的功利主義、馬克思和列寧革命性的方法、霍布思（Thomas Hobbes）的社會契約論、盧梭樂觀的回歸自然論或是尼采的超人哲學，一直無法得到的知性與道德滿足，卻在甘地的非暴力抵抗哲學中找到了……
>
> 甘地在他一生中能夠動員和激勵的民眾人數，比史上任何一個人都來得多。他只不過用了一點愛和了解、善意，並拒絕與邪惡法律合作，就打碎了大英帝國的中堅。我認爲這是世界歷史上意義最重要的事件之一。三億九千多萬人獲得了他們的自由，而且是在非暴力的情況下得到。

### 尼爾森．曼德拉（Nelson Mandela, 1918- ）

一九五〇年代初期，曼德拉和他的支持者，討論到是否應該使以甘地的非暴力手法傳達他們的訴求。在他的自傳《自由路迢迢》（*Long Walk to Freedom*）中，曼德拉解釋，在南非當地報紙任職編輯的甘地兒子馬尼萊爾．甘地（Manilal Gandhi）認爲，從倫理的角度來看應該採取非暴力行動，因爲這樣做才能維持較高的道德層次。也有人認爲，應該把非暴力行動當作是戰術的一部分，因爲任何的暴力行爲都會被當權的南非政府鎮壓，相形之下，非暴力行動是較實際的必要策略。曼德拉自己則認爲，甘地展現的非暴力抵抗是「在必要情況下可使用的一項戰略……只要非暴力抗議有效，我就會繼續沿用」。曼德拉認爲甘地的作法在印度之所以能夠成功，是因爲英國人和印度人「遵守同樣的遊戲規則」，但是在南非卻不然，南非的強權政府習以暴力對付和平示威活動。曼德拉自己則願意效法甘地，爲了堅持信念不惜坐牢，以絕食抗議南非政府的手段。一九六四年，曼德拉因號召全國連續罷工三天及其他政治罪名，被判無期徒刑。隨著時間過去，國際間呼籲南非政府釋放曼德拉的聲浪日益高漲，曼德拉終於在一九九〇年獲釋。一九九四年，曼德拉當選新獲民主的南非的總統。

**達賴喇嘛**（Dalai Lama, 1936-）

十四世達賴喇嘛天津嘉措在一九三八年被認出來是活佛轉世，當時他年僅兩歲，成爲西藏的精神領袖。他自幼接受嚴格的僧侶教育，十五歲時成爲西藏的元首。一九五九年，因中共入侵西藏而展開流亡生涯，開始爲他祖國的自由四處奔走。在西藏境外，他也是許多非佛教徒人士心中具有重大影響力的精神領袖。當年被迫流亡印度時，他前往甘地火化之地，雅木納河畔（**Jamuna River**）的拉雅黑（**Rajghat**）進行朝聖。他在甘地對抗英國的抗爭與西藏對抗中國統治之間，看到了相似之處。他在自傳《流亡中的自在》（*Freedom in Exile*）記述：「當我站著祈禱時，我因無緣親見甘地一面而感到難過，卻又同時因他一生的偉大典範而感到莫大歡喜。對我來說，他是至高無上的政治家，是個將利他主義信念放在個人考量之前的人物。我也相信，他全身奉獻於非暴力的主張是主政的唯一方法。」

## 成就總結

▲甘地是第一個透過非暴力的群眾運動而達到政治改革的人物。

▲甘地是印度一九四七年脫離英國統治獨立的主要推動者和擘劃者。

▲甘地是性靈方面的天才人物，他結合了世界各大宗教的教義，創造出他自己的獨特哲學。

▲甘地堅定地鼓吹宗教包容，致力於打破印度種姓制度的區隔與禁忌。社會制度上如此重大突破，對前人是難以想像的。

▲甘地透過建立精舍的行動，引發了社會和其他方面的改革。

## 甘地與你

你對於你的精神價值觀反映在日常生活行為的方式滿意嗎？你是否有時候會期待在日常生活中，與神聖事物有更深入的接觸經驗呢？有哪些身心方面的習慣，干預了你與神聖事物連結的感覺？你是否能想像，如果擺脫了這些習慣，你的感受會有多好？

雖然我們的生活常常不如我們最高的期待，也常因一些侷限自我的習慣而掙扎，大多數人都會認為甘地的作法太不實際，也太極端，以致於難以把他當作眞正的榜樣來看待。

不過甘地務實的精神為我們提供了無數的教訓，就如同他對他堅持自己原則的正直態度、奉獻和虔誠。

並不是每個人都能像甘地那樣的自制，但如果你覺得生活中的性靈層面有所不足，不妨採納他的部分作法。此外，甘地看世界的方法也可以作為檢討自己世界觀的催化劑，引領我們探討這些世界觀引起的各種迴響。

甘地是和平鬥士的顯耀模範，他認為我們不須要去和他的作為相比較、相競爭。我們卻可以在進行接下來的自我評量與天才練習時，深思他遺留下的風範。

【自我評量表】

# 你有多甘地？

□我有意志力去改善生活中的事物。

□我小心謹慎地注意自己的態度是否正直。

□我相信非暴力行爲，並且與他人相處時也身體力行。

□我珍惜所有的生命型態。

□我的生活太過複雜，簡化生活會讓我獲益。

□我爲自己的行爲負責。

□我能原諒惹惱我、觸怒我或是反對我的人。

□我時常覺得爲他人服務是快樂的來源。

□我能欣賞並善用祈禱的力量。

【天才練習】

## 運用精神的力量，調和身、心、靈

在自傳《試驗真理》的開頭，甘地就表示：「我在此所敘述的實驗應被視為示範，每個人應該按照自己的喜好與能力，進行屬於自己的試驗。」

甘地知道自己要走的路極度嚴格、艱難。他勸告求道者要向內心尋找，遵循指引去找到最適合自己的正確「試驗」。在甘地的明燈指引下，讓我們一同探索通往性靈之路上幾個最重要的步驟。

### 實行寬恕

當年甘地的父親寬恕他時，用「淚珠」滌清了他的罪惡，也改變了他的一生。甘地寫道：「這樣崇高的寬恕在我父親身上並不常見。我以為他定會憤怒……但他如此平和，我相信這是因為我坦白認錯。在最有資格接受懺悔的人面前，坦白認錯，加上絕不再犯同樣罪惡的保證，就是最純正的悔改。我知道我俯首認錯讓家父對我安心，也讓他對我的關愛無限增加。」

要求他人寬恕是學習謙卑的好方法，不過正如甘地的建議，在你為自己犯下的「錯誤」道歉之前，要先確定你道歉的對象正確、時機正確。

在向你所傷害的人請求寬恕以前，請先在你心中練習原諒那些曾經傷害過你的人。請試試以下的方法。

在札記本裡，列出曾經傷害過你的人，並寫下他們如何傷害了你。請用「意識流」

寫作方法做這個練習，寫作時不要做任何修正，只要讓筆不停地在紙上滑動。

即使在練習過程中感到強烈的情緒起伏，也要堅持寫下去。十五分鐘後停筆，讓自己專心做七次深呼吸。接著把你寫下的清單看一遍，按照傷害程度的輕重，分別給每一事件打一個主觀的「傷害指數」，從最低的1給到最高的10。

在為每個事件評分之後，打開心胸，考慮看看自己是否願意原諒名單上的這些人。你可以從傷害指數最低的人開始考慮。

當然，在精神上原諒一個人並不代表你讓對方有機會再度傷害你。有時候只有像甘地或德蕾莎修女這樣心靈真正高尚的天才人物，才能夠原諒傷害指數高達10的人。不過，寬恕不僅提供冒犯者一個彌補的機會，也讓原諒者有療傷痊癒的機會。

## 但我該怎麼做？

**同理心**　「了解」能夠帶來很大的幫助。當你了解對方為什麼傷害你時，會更容易原諒他。當然，如果你覺得自己受傷甚深，要談原諒就是件深具挑戰性的事。但是如果你能夠將心比心，從對方的角度去看世界、看事情，或許你會覺得比較容易去原諒對方。

**祈禱**　就像你會禱告祈求神的寬恕，你也可以向祂祈求寬恕人的力量。真正的寬恕是優雅的行為，滌淨了施予者的靈，也同樣淨化了收受者的靈。

**接近心靈高貴的人物**　效法你心目中的精神英雄，例如，甘地、曼德拉、德蕾莎修女、達賴喇嘛或是教宗若望保祿二世（教宗原諒了當年射殺他的人）。

就像許多修鍊課程一樣，學習寬恕，需要時間和練習，而且最好從小處開始。你可以透過另一個甘地啓發的簡單練習，去加強自己寬恕的能力。

## 忍受侮辱

甘地在邁向偉大的路途中，承受了許多侮辱與屈辱。他學會讓自己脫離自我中心式的反應，把這當成個人性靈發展課程的一部分。在自傳中，甘地描述有一次，一個官僚先是讓他苦等，接著又把他申斥了一頓，而且不給他任何回應的機會。他說：「這侮辱當下讓我心痛，但我曾忍受過許多同類的侮辱，早已習慣。所以我決定忘記這件事，純粹用冷靜的眼光，去看待這件事。」

請在你的札記本裡，記下最近幾次受到的侮辱。比如說：

▲同事說的刻薄話。

▲上司的輕蔑態度。

▲配偶傷人的話。

▲從開過身邊的車子裡發出的無禮言語（或手勢！）。

請觀察自己的反應。你感到自己的身體做出哪些反應？你的呼吸有什麼變化？侮辱所引起的情緒持續了多久？如果再度面臨同樣的狀況，你會有什麼不同的作法？

## 歡喜的服務

甘地認為，抱著歡喜心為他人服務是人生最高級的愉悅。他寫道：「愈是深入向真理之寶礦搜尋，找到的深埋瑰寶愈是豐富，帶來更多的服務機會。」

請在生活中多方找尋服務的機會，讓自己有機會去發掘歡喜服務的各種可能性。先從每天生活中表達仁慈的小動作開始。就像莎士比亞所說：「小小蠟燭卻能帶來多少光亮！讓善行在邪惡世界中發光吧。」

請在札記本裡，寫下七個你能在一星期內做到的簡單無私服務。例如：

- ▲為朋友燒一頓飯。
- ▲為親戚打掃房間。
- ▲在住家附近撿拾垃圾。
- ▲幫一對年輕夫妻照顧小孩。
- ▲到遊民收容所或醫院當義工。
- ▲特別在還沒輪到自己做家事的時候，幫忙洗碗或做其他家事。
- ▲輔導某個小孩子功課。
- ▲送個訊息給心愛的人。
- ▲為不能出門的鄰居跑跑腿。

在寫下服務清單後，在往後一星期內，每天至少刻意做一項清單上的服務。別把這件事拿出來討論，只要把自己的心得記在札記本裡。這項練習的目標是發掘最讓你感到快樂的服務種類，接著就可以在生活中經常服務。

## 捨棄與歡喜

甘地生活中的苦行修鍊，日益增加。他定期禁食，進食時則放棄肉類、魚類、蛋、香料和調味料。三十七歲時，他立誓終身禁欲。這條路對大多數人來說實在太過極端了。此外，或許也有人要說，感官樂趣乃神聖的恩賜，人類應懷著崇敬與感恩的心去享受。諾貝爾得主、詩人泰戈爾曾經在《頌歌集》（*Gitanjali*）中，狂喜地寫著：「捨棄對我非救贖。

> *「我們必須把神的愛傳出去。」*
>
> ——德雷莎修女
> 對會所修女發表的「任務宣言」

## 甘地、德蕾莎修女和溫布頓效應

每年夏天，溫布頓網球公開賽在倫敦開打，賽事經由每日的電視轉播傳至世界各地。英國各地的網球教練表示，公開賽後的幾星期內，學生和網球俱樂部會員的表現都會顯著進步。這個現象被稱爲「溫布頓效應」。

那麼，觀賞有關利他主義的影片，是否會對你的幸福與內心生活，造成類似溫布頓效應的作用呢？

根據研究人類動機的知名學者麥克柯里蘭教授（Dr. David McClelland）的說法，答案是肯定的。接觸到像甘地、達賴喇嘛或是德蕾莎修女等人充滿愛心的態度後，會加強你的免疫系統，刺激自身利他的情感，即使光是觀看影片，也能達到同樣效果。麥克柯里蘭教授在課堂上，讓哈佛大學大學部的學生觀賞德蕾莎修女照顧加爾各答病患的影片，並在學生觀看這位榮獲諾貝爾和平獎的修女的善行時，偵測學生的免疫系統反應。幾乎有百分之五十的學生都表示，他們受到了影片的感召，但另外一半則表示不爲所動，或仍抱持懷疑的態度。雖然學生的態度各有不同，大多數學生的免疫系統反應都升高。至於免疫系統能力大幅增加的學生，更是表示願意不計代價去服務他人。

照這麼看來，請你把握每個機會，讓自己和家人接觸慈愛、仁慈的影像與典範。

我在千種歡喜中感受、擁抱自由。你為我傾注各色各味的鮮美醇酒，滿盈這土盅。我的世界將用你的火焰點燃百盞明燈，把這各異奇燈放在你廟宇的祭壇前。不，我絕不關起感官之門。我眼見、聽見、觸碰到的一切喜悅，皆帶著你的喜悅。是，我所有幻覺將燃燒化為喜悅之光，而我所有慾望將成熟，化為愛之果實。」

雖然如此，你會發現只要放棄生活中的少許，就能支持自己去感受內在的自由與意識，同時也引出意外的喜悅感。

**靜默**

甘地精研世界各大宗教傳統，了解靜默所具有的轉化潛力，十三世紀基督教神祕主義者愛克哈特（Meister Eckhart）的文字，正表達了這個傳統的精義：「萬物間沒有比肅靜更像神的意旨。」甘地把這句話付諸行動。他強調：「經驗教我，靜默是篤信真理者精神紀律的一部分。」

嘗試靜默，是個讓自己更能敏銳感受恩典的好方法。不妨立誓禁言，自覺地靜默一段時間。你可以從一小時的靜默開始，再試著把時間延長到一整個早上，或整個下午，接著再把練習的時間延長到一整天。自覺的靜默是效果甚大的練習，可以幫助你整合能量，找到內在的平靜。當然，如果你獨處或離開一般身處的環境，這項練習較容易進行。請避免在造成他人不便的情況下實行靜默。不過做為專業的演講人的我發覺，一天都不說話其實是非常幸福的事。

*「我的信仰很簡單。我的信仰就是仁慈。」*
——達賴喇嘛

**放棄一件對自己有害的事**

請試著在生活中戒除一件「沒有了會更好」的事或物，例如，垃圾食物、人造植物奶油或是可樂。你不必就此戒除這項事物。只要試著讓自己一天或一星期不碰這東西。請從最容易放棄的事物開始練習，接著才試著放棄你真正喜愛的東西。

**禁食！**

我實在很喜歡食物！不過我也發現，偶爾禁食對身體、對精力都好，而且讓我有「性靈空間更大」的感覺，能用更深刻的憐憫心去看自己、看別人。甘地用節食與禁食的方式進行了許多試驗。他曾說：「節食試驗在我生活中有著重要的地位。健康是這些試驗初始的主要考量。但後來宗教變成最高的動力。」

請試著刻意少吃一餐。把用餐的時間拿來祈禱、深思或是從事服務。

等你準備好時，再嘗試禁食一整天。

**禁食的一些準則**

- 設定時間限制。
- 有意識地禁食。
- 為更崇高的目的禁食。
- 百分之百徹底執行。
- 先仔細考慮禁食是否會影響到他人，再進行禁食……如果別人並非自願地忍受你的禁食，就請你等時機、場合都適合時，再練習禁食。
- 禁食結束，再度進食要小心——避免狼吞虎嚥！先吃些清淡的食物，刻意地細嚼慢嚥。

## 訓練意志力

意志力的概念不太受歡迎。比方說，有許多人把喝酒過量、飲食過量或抽煙當作與意志控制無關的「疾病」。雖然遺傳體質和其他生理學現象不免影響人的行為，但是人類都擁有相當程度的自由意志。意志力的訓練的確需要多加練習。甘地自己是意志力的大師。他在妻子臥病時懇求她放棄攝取鹽和小扁豆。但他的妻子不肯，還說就算是甘地自己也無法放棄這些食物。甘地聽了以後，立刻承諾說他要一整年不攝取食鹽與小扁豆。妻子聽他這麼說，連忙答應他的要求，但希望甘地收回他的誓言。甘地回答說：「我不能撤回我認真立下的誓言……這是對我的考驗，也是在妳決心貫徹時所能提供的道德支持。」甘地曾經告訴一位敬仰他的英國人說，如果他連菸都戒不掉，那做什麼事情都會很困難，他說：「如果你連這點都無法掌控自己，又如何能期待自己做好其他事？」

培養意志力的祕訣在於從小處做起。別想一開始就從最糟糕的習慣下手，倒不如找一件相當容易的事，做出清楚的決定。每天晚上入睡前，在札記本裡寫下明天要進行的行動目標。試著想像自己完成目標的情景。把這個目標當作是你與自己的神聖契約，預想自己的成功。比方說，你可以立志把鞋子擦亮，清理唱片或是步行一哩……做「什麼事」其實沒那麼重要，重要的是你要「有自覺地」去做這件事。請試著每天進行一項簡單的自覺行動，再檢討這項自覺行動的品質，把心得記錄在札記本裡。

另外，請你花幾分鐘時間想想，你是否能幫助身邊的人堅定他的決心，就像甘地幫助他的妻子一樣。問問身邊心愛的家人、朋友：「我能要怎樣支持你，才能幫助你去達成對自己的承諾？」

> 「靜心傾聽，認出我就是上帝。」
>
> ——猶太教律法（The Torah）

## 畢生的步行運動

甘地戴眼鏡，身材很瘦，看起來相當符合許多人對知識份子，或性靈感受強烈人士的書呆子刻板印象。但是就像許多偉大的心靈一樣，甘地在體能方面其實精力充沛。他具有驚人的毅力、耐力、彈性和力量。

甘地畢生執著於「身心健康」，他曾經表示：「不管工作有多少，人都應該找時間運動，就像人要吃三餐一樣。敝人以為，運動不但不會減低工作的能力，反而會增加工作的效能。」

甘地選擇的運動跟先前介紹的傑佛遜一樣：步行。

甘地寫道：「我在書中讀到在戶外長走的好處，我相當喜歡這項建議，所以養成了長走的習慣，至今依然如此。步行給了我相當強健的體格。」傑佛遜和甘地都知道

### 打不還手

與甘地大約同時期的植芝盛平（1883-1969）開發了集結性靈修爲與武術的合氣道。植芝盛平在頓悟中體會到與萬物合一，這聽起來雖然弔詭，但他根據非暴力行爲與憐憫敵人的考量，創造出相當有效的自衛方式（常爲世界各國「受到啓蒙」的警察和安全人員使用）。一如甘地將憐憫心、寬恕與愛等性靈理念，應用在大規模政治抗爭上，植芝盛平將他的原則運用在人際間的小規模衝突。植芝盛平特出的天才在於，他發展出一系列實際可行的動作和小組練習，在定期的認眞練習下，讓個人學會實現「反暴力說」的精神。

步行是強健身體、舒展心靈的理想方式。同時，就甘地在「為食鹽行腳」的著名行動中所示範，步行也是一種政治動作。

有個好方法可以響應這兩位巨人的精神，同時又能改善你的體能，那就是參加為慈善活動而走的運動。舉例來說，慈善募款健行活動能夠贊助愛滋病或乳癌等重大疾病的治療或研究，像這樣的活動，在世界各地都常舉辦。

發自內心的祈禱，比世上其他事都要有效……

經過適當的理解和應用，

祈禱是最有影響力的行動工具……

——甘地

## 祈禱

依循多條道路追尋真理的甘地，十分清楚祈禱的價值，但是他相信每個人應該找到最適合自己的方式去走這條路。他說：「安寧來自祈禱……我不在乎祈禱的形式。在這方面每個人自有一套法則……讓大家試著祈禱，去發現日日祈禱的結果，就是為生命添加新意。」

杜西博士（Dr. Larry Dossey）是以科學角度研究祈禱好處的先鋒。他的研究支持了甘地的直覺，證明祈禱的本質比祈禱的形式重要。杜西博士指出：「科學顯示……祈禱不專屬於任何特定宗教，而是屬於所有的宗教、教派、信條。科學使祈禱普及化、民主化。」

除了記錄祈禱的許多奇妙好處外，杜西博士也試著找出最有效的祈禱方式。是否有一些必要的內容讓祈禱產生效力？他的研究顯示，讓祈禱獲得最大效力的關鍵，是內心向一更大力量的臣服，也就是將自我納入愛的精神之下，表現出同理心、關懷和憐憫心。

杜西博士建議了非常好的祈禱詞，幫助我們培養個人對祈禱的感受性，這篇祈禱詞題為「讓祈禱就只是祈禱」：

讓祈禱就只是祈禱。
讓祈禱辭符合
人心的無限種型態。
容我們練習最難的藝術，
不干預的藝術。
讓我們受祈禱的引領，
而非試圖引領祈禱。
讓祈禱就真如祈禱，
不折不扣。
讓祈禱就只是祈禱。

請利用你的札記本做個練習，寫下使你產生共鳴的各宗教或教派禱詞，再和你的親友一同分享。

## 獻給他人的祈禱

所有的宗教傳統都教導我們，每日主要活動開始與結束的祈禱非常重要。早晨醒來，晚上入睡、進食、工作、冥想或清潔，在每項動作開始和結束時，獻上你的祈禱，也就是藏傳佛教的「迴向」（dedication）。

迴向只需要三十秒的時間，卻可以深刻地豐富你從事任何活動的精神。比方說，在你冥想前，你可以說：「我將這個練習迴向給我的醒悟，使我能服務衆生，喚醒衆生。」在吃飯前，你可以祈禱：「希望我現在懷著感恩之心接受的物質，能在體內轉化，幫助我性靈的成長和對生命的服務。」當然，短短的靜默感恩或是飯前禱告，也

## 從黑暗到光明

帕瑪（Wendy Palmer）是位合氣道五段的高手，著有《自由的實行》（The Practice of Freedom）一書。她在全球各地主持解決衝突與個人成長的研討會。我向她請教甘地對她的人生與工作的影響。

「他原是個膽怯的孩子，卻找到方法，將恐懼轉化成爲偉大的力量，將信仰、愛與尊重融合，最終轉化一整個國家，聽到他的故事讓我感動莫名，獲得相當大的啓發。

「甘地能夠對自己做出如此大的改變，比一個素來強健、能幹、心靈高尚的人所能帶給我的激勵還要大。甘地能夠讓自己走出黑暗之地，來到光明的地方。對我來說，眞正的力量是因我們的怯懦與脆弱而產生。這是非常值得牢記的重點。」

可以獲得類似的效果。參考自己的宗教傳統，尋找其他宗教的智慧，或者也可以自行找出最適合自己的一套迴向方式。

**禱文**

重複一段簡短的祈禱文，或是一位神的名字（例如，羅摩、阿拉或是耶和華），就是印度教裡所謂的「禱文」（mantra）。甘地的奶媽教他在學校碰上同學以大欺小時，重複頌唸羅摩神的名字，作為面對恐懼的方法。甘地說：「禱文成為人生的支柱，伴人走過每個嚴酷的考驗……每一次的重複……都有新的意義，每一次複誦就帶著你更接近神。」

以下是一些出自各宗教的簡單禱文，可供你一整天複誦並記憶：

- Thy will be done.（願你的旨意為人奉行）
- Om Mane Padme OM.（唵嘛呢叭彌吽，六字真言）
- Thou art with me.（你與我同在）
- Om Namah Shivayah.（我臣服於溼婆）
- Shalom.（平安）
- Wisdom and Love.（智慧與愛）
- La Ilaha Ilallah.（阿拉是真主！）

帕瑪女士對於念禱文有這樣的意見：「根據我的了解，甘地常重複他的禱文。我覺得大家要知道，一天光是複誦一次是不夠的。有時候我還會跟學生開玩笑，我說我們得要『休息一下，進廣告』聽聽『贊助人』的話，之後再繼續過我們的『肥皂劇』

生活。如果我們能像節目插播廣告那樣，頻繁地停下腳步，花點時間祈禱，收攝心神，我們與世間普遍智慧的連結，就會迅速增長。」

### 用呼吸祈禱

天主教僧侶、靈修作家牟敦（Thomas Merton）表示：「我用呼吸來祈禱。」每個靈修的傳統，都將呼吸與神連接在一起。佛教名僧一行禪師（Thich Nhat Hanh）提供一段絕妙的簡單感恩禱文，也是與呼吸有關。試著每天在享受自覺的呼吸時，把以下的話語複誦幾次：

吸氣入我微笑，
吐氣出我放鬆。
這是美好時刻。

## 你的工作與甘地

在工業時代，分層級的結構和強調物質商品的製造，往往吸走了工作場合中的精神與靈魂。在工業時代，個人生活和工作的區分明顯，改變的腳步穩定而緩慢。

到了資訊時代，結構變得更有彈性、更有系統（網際網路就是一例），強調的是智慧資本，創造出更多解放精神與靈魂的潛力。但是改變的步調大幅加快，也增加了不確定性。對許多人來說，過去工作與個人生活間的明顯區分逐漸消逝。愈來愈多人都想在我們「討口飯吃」的工作中，找尋更大的意義與目的。

## 探索非暴力溝通

在甘地少數的家當中，有一套三隻的猴子娃娃，代表著「非禮勿視，非禮勿聽，非禮勿言」。湧甘地的方式學著超越邪惡去看、說和聽內心的眞理的方法，可以參考羅森柏格（Marshall B. Rosenberg）所著的《非暴力溝通：同情心的語言》（*Nonviolent Communication: A Language of Compassion*）。非暴力溝通（簡稱NVC）包含了一套簡單的工具，引導人們帶著尊敬與同情心去思考和溝通。非暴力溝通教導人如何在日常生活的思想、言談與行爲中，運用非暴力概念，爲個人也爲組織提供簡單、高雅的策略，去實踐甘地身體力行，信守並以身相許的價值觀。

非暴力溝通從省視自己評斷他人和自己的無數種方法開始。當我們對自己直接、輕蔑和侵略性的思考溝通模式多加留心後，我們可以學著摒棄這些思考和溝通模式，進而培養內心由衷發出的新語言。非暴力溝通法教練巴爾蕾芙（Bridget Belgrave）表示：「我發現充分活用的同情心比侮辱人來得有趣，實在太好了！」

請你把「非暴力溝通」當作一天的練習主題。觀察並記錄自己評斷、怪罪他人或自己，以及爲別人或自己貼標籤的方式，再刻意注意這些沒有同情心的種種表現，如何反映於你的語言中。

如果想進一步了解非暴力溝通法，請參考「國際非暴力溝通中心」網站（International Center for Nonviolent Communication, <http://www.cnvc.org>）。

現在我們有了更多的選擇和更大的自由，可在工作的範圍中追尋甘地市自我實現的理想。不過，如果我們在利用這份自由時不懂得約束自己，就會淪為別人的棋子，而不再是為自己打算。

甘地強調：「生命的意義不是增加人生的速度。」但是人一不小心，就會陷在腳步不斷加速又複雜的企業生活網中，而忘記「真正」的生命目的，受到更多的職權、更高的位階、更多的薪水的誘惑，以為這些就會為我們帶來快樂。

不管你從事哪一行，不管你是總裁，還是收發室的辦事員，甘地與工作的相關性，可以從以下摘自甘地珍愛的《薄伽梵歌》（*Bhagavad Gita*）經文中看出：

當工作者的心，
集中於神，
工作是神聖的……
行爲正當可帶來自由。

換句話說，重點不在你的工作是什麼，而是在於你執行工作的精神。對甘地來說，紡紗車就是工作尊嚴的象徵，不管有多簡單。

繼承了甘地精神的金恩博士就曾表示：「沒有什麼工作是不重要的。所有提昇人性的工作都有尊嚴，都是重要的，應該要努力達到卓越境界。如果有人得當個掃街人，他就應該認真掃街。偉大的米開朗基羅會作畫，貝多芬會作曲，莎士比亞會寫詩，掃街者就應該把街打掃得乾乾淨淨，讓天地間衆神停下腳步說：『這裡住了個偉大的掃街者，他把他的工作做得很好。』」

暢銷書《讓美夢成真》(*Making Your Dreams Come True*)作者葳德女士(Marcia Wieder)專門教授願景思考與團隊建立，請她開課的客戶包括美國運通、美國富國銀行(Wells Fargo Bank)和青年總裁協會(Young Presidents' Organization)。葳德女士提到甘地對她工作的啟發：

「做為專業演講人和勵志者，常有人問我，激勵我的力量來自何處。說到這，我位於舊金山的家附近有座甘地塑像。多年來，我多次舊地重遊，那裡成了我個人的聖地。我帶著敬意接近這位大師。我站在他視線所及之處，直視他的眼睛。我打開我的心，總會有個問題從我靈魂深處浮出。而我從甘地身上得到的回答是無價的。

「他告訴我：『感受我的平靜、感受我的靈魂，把妳自己當作是我一樣去感覺，我們其實是一體的。由此開始。我們跳動的心就是宇宙的脈搏。超越思考、超越感受，細細體會。接著妳才能談論它，與他人分享。一步步深入、再深入、更深入。』

「甘地為我提供了我一直想望、需要的訊息。傳來時總是清晰無比又甜美的單純。有時候，當我感到疲憊、害怕或是困惑，便呼喚他的存在，提醒自己的使命感與目的。我的命運就是要先去領導，才能跟隨，先要教授，才能學習，先要溝通，才能傾聽。甘地不僅是我的榜樣，也是活生生的典範，提醒我們溫和也可以移山，要我們別忘記天人合一的靜止境界即存在所有人心中。」

## 音樂中的甘地精神：憐憫之音

印度六弦琴西塔(sitar)喚起了印度教萬神的豐富與複雜。印度音樂對冥想有輔助之效，而且也專門解放心靈與精神。香卡(Ravi Shankar)是這個偉大音樂傳統最知名的代表人物，他的錄音作品可以引領你走進甘地的世界。

香卡曾為電影《甘地》配樂，同時也因指導披頭四團員喬治・哈理遜（George Harrison）西塔琴，把印度性靈傳統引介到搖滾樂界。此外香卡對現代極簡主義作曲家葛拉斯（Phillip Glass）造成了極大的影響。葛拉斯創作了一齣紀念甘地的歌劇，就叫作《非暴力抵抗》（*Satyagraha*）。葛拉斯也和香卡合作，共同譜出動人的《段落》（*Passages*），由「私音樂」（Private Music）公司出品。

除了香卡和葛拉斯的音樂作品外，你也可以從費茲派崔克（Michael Fitzpatrick）動聽的專輯《憐憫》（*Compassion*）中聽到聖雄甘地的精神。這張集結了詠唱與大提琴的專輯，還特別收錄了靈修專家牟敦和達賴喇嘛交談的聲音。

## 認識愛因斯坦

古人似乎知道我們早已忘記的事。
如果手段背後沒有活生生的精神，
那所有的手段不過都是鈍器。

——愛因斯坦

「活生生的精神」是甘地領導政治革命的動力。但是我們也可看見，甘地的作爲與個人及國家解放都息息相關。我們最後要介紹的突破性思想家愛因斯坦，劇烈地扭轉了人類對時間、空間和整個宇宙的認識。但他的成就也對我們的內在有深遠的影響。他說的話回應了柏拉圖和甘地的關懷：

「一個人是我們所謂宇宙這個整體的一部分，受限於時間和空間。經由某種意識的錯覺，他可以把自己與外界分開，去體驗自己以及自己的思想和情感。這個錯覺對我們來說是一種監獄，將我們限於個人慾望中，讓我們的關愛只限於身邊最親近的幾個人。我們的任務就是藉由擴展同情心的範圍，去擁抱所有生命和大自然之美，把自己從這監獄中釋放出來。」

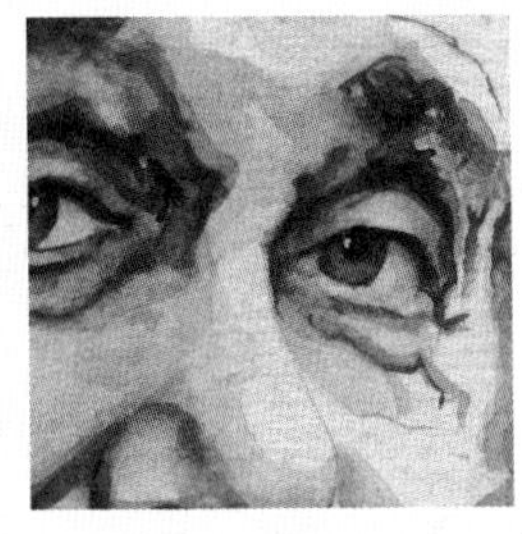

從視覺到語言的合併式思考

# 愛因斯坦

（Albert Einstein, 1879-1955）

## 解放你的想像力

研究和對眞理與美的追求，
是個讓我們
畢生維持童心的領域。

——愛因斯坦

【畫家的話】

愛因斯坦是我最喜歡的作畫對象之一，我已畫過很多幅他的畫像，但是這一次作畫經驗卻十分具有挑戰性。他的臉部帶有介於玩笑與刻意不要一本正經的表情；從定義上來說，「趣味」需要表達相當天真無邪的驚奇。在這幅畫像中，愛因斯坦表現出想像的樂趣，但還帶有運用想像的才智。

佛洛伊德在作品中談到達文西：「偉大的達文西畢生都如兒童般遊戲人生，讓他的同儕大感困惑。」玩笑與純眞無邪的想像等特質，也存在於與佛洛伊德同時期的愛因斯坦身上。佛洛伊德曾經在描述與愛因斯坦的聚會時，破例用起輕鬆玩笑的口吻：「他對心理學的了解就和我對物理的了解差不多，所以我們談得非常愉快」。

佛洛伊德或許並沒有高深的物理知識，但愛因斯坦的心理學知識其實還算豐富。他對心理學與物理學之間關係的看法相當值得注意：「身體與靈魂並不是兩件不同的事，而是對同樣一件事情兩種不同的看法。同樣地，物理學與心理學，只是用有系統的思想，把經驗串聯起來兩種不同的嘗試。」

大家常把愛因斯坦看作二十世紀的典型天才，他是科學家，也是舉世敬服的教授，頂著蓬頭亂髮，衣著邋遢不修邊幅。雖然他給人的印象是個非常心不在焉的教授，但對於所有企圖喚醒身體與靈魂和將各種經驗連結起來的人來說，愛因斯坦是個非常好的學習對象。愛因斯坦與兩千五百多年前的柏拉圖一樣，受到單純追求眞理與美的啓發。他認爲驚奇感是科學與藝術的泉源，他表示：「人所能體驗的最美事物，就是神秘的事物。那是所有純正藝術與科學的來源。不認識這種情緒，或者再也不能感到驚奇和在敬畏中感到狂喜的人，與死人相去不遠。」

雖然科學是愛因斯坦最著名的成就，但我們在這裡還要去認識愛因斯坦值得我們學習的生活藝術。說實在的，愛因斯坦要對我們說的話，絕不僅止於他名聞遐邇的艱深理論和方程式。我們的目標是要認識愛因斯坦這個人，而不是物理學；向愛因斯坦學習，並不表示你非得懂他的理論。

即使是愛因斯坦，有時候也會對他的發現感到挫折。愛因斯坦回憶當年相對論剛在他心中成形，他「連著幾星期都處於迷惑的狀態。一個人首次面對這樣一個大問題，必須先試著克服茫然」。要能完全體會愛因斯坦帶來的革命，必須先了解伽利略、牛頓、法拉第（Faraday）、麥斯威爾（Maxwell）、赫茲（Hertz）、邁克生（Michelson）、莫雷（Morley）的實驗，以及馬赫（Mach）、勞倫茲（Lorentz）和赫爾姆霍茲（Helmholtz）等人的學說，再加上起碼的高等數學程度。但讀者在本書中不會學到這些理論；我本人沒有這樣的學術背景，我想大部分讀者應該也沒有。

不過我們的確可以和愛因斯坦、和柏拉圖，和夢幻隊伍中其他的天才一起分享如何學習及運用知識的共同興趣。愛因斯坦智能結構十分複雜，我們可以從他心靈的運作看出，他的確能引導我們去運用自己基本天賦，因爲純眞無邪的遊戲、各種可能性和幽默等，都是他天才的精華。

你只有兩種過日子的方法：
一是凡事都當作奇蹟，
一是生活裡毫無奇蹟可言？

——愛因斯坦

## 天眞爛漫的驚嘆

西元一八七九年三月十四日，亞伯特・愛因斯坦誕生於德國烏爾姆（Ulm），愛因斯坦自幼就是很獨立、愛作夢又有旺盛好奇心的孩子。根據《創意心靈：七位大師創造力剖析》（*Creating Minds*）作者迦納（Howard Gardener）指出，愛因斯坦從小就「喜歡各種搭建的遊戲。他用撲克牌搭建出巨大的房子……低頭著迷於拼圖遊戲；還對輪子和各種具有可移動組件的東西著迷」。最令他著迷的是則他父親赫曼・愛因斯坦（Hermann Einstein）在他五歲時拿給他看的羅盤。指針永遠懸浮著指向眞北的羅盤，是愛因斯坦後來迷上電磁學和畢生追求眞與美的動人象徵。而他的母親帶著他接觸文學、音樂（特別是小提琴）和藝術，培養了他對美的興趣，也讓他對米開朗基羅的作品產生長期的愛好。他的叔父雅各支持他對數學的喜好、送他幾何學和代數的書籍，鼓勵他去追尋眞理。但是受正統教育時，愛因斯坦在老師眼中卻是叛逆又難管教的學生。愛因斯坦和達文西一樣有誦讀困難症，而且他的語言發展進步得相當遲緩，學校的一名老師還對他說他以後「絕不會成什麼大事」。另一方面，大家都誤以爲愛因斯坦的數學成績不及格，其實他成績不及格的科目是法文、英文、動物學和植物學，因爲他寧可去研究數學、閱讀物理書籍，玩些有關光、空間和時間的想像遊戲。

少年時的愛因斯坦閱讀了大量的課外讀物，特別喜歡達爾文和康德的作品，還有當時的科普讀物。他的閱讀習慣爲他帶來深遠的影響，也刺激他對其他課外活動的興趣。「閱讀科普讀物不久後，我就相信聖經上的許多故事不可能是眞的，」他後來寫道：「結果就讓我開始了一連串打也打不住的自由聯想……」

愛因斯坦後來到一所秉持循序漸進與人道主義精神的瑞

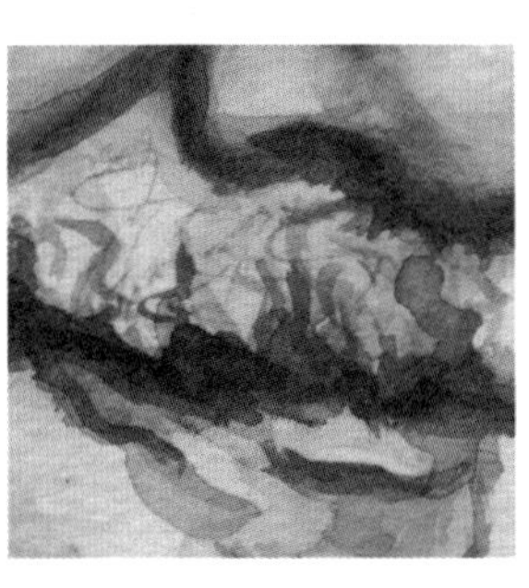

士學校就讀，頭一次有了正面的求學經驗。這所學校位於蘇黎士附近的阿饒（Aarau），鼓勵學生在理論與實際應用兩者間尋求平衡，此外也強調視覺想像在學習過程中扮演的角色。愛因斯坦好不容易能夠在充滿善意與關懷的學習環境中求學，十幾歲的他在學校裡相當活躍，根據迦納的記錄，愛因斯坦把「少年特有的好奇、靈敏度與穩重成年人的方法與計劃」相結合；他稱愛因斯坦為「永遠的孩子」。愛因斯坦這時的物理老師引導他去專心思考，如何讓牛頓的力學世界觀與新興的電磁學知識接軌，這個重要的挑戰促成了他後來革命性的發現。

一八九六年，愛因斯坦自阿饒的學校畢業。他在校的傑出表現使他獲准進入蘇黎士理工學院（Zurich Polytechnic Institute）就讀，入學不久，就感到數學太過抽象，而物理學又太缺乏想像力。他開始逃課，私自使用設備完善的物理實驗室，獨立進行自己的閱讀與研究。但愛因斯坦最重要的研究方式並非在研究室或圖書館裡進行，而是用他所謂的 **Gedanken**（編註：德文，意即思想、主意、念頭）方式：想像遊戲和思考實驗。愛因斯坦每天都花時間沉浸在富有創意的白日夢中，後來他提到那些白日夢：「正常成年人絕不會花時間去想空間和時間的問題。這通常是人年還小時才會想的問題。但我的智能發展遲緩……直等到長大成人，才開始對空間與時間感到好奇。」

而這些白日夢寫下了歷史新的一頁。他還年少時，某一天，他來到長滿青草的山坡上散步。他閉上眼睛，享受陽光的溫暖，想像自己乘著日光向宇宙飛去。在他心靈的眼睛裡，他進入了永恆，最後發現自己竟然回到了原先起始的地方，他非常的震驚。如果你從一個地方開始不斷地行進後，竟然回到原點，這會讓你對宇宙有什麼想法？很明顯地，宇宙一定是「彎曲」的。

因為這個白日夢和其他的想像力遊戲，愛因斯坦提出了相對論。

愛因斯坦的理論戲劇性地顛覆了牛頓的理論。雖然兩人的公眾形象各異，個性極度不同，但牛頓也是個出了名的夢想家。除了提出了有秩序的「機械宇宙觀」，他在一般人的印象中，也是個冷峻、常皺著眉頭的科學家，然而，他的筆記又呈現出他童稚又滑稽的一面。「萬有引力定律」，就是帶著開放的心與驚奇感的他，看到一顆蘋果從樹上掉下來而受到的啓發。他的鉅作《光學》（*Optiks*）的靈感則來自有一次他看到光線穿射小屋中一片破裂的玻璃，造成分光效果，在牆上投射出一道小小的彩虹；牛頓馬上蒐集了所有的玻璃，將之擊碎，他之後在札記裡寫下：「我用彩虹塡滿了我的小屋。」牛頓對自己思考過程的描寫是：「我不知道世人如何看我，但對我自己來說，我好像……是個在海邊玩耍的男孩……自得其樂，發現了異常圓滑的小石頭或特別美麗的貝殼，而更廣大的眞理之海就在前方等著我發掘。」牛頓的想像遊戲引導他發展出時空區間是絕對，而光速是相對的嶄新概念；愛因斯坦的想像遊戲則讓他歸納出時空區間爲相對，光速才是絕對的革命性觀念。

愛因斯坦自蘇黎士理工學院畢業後，找不到教職，於一九〇一年到瑞士專利局上班。四年後，他以一篇簡短的三頁論文提出革命性的新構想，自此改變了全世界。

## 從視覺到語言的合併式思考

哈德瑪博士（Dr. Jacques Hadmard）針對傑出科學家與數學家的工作方法，做了一項突破性的調查，他發現，他們思考過程的特色，不在於語言或標準數學符號的運用，而是視覺想像。受訪者之一的愛因斯坦很明顯就是如此。愛因斯坦表示：「語言的字句，不論書寫或口語，在我的思考機制中並不扮演任何角色。」他又補充說：「他的思考過程或多或少都仰賴清晰有力的視覺影像。」

這個研究讓我們有了難得的機會，一窺這位偉大天才的思考過程，看見他如何收集在白日夢中發展出的見解與點子，加以運用。在視覺影像的聯想完成後，他接著「在第二階段，在聯想遊戲的影像確實建立後……努力找尋……傳統的遣詞用字……」他把這個分爲二階段、由視覺至語言的過程稱爲「合併式思考」（combinatory play），他認爲合併式思考「從心理學的角度來看……是豐富思考的必要特質」。

拜愛因斯坦過世當晚值班醫師的惡行所賜，世人陰錯陽差得以從病理學的角度去了解，這位天才的心智構造爲何能成就如此的連結工作，即使這種怪異的手段令人不齒。普林斯頓大學醫院的病理學家哈維（Thomas Harvey）未經許可，在愛因斯坦過世當晚擅自移除他的大腦，予以保存，供日後研究，他的種種作爲已有相當多的記載，較不爲人知的則是這個從愛因斯坦遺體偷來的器官被後人研究的結果。愛因斯坦逝世三十年後，加州大學柏克萊分校的戴蒙博士（Dr. Marian Diamond）與研究同仁發表了一篇題爲〈論一位科學家的腦：愛因斯坦〉的論文。研究的重點之一是他腦部的「神經膠質細胞」，也就是把神經單位（神經細胞）聚合在一起，傳導神經細胞間電化學訊息的媒介。戴蒙博士針對愛因斯坦的腦切片所做的分析指出，在他的腦內，每個神經細胞的神經膠質細胞比平均值多百分之四百，而且愛因斯坦腦部強化的神經膠質細胞在左頂葉特別顯著，戴蒙博士表示人腦中的這個區域，就是「幫助腦中各種連結區域產生連接的區域」。

換句話說，愛因斯坦的「腦神經交換站」經過了超級程度的開發。到底是愛因斯坦的合併式思考造成他腦部發展出這樣的連結，還是他腦部絕佳的腦神經構造讓他發展出高超的合併式思考技巧？這問題的解答意味著我們也能夠像愛因斯坦一樣的思考，我們或許也永遠不會有確切的解答。戴蒙博士後來進行的另一項研究卻可能爲這個問題帶來一線曙光。在一項著名的研究中，戴蒙博士將老鼠分別放在兩個不同的環境中：「充分刺激組」與「欠缺刺激組」。欠缺刺激的老鼠在空無一物的籠子裡生活，而充分刺激組的老鼠則鎮日在轉輪上追逐，爬樓梯，在迷宮中鑽來鑽去。結果顯而易見：欠缺刺激的老鼠腦部發展遲緩，而且社會適應不良，同時壽命不長；而獲得充分刺激的老鼠壽命較長，腦部發育得較大，在神經細胞間還有極度強化的神經膠質細胞相連結。

自從九十多年前腦神經解剖學專家卡家爾（Ramon y Cajal）首開先河後，科學家一直認爲腦力是腦部細胞間交互連結的功能。現在我們也知道神經膠質細胞、樹突、軸突和突觸等互相聯絡的神經管線數量，可以在一生中持續增加。戴蒙博士的研究推測，像愛因斯坦一生中不斷的合併式思考和充分刺激的環境，是增加心智連結能力、進而造就天才的關鍵。

對於合併式思考的喜好，使愛因斯坦和朋友在非正式場合互相交換、試驗各種點子。他偕同朋友創立了「奧林匹克科學院」（Olympiad），在參與團體聚會中找到了莫大的刺激與啓發。愛因斯坦和包括後來成爲他妻子的米列娃（Mileva Maric）在內的奧林匹克成員，熱烈討論各種主題，從數學和物理學到哲學與文學皆有涉獵。這些常在健行、游泳和充滿幽默的露營旅行中舉行的討論會，爲愛因斯坦和友人提供了表達個人夢想與質疑的安全空間。

## 幽默與謙恭

事實上，同樣也代表了大腦連結能力的「幽默」，一直都是愛因斯坦人格中重要的組成要素。就連特殊相對論都是他出名的機智索嘲弄的目標：有一次，他試著向新聞界說明他的理論：「如果各位能夠把我的回答當作玩笑，別太當眞，那我可以向大家解釋一下……過去眾人以爲，如果所有實質的物體從宇宙中消失，時間和空間會留下。但根據相對論，時間和空間會隨著物體一起消失。」

早在愛因斯坦的相對論獲得證實前，他的幽默感和謙卑就顯而易見。他在相對論證據出現與獲得肯定之前，曾挖苦地寫道：「如果相對論經過證實是正確的，德國人會說我是德國人，瑞士人會說我是瑞士公民，法國人則會稱我為偉大的科學家。如果相對論經過證實是錯誤的，法國人就會說我是瑞士人，瑞士人則說我是德國人，而德國人會叫我『猶太人』。」

愛因斯坦於一九二一年獲得諾貝爾獎，自此成爲國際間公認的天才，受到索取簽名的人、各類狂熱支持者和各國媒體的包圍。雖然如此，從他寫給老友的短箋裡附帶的小詩看來，他比聲名大噪前更加謙虛、更加活潑、更加調皮，也更加幽默：

不管走到哪裡住在哪裡，
總有我的相片陳列展示。
桌上也好或走道上也好，
綁在脖子上，掛在牆上。
男男女女，玩著奇怪遊戲，
詢問，請求：「請你簽名。」
不容我這學究咕噥遁辭，
堅持只要一紙塗鴉亂寫。

有時群眾歡欣包圍，
入耳之事十分難解，
難得我心清晰片刻，
不禁懷疑，不是他們痴而是我癲。

愛因斯坦在寄給一位友人的信裡，清楚表達了他對名望的誘惑和吸引力的排斥：「叔本華曾說，人在悲慘中無法達成悲劇，卻不得不繼續受困於悲喜劇中。這話多麼實在……昨天受人偶像化，今日被恨、被唾棄，明天為人所遺忘，後天被提升為聖人。唯一的救贖是幽默感……」

幽默和謙恭息息相關，至少他面對公眾的性格如此。愛因斯坦和蘇格拉底一樣都很清楚，學無止境，自己不知道的知識無限。他在寫給比利時皇后的信中表示：「人身而為人，獲得剛剛好足夠的知識，在面對現實時，足以看清自己的智能其實有多不足。如果這樣的謙恭能夠傳達給所有人，人類活動的世界就會更有吸引力。」

愛因斯坦的文集中，多處顯示他對蘇格拉底和柏拉圖的理念堅信不移。他在一封信中寫道：「人再怎麼奮力嘗試，也不過勉強獲取些微真理。但這份努力讓我們脫離自我的約束，讓我們成為最好、最偉大人士的同志。」他清楚回應柏拉圖思想的智慧，力陳「最重要的人類活動，就是奮力對行為的道德動機負責。我們內心的平衡，甚至存在，全有賴於此。唯有一舉一動符合道德，才能夠賦予生命美與尊嚴」。

溫和的愛因斯坦受到興起的納粹狂熱浪潮波及，一怒之下於一九三〇年代初期離開歐洲，轉往美國普林斯頓大學高等研究學院任教。一九三三年，愛因斯坦與佛洛伊德合作，出版題為〈為何征戰〉（"Why War"）的反戰小冊子。愛因斯坦畢生都是世界和平的積極提倡者，但是他卻不得不在一九三九年寫信給羅斯福總統，警告他德國發展核子彈的進展。他敦促美國政府採取行動，先發制人。愛因斯坦的警告對於美國發動研究原子彈的「曼哈頓計劃」（Manhattan Project）大有助益。

第二次世界大戰後，愛因斯坦四處鼓吹各國遵守核武不擴散，並提高言論分貝，與卓別林同聲譴責極端反共的麥卡錫主義（McCarthyism）的邪惡行徑。一九五二年，愛因斯坦受邀出任剛建國的以色列的總統一職，但是他婉拒了這項邀請。他當時表示：「方程式對我更重要，因為政治代表的只是現在，方程式則是永恆。」

在他的後半生裡，愛因斯坦專注於找出能使宏觀宇宙以及量子物理學的微觀宇宙見解等理論一致化的方程式。根據他的描述，他的企圖非常符合奧林匹克的超然精神：「我想知道上帝如何創造這世界。我對這個或那個現象沒有興趣，也沒興趣理解這個或那個要素的分佈。我要知道祂的想法，其他的都是細節。」

愛因斯坦高遠的目標和一些對全球議題有原則的立場，和他某些不全然討好的個人特質形成對比。雖然他不致對人惡言相向，但他也會用唐突，甚至激烈的言詞去批評同行。他倡導「人類關係中和諧與美」的重要，可是他自己卻是個漫不經心、與子女疏離的父親、不專情的丈夫。但他並不是不清楚這其中的諷刺。他表示：「我對社會正義與社會責任的高度興趣，一直和我與他人建立直接關聯的意願成反比。」他又說：「有時候這樣的疏離的確是苦澀的……」

他的婚姻和「統一場論」（unified field theory）都不成功。或許他後來的物理學研究也不如先前的天才表現，但他把大量心思放在心理學、哲學、教育、倫理學和世界和平等問題上，讓自己不僅僅是史上最偉大的科學家。愛因斯坦和達文西一樣，都是發揮內在不變童心的創造力典型，夢想著建立一個充滿善、美與眞理的世界。

## 成就總結

- ▲愛因斯坦的特殊相對論，於一九〇五年發表於〈論移動物體的電動力學〉（*On the Electrodynamics of Moving Bodies*）一文。
- ▲一九一六年，愛因斯坦發表「廣義相對論」（General Theory of Relativity）。
- ▲愛因斯坦於一九二二年獲頒諾貝爾物理學獎。
- ▲愛因斯坦革新了人類對宇宙的了解。
- ▲愛因斯坦的方程式 $E=mc^2$（能量等於質量乘以光速的平方），宣示了核子時代的來臨。
- ▲愛因斯坦啓發了羅斯福總統，加速美國的核武計劃，和二次世界大戰的軸心國競爭，並予以擊潰。
- ▲愛因斯坦是國際公認的智慧、想像力與和平的偶像。

## 愛因斯坦與你

你喜歡塗鴉或喜歡做白日夢嗎？你是否曾經把苦思不得其解的問題擱置一夜後，豁然開朗，找到答案？比起上班時間，躺在床上、開車或是淋浴時所做的白日夢裡，你是不是比較容易找到突破性的點子？如果你對以上任一問題有肯定的答案，那麼別吃驚，你的思考模式已經和愛因斯坦相去不遠了。

愛因斯坦和達文西一樣，都培養出創造性白日夢和視覺化的能力。但在學校裡，老師可不會把「白日夢概論」或是「基礎視覺化」排進課程。老師甚至還會殷殷告誡，要你別再做白日夢了，所以你因此感到沒辦法完全發展自己的創造性想像。但倘若你能學習新的方法，利用想像力去解決複雜的問題，你會如何？要是你能把愛因斯坦的合併式思考加以運用，去管理日常生活中各項嚴肅問題，又會如何？

大多數人都會說：「當然好，但那是不可能的……愛因斯坦的腦子一定跟我們不一樣。」

但我們又怎麼知道愛因斯坦的腦子與一般人的腦子有多大的差別？你能培養出像他一樣的頭腦嗎？當你思索以下的自我評量問題和天才練習時，不妨也在心中思考一下這樣的可能性。

【自我評量表】

# 你有多愛因斯坦？

□我喜歡做白日夢。

□我能夠接受嚴肅的挑戰，在心裡仔細思索玩味。

□我做決定時，會用直覺平衡邏輯思考。

□我也有像愛因斯坦的「奧林匹克科學院」的同好，能夠與我共同討論。

□我在自然中找尋慰藉與靈感。

□我在面對嚴重問題時，依然保持幽默感。

□我培養自己理智的一面和具有想像力的一面。

□我在工作上和在家裡，都創造能培養腦力的環境。

□我能夠用開放而天眞無邪的方式去看待問題。

□我會注意到別人認爲不重要的事，並且多加思量。

【天才練習】

# 解放你的想像力

## 愛因斯坦髮型的秘密

愛因斯坦四方橫生的蓬髮是出了名的亂（愛因斯坦說維持髮型的秘密就是「漫不經心」！）他雜亂的毛髮就是他心靈自由的極佳象徵。請試試以下簡單的創造力測驗，讓自己成為愛因斯坦天才特質的繼承人。

### 一物多用練習之一

請在筆記本或一張紙上，用兩分鐘的時間，儘可能寫下一枚迴紋針的各種用途。

你寫下了多少種迴紋針的用途？把你所寫下的用途總數除以二，得到的就是你每分鐘所想到的迴紋針用途。

國際間平均的成績是每分鐘想到四種用途。如果你能在每分鐘想出八種用途，代表你的成績很好，如果你能想出十二種以上的用途，那麼表示你大可進行其他天才等級的發想能力測量。

一物多用練習能測試創造力嗎？並不盡然。這個練習測驗的是人對自由聯想的適應度，而自由聯想正是創造過程的一個重要層面。

別忘了愛因斯坦強調，能夠由合併式思考順利轉換到傳統分析的能力是「有建設性思想的必要特色」。他讓他的想像自由地與點子交錯玩味，然後才開始進行分析，「第二階段的進行，要等到兩者間建立了足夠的連結與組合……」。

天才人物與一般市井小民最大的不同點就在於，天才人物能在合併式思考中來回變化，一會兒從事自由的想像連結，一會兒進行邏輯的仔細分析。天才人物出自本能地意識到讓心靈脫離傳統束縛的重要性，一旦你也像愛因斯坦一樣，能夠了解自由聯想的秘密，你就知道要如何讓自己的心靈「跳脫框框」。

## 一物多用練習之二

現在請你再做一次一物多用練習，這一次請在二分鐘內，寫下磚塊的所有用途。想要有愛因斯坦般的敏捷思路，要能專注於不受拘束的自由聯想。換言之，把這當作書寫速度的練習。把你想得到的答案全部盡快寫下，不帶分析，也不帶任何批評。等你獲得天才級的高分後，再回頭運用想像去解釋這些天馬行空的答案。

# 思考就是連結

能夠在不同事物間看出意想不到的關係，並且展現不常見的聯想能力，是愛因斯坦創造力的一大秘訣。把看似不相關的事連結在一起，是個加強合併式思考能力的好方法。試著多看看那些乍看之下八竿子打不著關係的事情，再以不尋常的角度把它們連起來。或者你也可以反過來想想一些看來相關的事，再從中找出並不明顯的關聯。

請在札記本中，針對以下每對組合至少寫下三個關連。這個練習沒有所謂的「正確答案」，只有「有創意的答案」，請你好好享受一下吧！

▲牛頓與水果。

▲愛因斯坦的髮型與你的工作。

▲光速與你最喜歡的表親。

▲$E=mc^2$與天主教。

▲突觸與人際智商。

▲甘地的「反暴力說」與愛因斯坦對「統一場論」的追求。

▲愛因斯坦與瑪麗蓮・夢露。

劇作家費拉邦女士（Sheri Philabaum）擁有英國文學博士學位，也是個成功的劇作家。她對於以上「思考就是連結」練習的感想是：「這樣的聯想遊戲喚醒了創造力，讓心靈自由，使得看來隨機的環節打開了無限多的方向，已進行主題的探索，同時也是跳出條件性思考框架的好方法。這個練習對於有寫作障礙的人特別有用，而且本身就趣味盎然。」

以下是我自己對「愛因斯坦的髮型與我的工作」兩者之間關係的立即聯想：

▲兩者皆時常超出控制。

▲用點「潤絲精」可能會對愛因斯坦的頭髮小有幫助，我則必須保持心理與生理「健康」，才能做好我的工作。（編按：英文中conditioning一字，可作「潤絲」，也有「調整」、「鍛鍊」之意。）

▲愛因斯坦的髮型提醒我，內在通常比外表重要：即使一天頭髮沒整理好，我一樣能有好的工作表現。

## 盡量單純

「能用最少的假設即可完成的命題，要是用多了則是白費力氣。」這句「奧坎的剃刀原則」（Occam's Razor），是十四世紀哲學家奧坎展現的智慧。這句話後來成為現代科學的指導原則之一，也為愛因斯坦帶來啓發。

愛因斯坦改變世界的相對論論文只有三頁長，他曾經表示：「東西就該做得極度簡單，而不光是較簡單而已。」這句話對於科學家和所有找尋平衡、幸福生活的人來說，是非常好的指引。把「盡量單純」當作一整天的練習主題，藉此讓你對這項原則更加敏銳。請在你的札記本裡，記下你所觀察到各種不必要、但顯得複雜的事（例如同事的簡報、或是新買來電子產品的使用說明書）。另外，想一想有什麼太過被簡化或不言自明的事例。當你一邊記錄「簡單或複雜」這個主題的觀察心得，一邊調整自己，去面對「盡量單純」的觀念，試著把這個原則應用在生活中。同時也想想這些問題：我的生活或我的態度，有哪些地方太過複雜或太過簡單？我要如何調適去找出最適合我的「盡量單純」原則？

## 擺脫不重要的小事

愛因斯坦常忘記穿襪子，有時還把尚未兌現的支票拿來當書籤。他曾經在普林斯頓大學校園裡，攔下一群學生問：「我剛剛從哪個方向來？」學生告訴他，他剛從教員休息室的方向出現。他聽了以後答說：「很好，那表示我吃過午餐了。」

愛因斯坦出了名的心不在焉，是他全心追求真理、善與美等「要緊的事」的標準特徵。他說他的創造力關鍵之一就是「擺脫不重要的小事」。當然，大多數人都需要穿襪子，也得定期把支票存進戶頭裡；但是愛因斯坦的例子卻發人深省。請在札記本裡列出你的日常生活中可能並不太重要的事。其中是否有可以去除的瑣事，可以讓你更有時間和空間，去發揮創造力與完全地自我表達？

保羅是位紐約建築師。他談到他練習擺脫不重要小事的簡單方法：「我決定不讓行動電話控制我的生活！所以我定下兩條規則——

「除非我要打電話找別人，否則我的手機都保持關機狀態。（這讓我不受他人干擾，也不讓其他人把他們的行程強加到我的生活中。）

「我絕不邊走路、邊講電話。（如果真有急事，像是非得在我從工作地點趕去與客戶會面的途中打電話，我會停下來，走進某棟建築物，再打電話。）」

保羅發現，在沒有手機干擾的情況下在紐約市行走，可刺激想像力，也幫助他放鬆心情。他表示：「我喜歡一次只做一件事情。而且要做就要盡可能做好。我努力工作，也需要休息！自從一九九六年我來到曼哈頓，在市區行走對我來說就像在遊樂園中散步。六年後的現在，走在紐約市區的感覺依然像頭一天那樣刺激。對我而言，即使快步走過三十八街都是小小的『渡假』，而我拒絕讓電子商務會議毀了它。」

我相信，簡單而不裝模作樣的生活方式對大家最好，且有益身心。

——愛因斯坦

擺脫日常生活中不重要的小事，是平衡身心的簡單秘訣。你坐著、走路和說話時，有哪些不必要的習慣？在打字、拿起牙刷、講電話或轉動方向盤的時候，你是否脖子僵硬、屏息、肩膀聳起、膝蓋併攏？

脫離這些小事，能夠釋放出驚人的力量，讓人去發展創造力。亞歷山大（F. Matthias Alexander）發展出的一項技巧是培養這種自由狀態的好方法。美國作家葛楚・史坦的哥哥雷歐・史坦（Leo Stein）形容「亞歷山大技巧」是「讓你專注於人生大事的方法！」

## 創辦你自己的奧林匹克學院

甘地年輕時住在倫敦，成立了「追尋者俱樂部」（seeker's club），就像愛因斯坦與朋友定期聚會的奧林匹克學院一樣。本書所介紹的天才人物都因與友人非正式地交換想法而獲益良多。他們似乎都相當直覺地了解到，無拘無束地交換想法才能平衡獨處與獨自思考。請花幾分鐘的時間，思考一下你在生活中與別人分享概念與獨處靜思之間，是否達到最佳平衡。你不妨考慮建立自己的「奧林匹克學院」或「追尋者俱樂部」，去探索有創意的點子，加強個人層面與專業層面的發展。

## 光的思考

愛因斯坦年輕時就曾說：「這輩子我想要研究光是什麼……」我們在本書認識的頭一個天才人物柏拉圖，也曾經對光感到著迷，把光視為真、善、美的標記；我也希望「柏拉圖」篇裡的「光的冥想」練習讓你感到有趣。現在，為了紀念柏拉圖與愛因斯坦的精神，請你找一天把光當作一天的練習主題，觀察不同的光對洞察力與情緒的影響。你對頭頂的燈投射下的光線與桌燈的光線有什麼不同的感覺？順著光旅行會是什麼樣的光景？鎢素燈、日光燈和白熱燈，分別讓你產生什麼不同的感覺？你比較喜歡晨光還是午後西曬的陽光？你對月光有什麼樣的感受？對光特別的注意，有沒有讓你更習慣陰影？你最喜歡看到的光是什麼？（我個人最愛看著光在水上跳動，或在我所愛的人眼中閃爍！）相信一整天的主題練習下來，一定會帶給你許多啓發。

## 創意的視覺化

有創意的視覺化想像是天才人物的秘密，也是各行各業高效能表現的秘訣。布魯內雷斯基的想像力，幫助他預見了完工後的佛羅倫斯大教堂圓頂，愛因斯坦則以想像力把宇宙的基礎性質視覺化。愛因斯坦透過Gedanken或思考實驗，發展出生靈活現的想像。你也可以試試以下幾種想像遊戲，去開發自己的天份：

## 想像之果

請準備一顆紅蘋果、一顆橘子、一顆柳丁、一顆綠色的無花果、幾顆紅葡萄和一把藍莓。把這些水果放在你面前的桌上，靜靜坐一會兒，讓自己隨著呼吸的起伏放鬆。接著，請你仔細觀看蘋果，用大約三十秒的時間，研究蘋果的形狀和色澤。現在請你閉上眼睛，試著在心中重現蘋果的形象。用同樣的方式，輪流研究每一種水果。接著再重複練習一次，但這一次觀察時請把水果握在手裡。聞聞蘋果的香味，並咬一口。把全部的注意力放在這顆多汁蘋果的味道、香味和口感上，在你吞嚥下這口蘋果時，閉上眼，盡情享受被引發的多重感官經驗。請你繼續用同樣的方式，品嚐上述的每一種水果（但像檸檬就不用一下子咬下一大口，輕輕啃一點嚐嚐味道即可），在你心靈的眼睛裡，想像每一種水果的形象。接著再用你的想像力，創造出每種水果的實際形象，再放大一百倍。再把水果縮回原來的大小，再想像自己從不同的角度看水果。這個有趣的練習，能幫助你強化創意想像的逼真度與彈性。

## 想像和描述美好的事物

在介紹「柏拉圖」篇裡，我曾請你列出你所見過最美好的十件事物。請你找出那張清單，連續十天每天從中選擇一項做想像練習。每天早晨醒來時，請花一分鐘的時間練習，晚上睡前再用一分鐘的時間練習，在心裡再次喚起那形象，愈生動愈好。接著再花一分鐘大聲地仔細描述你所選擇的美好事物，或是動筆寫下來。你可以藉由詳細的描述使美的影像更加清晰、鮮活，進一步豐富你對美的欣賞力。在你品味美的同時，你的創意想像力也會隨之倍增。

### 創造自己的內在經典劇場

愛因斯坦還小時，他的父母就讓他接觸各國藝術家的偉大鉅作，刺激他對視覺思考和對美的鑑賞天份。愛因斯坦特別喜愛米開朗基羅的作品，深深為之著迷。現在請你也選一幅偉大藝術家的名作，例如，米開朗基羅的《聖母哀子像》（*Pietà*），或是梵蒂岡西斯汀教堂（Sistine Chapel）的壁畫。把複製畫掛在牆上，每天花五分鐘時間觀賞，持續一星期。接著，每天入睡前，試著在心中重現那幅畫，盡量讓畫中的細節都重現腦海。請你在做這個練習時，運用所有的感官。舉例來說，想像在《聖母哀子像》中，耶穌的身軀在聖母懷中的重量，或是想像西斯汀教堂內部中央天花板的那幅壁畫中，上帝在賦予亞當生命時引起的天地共鳴。請你試著大聲描述心中視覺化的作品，或是用筆寫下。

## 影像流動練習

著有《愛因斯坦成功要素》（*The Einstein Factor*）的聞杰博士（Dr. Win Wenger）在過去三十多年來一直在尋找天才人物。他強調：「天才人物與平常人沒什麼太大的不同，只不過天才偶然發現某種竅門或技巧，大大提高了他們的注意力，進而了解了內在微妙而未曾察覺的知覺。」

聞杰博士透過「文藝復興計劃」（Project Renaissance），探討讓一般人發展天才竅門的最有效方式。他對於問題解決及創新的方式自有一番深入見解，從他時常自問的問題中可見一斑：

> 「人類一思考，上帝就發笑。」
>
> ——意第緒諺語

「如果你想出一個解決問題的好方法，那最能夠檢驗這個方法的問題就是：『如何創造更好的問題解決方式？』」。

他最令人雀躍的發現之一就是「影像流動法」。影像流動其實非常簡單，是刺激右半腦和接觸內在天才特質的好方法。

1. 先找個舒服的地方坐下來，「大嘆幾口氣」，用輕鬆的吐氣幫助自己放鬆。輕輕閉上雙眼，再把心中流過的影像大聲說出來。如果你想從這個簡單但效力驚人的練習中獲得最大效益，請遵照以下這幾項重要的準則。

**不要想像愛因斯坦在光束上衝浪！**

如果你忍不住違背了這項指示，那表示你的視覺化能力實在太強了，只要一接收到啓發，不管訊息是正面的還是負面的，就會把這個暗示化爲視覺影像。但是很多人誤以爲，想像對他們來說是天方夜譚。其實這些人通常只是無法在心中想像的影像中，看到生動、充滿「特異色彩」（Technicolor）的逼眞影像。你要了解，並不是非得看見清晰的特異色彩影像，才能從創意的想像中獲益。如果你覺得自己無法想像，就請回答下列的問題：你的愛車是什麼車款和顏色？你能形容愛因斯坦的臉嗎？正方形、三角形和圓形之間的差異何在？你很可能在運用了大腦皮質中的影像資料庫後，就輕易回答了以上的問題。你腦中的影像資料庫有足夠的潛力，去儲存和創造眞實及想像出來的影像，其儲存量比世上所有電影與電視製片公司產量的總和還要多。

2. 大聲形容流過心中的影像，最好是說給另一個人聽，或是用錄音機錄下來亦可。低聲的敘述無法造成應有的愛因斯坦效應。

3. 用多重感官經驗豐富你的形容。五感並用。例如，如果沙灘的影像出現，別忘了描述海沙的質感、香味、口感、聲音和外形。當然，形容沙灘的口感聽起來很奇怪，但別忘了，這個練習可讓你練習跟歷來最有想像力的人物一樣思考。

4. 用「現在式」時態去描述影像，更具有引出靈活想像力的效果，所以在你形容一連串流過的影像時，要形容得彷彿影像「現在」正在發生。

做這個練習時，不需要主題，只要把影像流動當作是漫遊於想像與合併式思考中、不拘形式而流暢的奇遇。影像流動練習通常不須意識的指示，自行找到前進的動力，表達各種主題。你也可以用這個方法向自己提出某個問題，或是深入探討某一個特定的主題。聞杰博士用這個方法開發出多種實用的發明和教育上的創新。

## 讓生活成為藝術作品

個人的生命中充滿自然的極限，
所以當生命終了時，
這一生就像是個完整的藝術作品。
想到這點，豈不讓人感到心滿意足？

——愛因斯坦

為了讓生活更像一件精采的藝術作品，先以你的生活為題創造一件作品。請拿在白紙上畫上代表你人生主要目標的色彩鮮明圖案，你可以從影像流動或白日夢開始，再把這些影像化為線條。先想想以下幾個問題，再隨著自己的反應畫下你的靈感：

- ▲愛與親密關係：我在日常生活中想要的是什麼樣的溝通和關照？
- ▲工作與職業生涯：什麼是我理想的工作？
- ▲財務：真正的成功是什麼樣的感覺？
- ▲學習：我想學習什麼技巧或嗜好？
- ▲性靈：我和神之間存在著什麼樣的關係？
- ▲創意與自我表達：我最真實、最愉快的自我表達形式是什麼？
- ▲旅行：我想去哪裡旅行？
- ▲健康：什麼樣子才叫健康？處於最佳的健康狀態是什麼樣的感覺？
- ▲服務與利他主義：哪種服務他人的形式讓我感到最愉快？（愛因斯坦曾在一篇談成功意義的文章裡說：「唯有為他人而活的生命才是值得活的人生。」）

在你創造出反映不同人生主題的鮮活繽紛影像後，將這些主題囊括其中，在你做充滿創意的愛因斯坦式白日夢時，讓這些主題再成為更多影像流動和創意的泉源，在生活中實踐更多的美、真理與善。

## 你的工作與愛因斯坦

每當你想出最好的點子時，你人在哪裡？過去二十年來，我問過數千人同樣的問題。大多數人答說，他們最好的點子往往是在床上休息、在開車或在沐浴、泡澡放鬆心情時想出來的。少有人說他們在上班時間裡想出最好的點子。

有什麼事會發生在車上、在床上或是在浴室裡，卻不會在辦公室裡發生？「放鬆」。沒了對批評的恐懼，讓合併式思考的過程自然壯大。我們要如何在工作的空間裡創造出適當的氣氛，鼓勵我們開發出最好的點子，並加以應用呢？讀者不妨試試以下幾種方式：

**讓腦子休息**

安排各種會議和解決問題的討論會時，每一至二小時就應穿插十分鐘的「遊戲時間」。變戲法、伸展運動或吹口哨比賽，不僅可以讓整個程序輕鬆，刺激創造力，更可以增進記憶。

**帶孩子去上班**

很多公司都贊助「帶孩子去上班日」的活動。這個活動的目的是幫助員工的子女了解父母的工作，並且教育他們認識職場環境。簡單來說，這是一個非常值得稱讚的活動。但如果主管這項活動的人是愛因斯坦，他可能會強調一個不同的重點：邀請子女來到工作場所，問他們有什麼點子能讓工作更像遊戲。

**闢一間愛因斯坦室**

愛因斯坦的雙親為他創造了一個具有充分刺激且能培育腦力的環境，鼓勵他在其中發揮想像力的天賦。多年來，心理學家一直很清楚，外在環境提供的刺激品質對幼兒的腦部發展非常重要。專門研究腦部發展的雷斯塔克博士（Dr. Richard Restak）強調，外在環境的刺激品質對成人的腦部發展也具有同樣的重要性：

「在人的一生中，外在環境不斷改變腦部的突觸組織，並不侷限於出生的頭幾個月裡。」改變外在環境以解放自己；同樣地，跳脫「隔間分明」的工作場所限制，也能增進工作方面的創造力。不妨把一間會議室改造成「愛因斯坦室」。用舒適的椅子和一張長沙發替代原來的標準辦公室家具，擺上鮮花和植物，牆上掛幅能鼓舞人心的藝術作品。裝上音響，收集一些大家喜歡的音樂（愛因斯坦特別喜歡巴哈和莫札特）。讓整個愛因斯坦室裡到處都是大型白板和可翻式空白大海報，還要準備許多彩色的筆。愛因斯坦室可以在討論重要的工作事項時進行合併式思考。

知名品牌Nautica（帆船牌）的創辦人兼總裁朱欽騏（David Chu）談到在工作上運用愛因斯坦式的思考：「帆船牌的概念，來自一場場富創意的白日夢聚會，目的是創造出一個能夠吸引各年齡層，又能充分展現生氣蓬勃、表達自我生活方式的品牌。在以這個前提去思考設計哲學時，海洋的影像不斷浮現在我眼前。突然間我領悟到，『水』無所不在，海洋代表了冒險、生活和無限的可能。愛因斯坦憑著直覺想到理論後，他必須用數學加以證明，就像我們得繼續籌備商務、策略和財務規劃，才能讓帆船牌的夢想成真。想像和遊戲加上勤奮而循規蹈矩的商業思考，是我們致力達到的企業文化基礎，愛因斯坦在這兩方面的努力為我們提供了最完美的啓發。」

## 音樂中的愛因斯坦精神：讓全身知覺更敏銳的音符

愛因斯坦對小提琴的熱愛，在六歲開始學琴時誕生。少年時期的愛因斯坦，小提琴不離身，人走到哪兒，琴也跟著到哪兒，他喜歡不時拉上一段巴哈、貝多芬和莫札特的作品。另外，鋼琴的即興演奏也是他的最愛。對愛因斯坦來說，音樂與物理是剛好互補的嗜好，他說：「兩者同源且互補。」

除此之外，音樂還是愛因斯坦創意性思考的催化劑。愛因斯坦的長子曾經表示：「每當他覺得思路停滯不前，或在工作上陷入困境，他就會轉向音樂尋求慰藉，而這麼做以後通常所有困難就會迎刃而解。」

愛因斯坦的姊妹也回憶：「音樂讓他心靈安詳平和，進而幫助他內省。」巴哈的《D小調雙小提琴協奏曲》、莫札特的《「小提琴及中提琴交響協奏曲》」和貝多芬的〈大賦格〉，都是喚起並頌揚愛因斯坦精神的美好樂曲。如果要捕捉愛因斯坦想像與合併式思考的天才特質，那你也可以考慮另一位法國現代作曲家薩提（Erik Satie）的作品。薩提創作的音樂具有超越時代和不受拘束的特質，在嬉笑間參雜著幾許反覆無常的尖銳。他微妙、夢幻的極簡派風格，不但能夠孕育你的想像力，也讓你的心靈自由。

薩提的創意精神可從他寫給演奏者的指示中看出。他不用傳統的「快板」或「行板」，而在樂譜上寫著「打開心胸」、「更往前進」、「打開全身的毛孔」等告誡語。薩提及愛因斯坦顯然都和詩人濟慈一樣，深信「想像所蘊含的真理」。

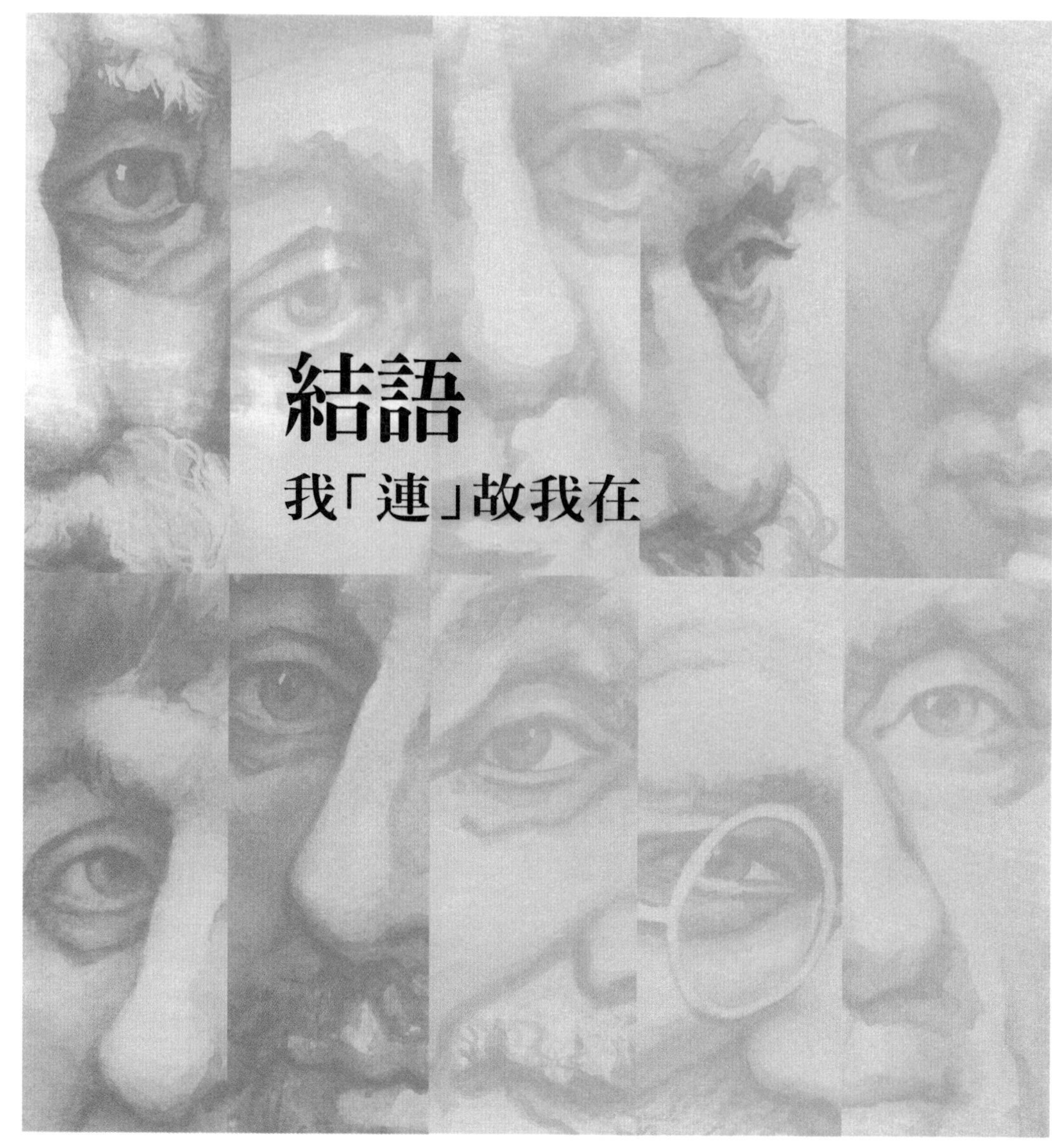

# 結語

## 我「連」故我在

想像之包羅萬象
讓人是瘋子、情人、詩人：
瘋子，極目盡是罪惡，
連廣闊地獄也容不下。
情人，眼前一道埃及山脊，
看盡海倫之美。
詩人，眼波流轉，狂熱細緻，
天文、地理，來回反覆；
當詩人想像力發威，
未知之物於筆下躍然成形，
一切的空虛無形，
皆有名有號。

——《仲夏夜之夢》，莎士比亞

教育家波斯曼（Neil Postman）曾經遺憾地說：「孩童初入學時就像問號一樣，離開學校時卻已成爲句點。」我們一路走來，探識了歷史上偉大、突破性思想家的心靈，這樣的設計藉由思考這些特殊的「驚嘆號」，幫助你重新找到自己，重新從一個問號做起。

創造力就是眞正能做出與眾不同的連結的能力。本書天才夢幻隊伍的成員個個都把思想與行動相連結，對這個世界造成長遠的改變。如果你做了先前各章的天才練習，就等於已經開始以實際的方式，讓自己與這些偉大心靈相連。在本書最後，我們要重新回顧每位天才人物的特質，並且再做最後一個天才練習，藉此讓大家加深與各天才人物的連結。我也要和大家分享一下，這幾位天才人物在我個人生活中的角色，同時再介紹幾位具有相同特質的當代天才人物，讓讀者認識。讓我們從年代與我們最接近的這幾位開始，一路回溯至早期的天才人物。

九年級時，我的老師告訴我：「你絕對成不了什麼大事。」由此，你可以想像，之後我發現愛因斯坦的老師也曾經對他說過同樣的話，是多麼的高興。愛因斯坦乘著光束航向永恆並以直覺發現了相對論這個活生生的影像，點燃了我的創意想像之火。愛因斯坦從視覺到語言的合併式思考，其實是生活的良方；那正是我下廚和寫作的好方法。他的人性、謙卑和幽默，提醒我在處理困難和沉重的問題時，保持溫和輕柔的態度。

拳王阿里就是個實現了愛因斯坦的想像與遊戲特質的現代天才。阿里不僅是歷來最偉大的運動員之一，也因爲他的憐憫、愛和面對困境能迅速復原而成爲備受世人敬愛的象徵。阿里在拳擊場上的想像力和融會貫通已屬傳奇，他的詩作以及他和全球各地記者與群眾的趣味互動，也讓他成爲人類史上最著名的人物之一。

喜劇演員露西・鮑爾（Lucille Ball）是另一位展現了想像力與圖像式想像遊戲特質的當代典範。露西過人的喜劇與戲劇天分，與她作爲電視界先驅的成就，互相搭配得非常好。露西除了是電視史上第一位女性負責人之外，她和夫婿阿納茲（Desi Arnaz）發明了邀請觀眾到現場錄影的概念，也建立了攝影棚內三機作業的模式，徹底革新了電視觀眾的視野。露西徹底運用了威力無遠弗屆的媒體，我必須承認，「我愛露西」。

雖然甘地強調的「捨」和苦行生活不是我選擇的路，但從某種獨特而動人的角度看來，他象徵了我最關心的事物：如何在面臨日常生活的衝突與挑戰中，整合世界各信仰傳統的偉大宗旨。「甘地」篇的天才練習自然表達了甘地終身堅持的哲學態度。這些練習大大地豐富了我的生活。透過合氣道的練習，我努力去擁抱他所提倡的非暴力以及關愛眾生的原則。

達賴喇嘛是展現甘地特質的當代人物。雖然他位居藏傳佛教層級中的最高位，但是他藉由超越正規宗教的疆界，親近分屬各個不同教派的民眾。達賴喇嘛和甘地一樣，號召人民以和平但堅定的手段反對暴政。諾貝爾和平獎得主翁山蘇姬（Aung San Suu Kyki）也是甘地精神的傳人。爲了緬甸的自由與民主，她勇敢地鼓吹非暴力抗爭，正好表達了甘地改變世界的偉大「精神力量」。

達爾文的成就展現了達文西所謂的「懂得如何去看」，他的模範讓我的世界觀變得更敏銳。達爾文啓發我去磨練純然的觀察力，也就是用更客觀、更科學的方法去看世界，他也同時讓我對造物的奇蹟感到無比驚奇。雖然我的宗教信仰教我要尊敬所有具有知覺的生物，但眞正啓發我去細觀甲蟲與其他昆蟲的神聖的人是達爾文。他提醒了我，開放的心懷是了解世界和個人進步的起點，這個進步過程需要我日日對自己抱持的假設、成見和偏見提出質疑。

《錯把太太當帽子的人》（*The Man Who Mistook His Wife for a Hat*）作者薩克斯博士（Dr. Oliver Sacks）以及專門研究靈長類行爲的珍・古德博士（Dr. Jane Goodall）可說是具有達爾文特質的現代人物。薩克斯博士與珍・古德博士在各自多年的入微觀察中，展現達爾文式的耐性與關懷。薩克斯經由原始而富含同情心的方式去研究精神疾病，讓我們對自己有了新的認識；而珍・古德博士則透過充滿同理心的觀察方式，近觀與人類DNA最近的動物，爲人類的演化理論提供深入精闢的見解。這兩位現代天才人物都具有出奇開放的心靈，而且就和達爾文一樣，心靈清晰幾近純眞。

透過傑佛遜，人類對自由的渴望被賦予了完美的聲音，因而改變了整個世界。每次重讀「獨立宣言」，都忍不住要感動落淚。傑佛遜提醒我要珍惜自由的恩賜，特別是當世上還有許多人仍活在暴政之下。傑佛遜即使身處充滿壓力的困境中也懂得品味人生之美與喜悅的能力，讓他成爲啓迪人心的英雄。

曼德拉可說是傑佛遜頌揚自由的現代精神代表。在坐困獄中三十年後，曼德拉了解自由，也頌揚自由。他用最少的流血手段和無比的從容，率領他的國家由過去盛行的種族歧視轉型到現在的多族共存。他的成就是現代的奇蹟，傑佛遜地下有知想必也會非常高興。

當我還是學生時，莎士比亞是種折磨，現在他卻是我生活莫大的喜悅之一。讀他千百遍也不厭倦！在準備本書的寫作時，沉浸於莎翁作品是最有趣的一部分。自從著手籌備寫作起，我就不停重讀莎翁的戲劇與十四行詩，盡可能參加每場現場演出，觀看搬上大銀幕的電影版本，另外最有趣的就是試著扮演不同的角色（理查三世是我的最愛）。前往英國莎翁故鄉史特來福的環球劇院（Globe Theatre）與莎士比亞圖書館（Folger Shakespeare Library）「朝聖」更是不可不提的經驗。除了著魔於莎翁文字的純粹魔力之外，他也提醒了我，自大輕則是場鬧劇，重則導致悲劇。

現代天才人物劇作家亞瑟・米勒（Arthur Miller）展現了莎士比亞的天才特質。米勒挑選了偉大的古希臘悲劇作品和莎翁作品精華，把它們從底比斯城（Thebes）和愛爾新諾（Elsinore。譯註：位於丹麥，《哈姆雷特》故事發生地）搬到紐約市的布隆克斯區（Bronx）上演。米勒讓凡夫俗子口中吟出輓歌式的詩句，延續了偉大戲劇共通的主題。麥克阿瑟獎學者、莎士比亞作品詮釋人，同時也是「獅子王」劇場版創作者的泰摩兒（Julie Taymor），是位充分表達莎士比亞天才特質的現代人物。以下是泰摩兒創作《獅子王》的感想，反映出爲作品增添風采的高度EQ：

「通常像這樣的故事，大家都已經耳熟能詳，一點都不新鮮，只是把熟知的故事重新再說一次。這也是爲什麼這容易流於形式。看一個藝術家，要看他『如何』詮釋，而不是看他詮釋『什麼』。貝多芬的《第九號交響曲》大家都聽了無數次，但那並不代表我們不想再聽一遍。所以，問題在於如何向觀眾講故事，如何將微妙的差異傳達出來。那就像是，我們都知道人難免一死；所以我們要選擇如何過活，直到死亡來臨的那一刻爲止。我們都不會被人生故事的結束嚇到，因爲大家都知道結局是什麼。重點在於你要如何過好生活，如何體驗人生。」

有些公司會問我如何幫助他們的公司，我通常不會直接答說：「我會引導你們在權力與領導統馭方面，把女性的特質發揮得更好，以期達到更大的平衡與效能。」不過我心裡眞的如是想。而且，我心裡更因爲史上最懂得明智使用權力的代表人物剛好是位女性，而感到高興。伊莉莎白一世驚人的內在力量，支持她度過被監禁在倫敦塔的歲月，繼位爲王，保有權力，這令我感到振奮。她採用的領導風格陽剛與陰柔兼具，讓她成爲至今依然不退潮流的優秀領導模範。

啓發前英國首相柴契爾夫人（Margaret Thatcher）的，就是依莉莎白一世。她夫人和伊莉莎白一樣，在她接掌政權時，國家處於文化不振、經濟蕭條的狀況。「鐵娘子」帶著像伊莉莎白的強硬，硬是驅策她的國家邁向榮景。柴契爾從不以她的溫柔面著稱，但在她的領導下，英國益發繁榮，重振在國際間的影響力，恢復自信心，在四百年後發揮了和十六世紀伊莉莎白一樣的角色。

退休的奇異公司總裁威爾契，是企業國度裡帶有伊莉莎白特質的代表人物。雖然威爾契個子矮小，又有口吃，但是他一直散發出自信的光芒和內在的力量。在他執掌奇異公司的二十年裡，他讓奇異公司的市場價格由原先的一百二十億美元快速增長到五千億美元以上。

威爾契素來以純熟的人際交際技巧和對員工、客戶的敏感度聞名。就像伊莉莎白一世一樣，威爾契在爲他的「帝國」規劃長期願景時，不忘時時照看底限所在。

我過去還在大學唸書時，讀了孔恩（Thomas Kuhn）引介「典範轉移」觀念的經典作品《科學革命的結構》（*The Structure of Scientific Revolution*）。哥白尼帶來的革命正是孔恩理論的最佳範例。自此，哥白尼重組宇宙秩序的一幕，在我處理個人生活與職業生涯中的改變時，就一直引導著我。他啓發我，教我懷著驚奇去仰望天空，在宇宙中找尋美。

製作出《星艦迷航記》（*Star Trek*）系列電視影集的羅登貝瑞（Gene Roddenberry）是當代能夠充分展現哥白尼特質的一號人物。除了帶領千百萬觀眾去認識一個可信的太空旅遊願景，羅登貝瑞還用非常有趣又難忘的方式，護衛一個新典範的誕生，使不同種族、不同性別、不同國家和不同銀河系的人，都能在其中獲得眞正的平等。

曾經，我爲了到底是否該把在航海探險生涯後期行爲愈趨離譜的哥倫布選入天才夢幻隊伍，感到痛苦不堪。但他勇往直前、發現新大陸的典範是如此鮮活又鼓舞人欣，而且他把樂觀主義、願景和勇氣的特質具體化，所以我決定還是把他囊括在天才夢幻隊伍的行列中，只需加上適當的聲明。一九七三年，我離開了熟悉的「海岸線」，樂觀地搬到另一個國家去追求新的學習世界；自那時起，我做了六、七次類似的大膽改變，每一次都是實現我個人願景的轉捩點。

雖然我們現在把發射太空梭視爲理所當然，但當年由太空人阿姆斯壯打先鋒的美國月球登錄小組提供了最活生生的「勇往直前」範例。甘迺迪總統和美國國家太空總署的樂觀與鼓勵，讓太空旅行的新世界化爲眞實。再把時間拉近一點，潔米森醫生（Dr. Mae Jemison）是第一位進入太空的非裔美籍女性。潔米森不僅是醫生，還是工程師、環保運動者和太空人，她是「勇往直前」，跳脫舊有典範與偏見的多元範例。潔米森的自傳專爲年輕讀者設計，題爲《找尋風的去向：生命的片段》（*Find Where the Wind Goes: Moments from My Life*），也是哥倫布精神的具體實現。

全世界上，義大利佛羅倫斯是我最喜歡的地方，而佛羅倫斯大教堂圓頂則是我在佛羅倫斯最喜歡的所在。文藝復興時代是我最喜歡的歷史時期，而就我喜愛的文藝復興時代人物中，我對布魯內雷斯基的崇敬僅次於達文西。「總監督」樸實的韌性，精明又實際的解決問題能力讓他崇高的夢想成眞。每當我被日常生活的瑣事絆擾到無法遵循我夢想的軌跡，我發現只要在心中想像大教堂的圓頂，就可以立即重拾辨別輕重緩急的能力，擴展我的視野。

建築師富勒是當代天才中，足以代表布魯內雷斯基擴展視野特質的人物。他稱得上是現代的文藝復興人：他提出了「太空船地球」（Spaceship Earth）一詞，開創了新興的系統思考學科。富勒結合過人的發明天份和開闊的視野，去面對萬物彼此間的相連性。一如布魯內雷斯基的大圓頂是中世紀過渡至文藝復興時代的象徵，富勒一九六七年爲蒙特婁世界博覽會建造的圓頂屋，則是人類由工業時代邁入資訊時代的象徵。

如果人類要安然度過地球上目前的危機，
那會是因爲大多數的個體都懂得獨立思考。

——富勒

一九七〇年，我是克拉克大學（Clark University）的大一新生，主修政治學。我當時希望能透過政治行動讓這個世界有所不同，但是我很快就了解到，各自站在自由派與保守派兩邊的人，甚少眞正用良知去思考或行動。時值越戰，在看來已遠的柏拉圖庇護下，我「脫離時代的邪惡」，回到心理學和哲學思想中找尋我的答案。當然，這個尋找依然繼續，但「要過有省思的生活」的教誨，和對美、眞理與善的追尋，形成了這本書的思路，也是我所有追尋的基線。

最能有力表現柏拉圖特質的或許並非個人，而可能是網際網路所聚集的龐大心靈集合體。電腦速度、運算能力和熟練度呈指數成長，這創造出的新智能次元，已經開始革新我們的世界。這個不斷演化的「全球大腦」，有潛力儲存、整合所有的人類知識，有一天還能獨立思考、獨立創造。

【最後一個天才練習】

# 發掘天才

美是凝望鏡中自己時的永恆。
但你是永恆，也是鏡子。

——紀伯倫

有個開了竅的女學生走到一處熱狗攤。小販問她：「熱狗加什麼？」她答道：「什麼都加！」

啓蒙運動不可或缺的特點就是體驗與萬物的「調和」（oneness），還有與研究主題的合一，不論研究的主題是一個圓頂、一份宣言，還是一個新的宇宙學理論，講求合一都是天才人物的必要特質。

愛因斯坦對光的著迷讓他想像自己乘著光束，航向永恆，最後想像自己與光合而為一。

因著類似的精神，愛因斯坦把牛頓的畫像掛在床頭，希望能藉此與牛頓的精神融為一體。

在本書「前言」中「如何從本書獲得最大效益」的部分，我們認識了馬基維利如何「重溫」歷史巨人的成就，和與歷史巨人對話。

如果你讀了「天才夢幻隊員」的生平與特質，也在讀後有所反省，你至少已經與其中幾個偉大心靈開始了非正式的對話。你可能發現，你在工作上碰到問題時會想知道：「伊莉莎白會給我什麼樣的建議？」或是在親密關係面臨挑戰時，自問：「莎士比亞會怎麼說？」

天才練習助你發掘天才的威力，比馬基維利與天才對話的方法還要有效。這個方法是把聞杰博士《外借天才》（*Borrowing Genius*）裡劃時代的方法修正得來的。在這個發掘天才的練習裡，你會與你所選擇的一位天才人物合一，從他獨特過人的角度去觀察世界。

聞杰博士指出各地原住民巫師在族人出發打獵前，會跳一段獵物之舞。在這段舞蹈的高潮處，為首之人戴上已挖空的獵物（麋鹿、雄鹿、或熊）頭顱，「變成」獵物的靈。在發掘天才的練習裡，請你想想自己最希望捕捉哪位天才的意識與精神，試著想像自己也「戴上」了他的頭，變成他的靈。

你可以選擇你最想效法的天才人物。在此讓我們先以莎士比亞為例。

首先為你的想像力熱身，想像自己身處一個絕美的精緻花園中。閉上眼睛，盡可能用豐富的語彙，對著錄音機或是一位練習夥伴描述四周的景致。慢慢地轉身三百六十度，把你所看見的每件事物都描述出來，建立起強烈的空間存在感。把注意焦點放在想像花園裡的獨特美景。

在你描述時，使用現在式的口氣，就像在愛因斯坦篇裡所做的影像流動練習一樣。持續做個三到五分鐘。

（順著腦中影像的流動。如果花園變形成其他的物件，就順其自然去享受新的影像？你可以在潛意識心靈選擇的任何環境中，繼續練習發掘自己的天才。）

想像莎士比亞來到花園中和你見面。

請用生動、多重感官的語言，描述你看見的莎士比亞。

在你描述莎翁的時候，想像他散發出溫暖和友善的氣息。用一、二分鐘的時間在莎士比亞身旁享受一下輕鬆的氣氛。

現在你在精神上已經和莎士比亞建立起強烈的接觸，可以開始內在的省視。你會發現由裡向外發掘自己的天才特質是什麼樣的感覺。

移動莎士比亞的身形，讓他背對你，站在前方，離你約有一臂之遙。慢慢地向前移動，與他的身形合而為一。這有兩種作法。你可以「飄浮」進入莎士比亞的身軀，也可以雙手抓住他的耳朵，提起他的頭，像戴頭盔一樣把它戴上，再把身體的部分像穿潛水衣一樣套在自己身上。

根據莎士比亞的身軀調整自己的姿勢。把你的眼睛對上他的眼睛，所以你可以透過他的眼睛去看外界。把你的耳朵對準他的耳朵，這樣你就可以透過他的耳朵聽聲音。繼續這個程序，直到所有部位都一致為止。

現在透過大文豪的眼睛去看看四周的花園，你會立刻發現很多東西看起來都不一樣了。請你也從莎士比亞的角度去描述這其中的差異。

繼續三至五分鐘。

接著請你繼續維持莎士比亞的身份，在筆記本裡，用生動的語言去敘述身為「莎士比亞」的你，所看到、聽到、嚐到、碰到和聞到的各種感官細節。莎士比亞有什麼獨特的手勢？他的儀態如何？他的臉上有什麼表情？專心注意與肢體有關的感覺。這個部分最多花五分鐘的時間。

現在，讓我們進入莎士比亞一生中獲得最深人性體驗的時刻。這是個頓悟的顛峰，所有事物在瞬間豁然開朗。

請你描述那個時刻，以及當時感受到與理解的事物。用現在式的語氣，在札記本裡記述這個「原來如此」的時刻。

繼續約五分鐘。

當你準備結束發掘天才的練習時，請你在心中想像自己走向一面長及全身的鏡子。看著莎士比亞的顯影在鏡中面對著你。現在，讓鏡子蒸發。鏡子消失了，但莎士比亞依然站在那邊面對著你。你和莎士比亞不再是一體。你回到你的原身。

向莎士比亞釋出溫暖的謝意，謝謝他讓你利用他的身、心、靈。請你想像他也向你道謝，謝謝你讓他有幸分享如此難得的經驗。在你離開之前，莎士比亞要對你說幾句話，他要和你分享他經驗中最重要的心得。請你用心聆聽，向他道謝，再把他對你說的話覆述給練習夥伴聽，或錄下來，或記在天才札記中。

結束發掘天才的練習後，盡快回顧整段經驗。在天才札記中，描述你所體驗的每一件事，特別是你透過天才人物的眼睛，在花園裡所看到的一些不同之處。

除此之外，你也可以和夢幻隊伍中的每一位天才人物，各做一次發掘天才練習（這是認識天才人物最令人愉快、也最充實的方法），或是選擇任何你想親炙其思想的人物。另外，也可以利用這個練習，幫助自己回答某個特定的問題，尋找某個特定問題的答案。聞杰博士的研究顯示，這個方式有助於增進音樂表演與其他學科上的表現。過去這麼多年中，我發現這個練習，不僅幫助我加深對天才人物的了解，也加強了我實際的表現。就在我的黑帶晉級考試前，我和合氣道宗師植芝盛平（Morihei Ueshiba）做了一次天才發掘練習。這一次的「聚會」讓我充滿了光芒四射的能量和全然的自信，讓考試變成一種樂趣，對手迎面擊來時，似乎都用慢動作前進！還有，幾年前在一次讓人心理壓力沉重的談判過程中，我選擇和甘地進行發掘天才練習，藉此我找到更深的同理心去為對方設想，進而達成雙贏的併購局面。（請參考閭杰博士的網站〈www.winwenger.com〉，進一步了解「影像流動」與「外借天才」的練習。）

本書一開始就闡明：「你帶著成爲天才人物的潛力來到人世。每個人都是如此，去問任何一位母親，答案都一樣。」當你年紀還小時，令尊令堂給你無條件的愛，爲你創造一個環境，刺激、啓發你成爲天才的潛力。他們已經盡了最大的努力。現在你負責用無條件的關愛，去培育自己的天賦。本書帶你認識的十位天才人物隨時都可以幫助你。當你擁抱他們的特質時，你會發現，他們其實是你自己非凡心靈的投射，他們的天才特質其實就是你有待發掘的特質。

【給父母的話】

# 十位天才人物，給小孩的十件禮物

如果你的子弟在學校有適應上的問題，不論是迷失在白日夢中的小公子，或是只照自己與眾不同的步伐踏步的小千金，千萬別氣餒！你辛苦撫養的可能是另一個愛因斯坦或達爾文。愛因斯坦在接受學校正式教育的過程中，接連有好幾個科目都不及格，有老師跟他說，他以後「絕不會成什麼大事」，還因爲「具有破壞性的影響」而遭退學。

雖然如此，愛因斯坦的父母，依然大力支持和呵護愛子高度獨立的求知方式，他們向來清楚，他們的兒子需要的是今日所謂的另類學習方式。

如果你的小孩的學習方式與常人不同，那麼在他的教育問題上，請你也要爲他做適當的引導，就像愛因斯坦的父母，爲他在阿饒找到以佩斯塔洛齊（Johann Pestalozzi）教育理念辦學的學校，以取代傳統的學校教育。現代教育界的三大教育天才，包括受到佩斯塔洛齊影響的蒙特梭利女士（Maria Montessori）、史坦納（Rudolph Steiner）和克里希那穆提，都針對學習習慣不同的孩童，研發出特別寶貴的孩童發展課程。

你也可以根據本書十位天才人物的特質爲核心，自行設計出效果顯著的課程，來培育子女的天才潛力。你可以輕易地修改本書大多數的天才練習供子女使用。孩子天生就愛問問題，如果你用蘇格拉底式的方法，引導他們走過天才的殿堂，相信他們必定有相當好的反應。相信你也經常發現，你的孩子其實已經在生活中將本書介紹的天才練習，如「感受驚奇」這類的練習付諸實行了。如果你能陪著子女一起做這些天才練習，相信所得的收穫定會出人意料，讓你驚異不已。

相信大家在「柏拉圖」篇裡，都認識了「欣賞和培養潛力」這個練習，當然沒有比撫養子女還更有效的練習方式了。當你學著從孩子的角度去看世界時，你能體驗到自己純淨又有創意的心靈再生。從文藝復興時代地重要人物布魯內雷斯基身上，我們學到了擴展視野的重要性。爲人父母最大的挑戰之一，就是在子女日常生活的考驗中，保持開闊的視野。這不僅是「言教」可及，更是以身體力行的作爲與態度讓孩子學習的「身教」。

哥倫布樂觀與正面的探索方式最值得孩子學習。你能給孩子的最好禮物之一，就是鼓勵他們培養精力充沛、吸引人的態度。沙利格曼博士出了一本《如何撫育出樂觀的孩子》（*How to Raise an Optimistic Child*），對爲人父母者是本合適的指南。

你可以透過閱讀哥白尼的天才特質，去引導孩子認識天體的奇妙。帶孩子去天文館，用望遠鏡研究月亮的盈虧，幫助孩子發展對科學與美的愛好。在你培養他們建立對自然的好奇心和獨立思考的能力時，你也等於是在訓練他們面對世界前所未有的變化的能力。

請你再想想伊莉莎白一世對英國國會發表的演說：「我們做皇子的被推至世界舞台的中心；在這個位置上，衣著隨時受人注意，錯誤立即被人指出。」伊莉莎白也曾經建議另一位女王：「如果妳的子民看到你一派口蜜腹劍的作風，他們會作何感想？」爲人父母者的言行對子女的影響甚大，伊莉莎白的經典名言，足可作爲家長身爲子女模範的絕佳警惕。伊莉莎白式的傾聽藝術，更是與孩子相處的重要技巧。

欣賞莎士比亞的作品，可以培養你的情緒智商，引導你做個更易感、也更實際的家長。莎翁作品是適合直接與子女分享的理想禮物。不過，要盡量避免讓孩子接觸到學院派枯燥乏味的莎氏作品研究資料（謹記不論是哪一學科，都要避免讓他們接觸枯燥乏味的教材！）

要引導子女去珍視和頌揚自由的寶貴，傑佛遜是最好的代表。如果可能的話，不妨計劃一趟家庭旅行，全家同遊美國費城，拜訪「自由的搖籃」（Cradle of Liberty）、再到華盛頓特區的傑佛遜紀念堂，最好能再轉往傑佛遜故園蒙特伽婁莊園一遊。

在介紹達爾文的章節中，有個天才練習要你找出自己的「甲蟲狂熱」，或是自己喜好收藏的物品。鼓勵子女去培養收藏和分類的習慣，可幫助他們發展觀察力，及對智慧渾然天成的喜好。孩子們也會因爲和其他物種建立互動關係而成長，所以請盡量爲他們提供這樣的環境。

印度聖雄甘地提醒了我們，不管我們的宗教或性靈依歸爲何，我們都要想辦法多鍛鍊自己，去實現我們的理想，以作爲子女的榜樣。

當然，我們也可以善加利用這十位天才人物的性格，傳授歷史事件、哲學思考的技巧、藝術的欣賞和科學的觀念。在孩子學習這些卓越人物的強處與弱點的同時，你也可以藉機把性格發展的課程融入其中。爲了你自己，也爲了你的子女，請善用這些偉大天才人物的特質。

最後，送給各位一句愛因斯坦給普林斯頓大學學生的話，他要學生把課業看作「令人稱羨的機會，學著了解『美』在性靈國度裡被解放的影響，不管是爲了個人，還是爲了日後將分享你成就的社會」。

**國家圖書館出版品預行編目資料**

天才10次方：總結10大天才的特質，評量、練習、開發你的潛力／邁可・葛柏（Michael J. Gelb）著；游敏譯.— 初版— 臺北市：大塊文化，2002［民 91］ 面； 公分.（Smile: 51）
譯自：Discover Your Genius: How to Think Like History's Ten Most Revolutionary Minds
ISBN 986-7975-47-2（平裝）

1. 思考 2. 資賦優異–個案研究

176.4 91013201

台北市105南京東路四段25號11樓

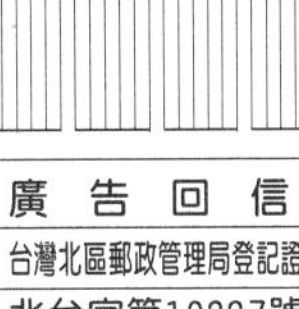


# 大塊文化出版股份有限公司　收

請沿虛線撕下後對折裝訂寄回，謝謝！

地址：_____市／縣_____鄉／鎮／市／區_______路／街_____段____巷

弄_____號_____樓

姓名：

編號：SM051　　書名：天才10次方

## 大塊文化 讀者回函卡

謝謝您購買這本書，為了加強對您的服務，請您詳細填寫本卡各欄，寄回大塊出版（免附回郵）即可不定期收到本公司最新的出版資訊。

**姓名**：________________ **身分證字號**：________________

**住址**：________________________________

**聯絡電話**：(O)________________ (H)________________

**出生日期**：____年____月____日 E-mail: ________________

**學歷**：1.□高中及高中以下 2.□專科與大學 3.□研究所以上

**職業**：1.□學生 2.□資訊業 3.□工 4.□商 5.□服務業 6.□軍警公教 7.□自由業及專業 8.□其他________

**從何處得知本書**：1.□逛書店 2.□報紙廣告 3.□雜誌廣告 4.□新聞報導 5.□親友介紹 6.□公車廣告 7.□廣播節目8.□書訊 9.□廣告信函 10.□其他________

**您購買過我們那些系列的書**：

1.□Touch系列 2.□Mark系列 3.□Smile系列 4.□Catch系列 5.□tomorrow系列 6.□幾米系列 7.□from系列 8.□to系列

**閱讀嗜好**：

1.□財經 2.□企管 3.□心理 4.□勵志 5.□社會人文 6.□自然科學 7.□傳記 8.□音樂藝術 9.□文學 10.□保健 11.□漫畫 12.□其他____

**對我們的建議**：________________________________

________________________________________

________________________________________

LOCUS

LOCUS

LOCUS

LOCUS